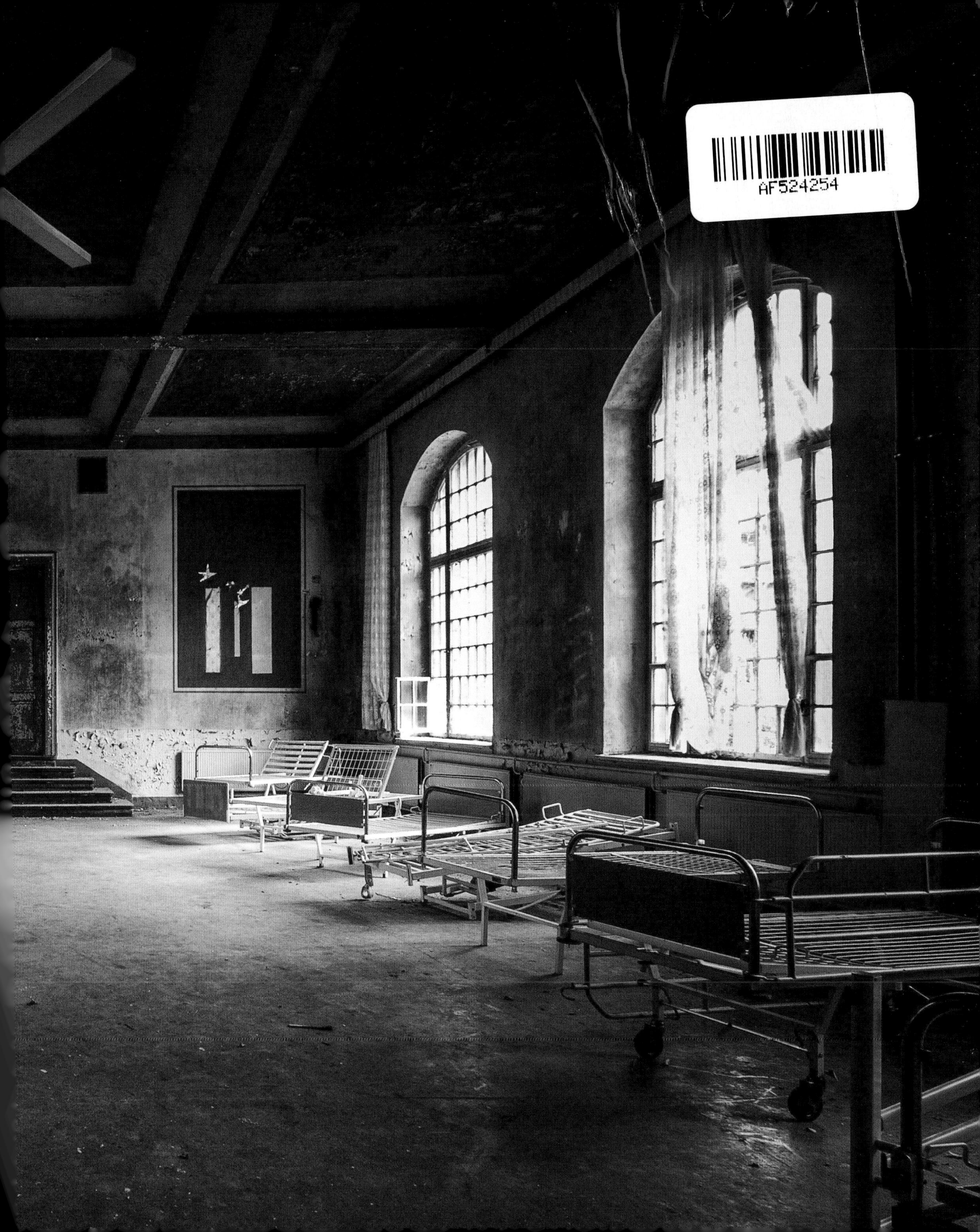

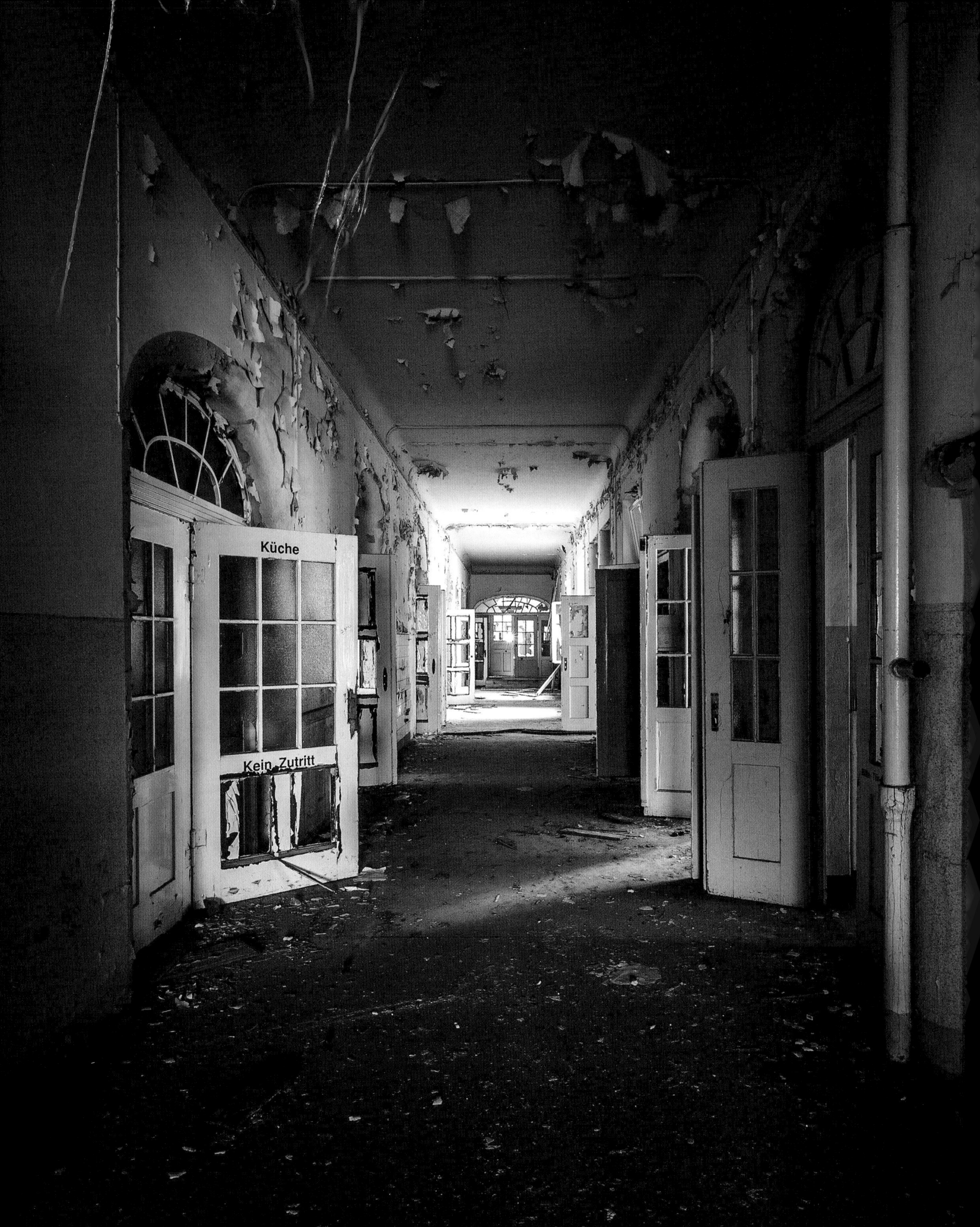
Küche
Kein Zutritt

Christian Sünderwald

Lost Places Mitteldeutschland

Verlassene Sanatorien, Kurhotels und Badeanstalten

SUTTON

Inhalt

Der Autor

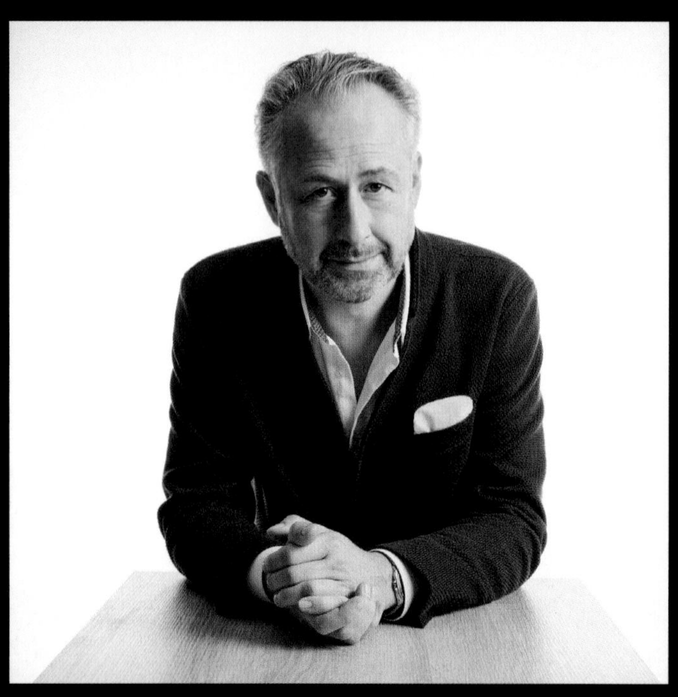

Christian Sünderwald, 1968 in München geboren, lebt und arbeitet seit 1991 in seiner Wahlheimat Chemnitz. Sünderwald kam vergleichsweise spät zur Fotografie. Erst im Alter von 42 Jahren widmete er sich intensiv dieser künstlerischen Disziplin. Doch der Erfolg sollte dennoch nicht lange auf sich warten lassen. Bereits nach zwei Jahren waren seine Arbeiten das erste Mal in einer viel beachteten Ausstellung in der Galerie für zeitgenössische Fotografie „Medusa" in Chemnitz zu sehen. Es folgten zahlreiche weitere Ausstellungen, so unter anderem im Chemnitzer Kulturzentrum DAStietz, im Kunstkraftwerk Leipzig (KKW) oder im Staatlichen Museum für Archäologie (smac). Mehrere Presse-, Rundfunk- und Fernsehberichte über seine Arbeiten und deren Entstehungsprozess folgten. Auch in den sozialen Medien ist der Fotograf präsent. Alleine bei Facebook und Instagram folgen ihm inzwischen über 15.000 Menschen.

Dank

Allen voran danke ich wieder meiner Frau, die auch die Entstehung dieses zweiten Bildbandes mit sehr viel Intuition sowie inspirierenden Impulsen begleitet und nicht zuletzt mit nachsichtiger Geduld maßgeblich zu dessen Gelingen beigetragen hat.

Mein herzlicher Dank gilt erneut all den Eigentümern, ihren Verwaltern und Hausmeistern, die mir großzügiger Weise Zutritt zu ihren historischen Bauwerken gewährt haben und ebenfalls jeweils ihren Anteil daran haben, dass dieses Buch überhaupt entstehen konnte.

Und nicht zuletzt danke ich dem Sutton Verlag für das erneute Vertrauen in mich und meine fotografischen Arbeiten. Es freut mich sehr, dass dem ersten Band „Verlassene Orte in Mitteldeutschland – Schlösser, Villen, Kultur- und Ballsäle" nun der vorliegende folgt.

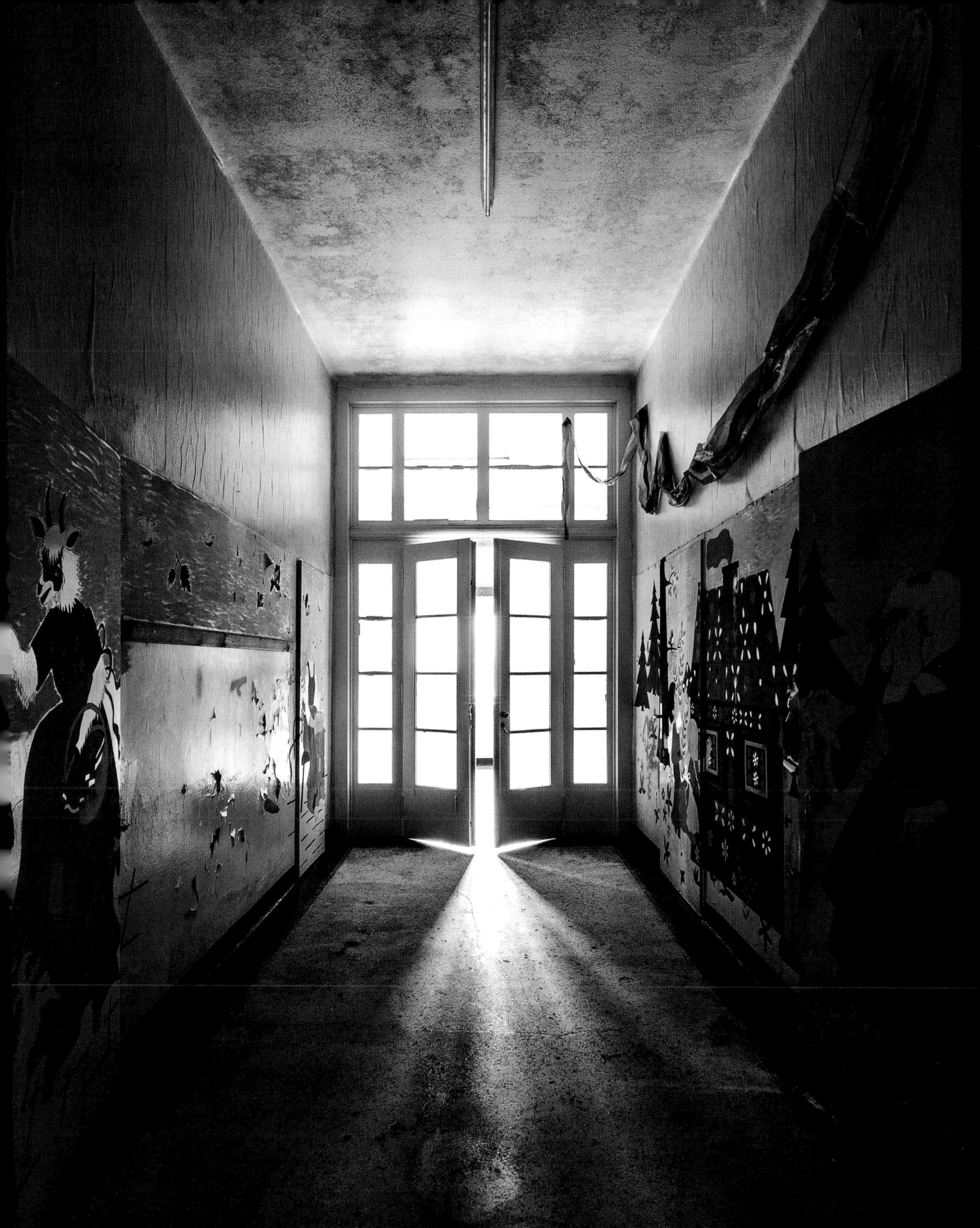

Vorwort

Alte Sanatorien, Hospitäler, Kurhotels sowie Heil- und Badeanstalten, die seit Jahren aufgegeben und verwaist sind, üben in ihrem Verfall eine ganz besondere Faszination aus. Es sind jeweils Orte, die voller Menschen waren und an denen stets viel Betriebsamkeit herrschte. Die Flure und Zimmer der ehemaligen Heilstätten waren voller Patienten und wehenden Eppendorfern, deren Träger zur nächsten Visite eilten. In den einstigen Kurhotels traf sich der Geld- wie tatsächliche Adel, um den wohlstandsbeschwerten Leibern wieder etwas Leichtigkeit zu verschaffen. Voller Leben waren auch die alten Badeanstalten, in denen das nasse Element generations- wie ständeübergreifend als Vergnügungselixier diente, in das man allzu gerne eintauchte. Die Einsamkeit und Stille, die an diesen Orten nun herrscht, passt daher umso weniger zu ihrer ursprünglichen Zweckbestimmung. Die heutige Atmosphäre in den einstigen gesellschaftlichen Funktionsgebäuden ist sonderbar und unheimlich.

Die bauhandwerklichen Qualitäten sind in den Gebäuden trotz der unübersehbaren Spuren des Verfalls bemerkenswert und nach wie vor faszinierend. Die Frage steht im Raum (und wird auch mir immer wieder gestellt), warum heute nicht mehr so gebaut wird. Die Antwort ist stets die gleiche: Es wäre nicht mehr zu bezahlen. Man setzt die Prioritäten heute anders. Die Funktion und wirtschaftliche Effizienz in der Nutzung stehen im Vordergrund. Detailreiche Verzierungen und Ästhetik in ihrer klassischen Ausprägung sind in der heutigen Bauplanung bestenfalls zur Randnotiz verkommen – höchstens noch eine Kann-, aber keine Muss-Position mehr.

Nur wer niemals etwas erschafft, schließt den Verfall aus.

Architektur „spricht". Sie erzählt immer auch von dem Zeitgeist und den gesellschaftlichen Werten jener Epoche, in der sie entstanden ist. Zweckbauten wie vor allem Krankenhäuser, Sanatorien oder Hallenbäder voller architektonischer Anmut und Ästhetik scheinen heute völlig unmöglich geworden zu sein, was vielfach selbst für die Erhaltung vorhandener Bauwerke gilt. Die Gebäude müssen mittlerweile den Belangen von Effizienz, Konsumstreben, Entertainment und Investoreninteressen entsprechen. Der damit einhergehende Verlust klassischer Schönheit in unserem Lebensumfeld wird von der Mehrheit billigend oder zumindest schweigend in Kauf genommen.

Den Verfall begünstigt die kurze Halbwertzeit öffentlicher Wahrnehmung. Da wird die Schließung und Aufgabe eines weithin bekannten und als historisch wertvoll geschätzten Bauwerks zum leidenschaftlichen Thema und steht im Lichte des allgemeinen Interesses. Es wird sich empört und an den Stammtischen schwadroniert, man müsse doch was dagegen tun! Doch nur allzu schnell ebbt die Aufmerksamkeit ab, man wird es leid, weiter darüber nachzudenken oder sich gar wirklich zu engagieren. Es kommen so viele neue konkurrierende Themen daher, die auf ihre Erörterung warten. Es wird dann rasch abgehakt und sich über das neue Skandälchen rechtschaffen aufgeregt. In der kollektiven Vergessenheit bleibt die Pracht von einst sich

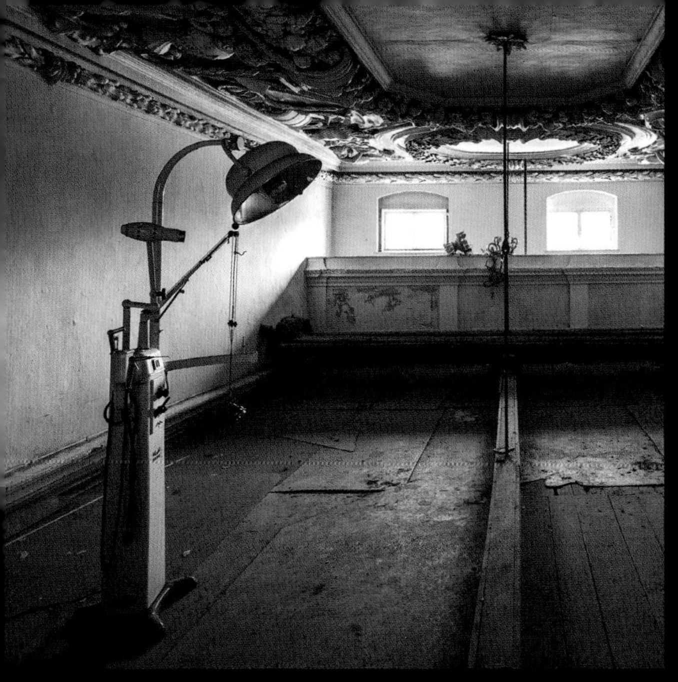

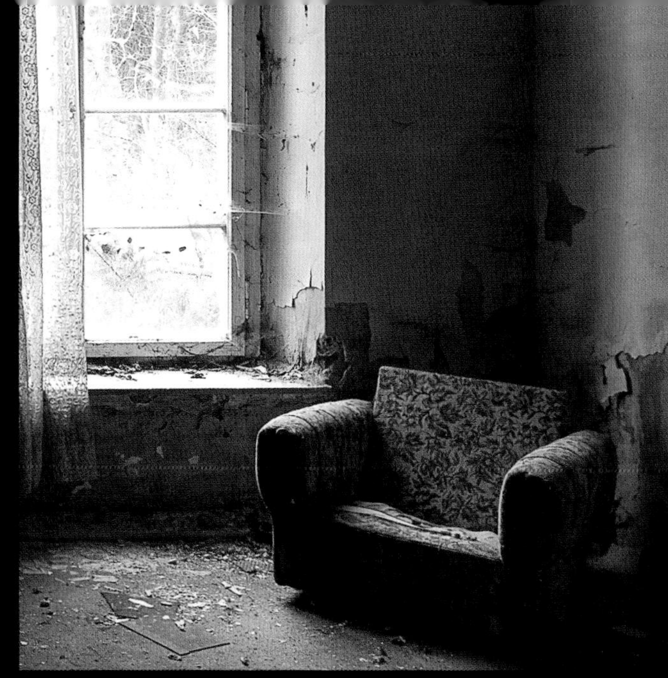

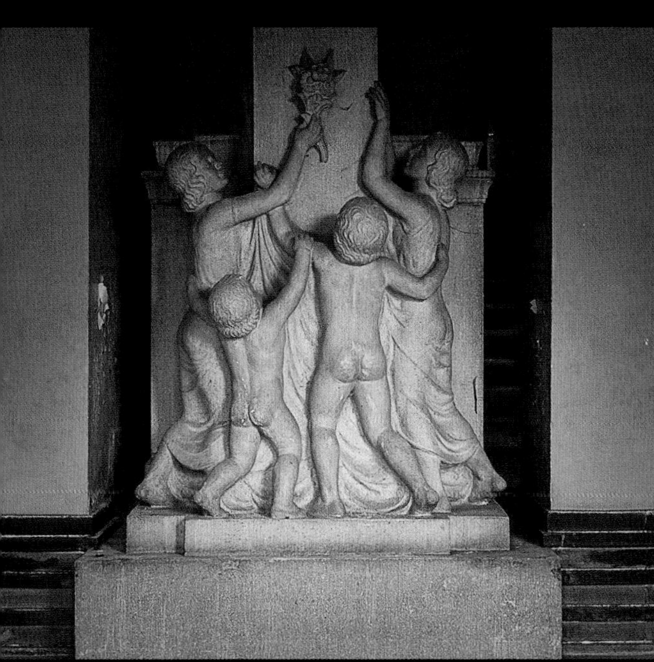

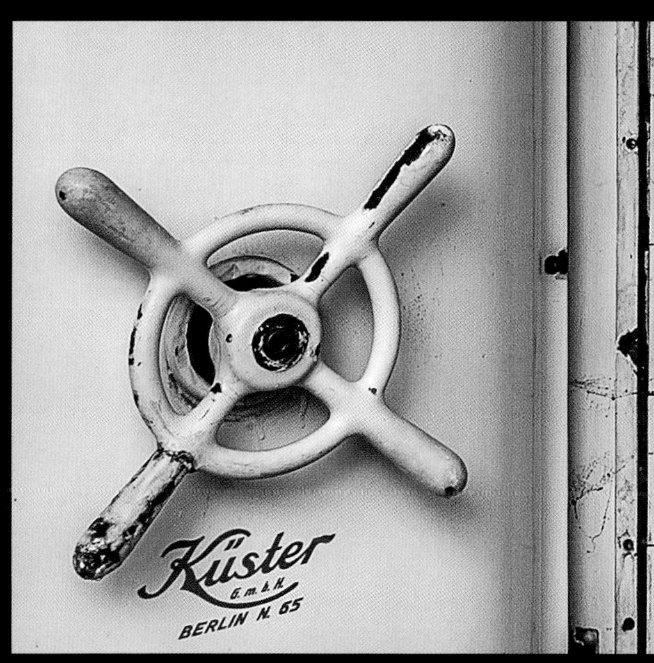

selbst und dem Verfall überlassen. Eines dann nicht allzu fernen Tages fallen die Gebäude von selbst in sich zusammen. Dächer werden undicht, Feuchtigkeit dringt ins Mauerwerk, Frost setzt den vollgesogenen Fassaden weiter zu, bis es keine Rettung mehr geben kann. Entweder gibt das Gemäuer der Schwerkraft irgendwann von alleine nach oder die Abrissbirne kommt ihr zuvor. In fast jedem Fall ist es ein bedauernswerter Verlust an wertvollen Zeugnissen der Zeit- und Architekturgeschichte.

Auf den folgenden Seiten präsentieren sich einige dieser verborgenen Schätze mit ihrer geschichtsträchtigen und auch manchmal sagenumwobenen Vergangenheit.

Christian Sünderwald

Sanatorien

Von jedem leer stehenden und vom Verfall gezeichneten Gebäude mit seinen schwarzen Fensterhöhlen und der bröckelnden Fassade, mitunter eingefasst von meterhoch wucherndem Dickicht, geht ein gewisser Grusel aus. Uns erfasst ein Gefühl des Unbehagens – Urängste werden angesprochen. Wenn es sich allerdings um verlassene Heilanstalten handelt, wird diese Empfindung bei den meisten noch deutlich gesteigert. Die alten Sanatorien und Hospitäler wirken für viele regelrecht unheimlich und geisterhaft. Schon die Vorstellung, dort – vielleicht auch noch nachts – allein gelassen zu werden, lässt manchen erschaudern, waren dies doch oft über viele Jahrzehnte Stätten des Leids und langsamen, zum Teil qualvollen Todes. Ein Übriges trägt der Gedanke an die damaligen Behandlungsmethoden bei. Man will sich gar nicht ausmalen, wie wenig man damals in der Lage war, zu anästhesieren oder überhaupt Schmerzen zu lindern. So manche Behandlung wurde von den „Göttern in Weiß“ schon damals mit der wenig tröstlichen Ankündigung eingeleitet: „Das wird jetzt weh tun“, was nur seinerzeit eine deutlich wahrhaftigere Bedeutung hatte als heute. Und manch gellender Schrei schmerzgepeinigter Patienten drang aus den Behandlungsräumen und Krankenzimmern und machte allen, die ihn mit Schrecken vernahmen, deutlich, an welchem Ort sie sich befanden, der einigen doch keinerlei Aussicht auf Genesung geben konnte.

Heute sind es albtraumhafte Orte, die alte menschliche Urängste heraufbeschwören. Große dunkle Fenster mit geborstenen Scheiben, die an Augenhöhlen eines Totenschädels erinnern, endlos lange Flure, in die fahle Lichtfetzen aus den ehemaligen Krankenzimmern fallen. Operationssäle, in deren Mitte der Rumpf des Tisches steht, auf dem der Patient sein Schicksal gänzlich in die Hand des Chirurgen legen musste. Manch einer verließ den Raum dann mit einem Tuch über dem Gesicht und Richtung Kühlkammern im Keller. In einigen Behandlungsräumen finden sich heute noch alte Gerätschaften, deren Anwendung einem das Blut in den Adern gefrieren lässt. Trotz Verfall, Staub und Schmutz ist alles noch durchdrungen von der eiskalten Sterilität der Medizin. Aus dem Subjekt *Mensch* wird hier das Objekt *Patient*: „Die Lunge aus Zimmer 13 im Ostflügel ist heute dran, Herr Doktor.“ – „Skalpell, Schwester!“

Heute sind es albtraumhafte Orte, die alte menschliche Urängste heraufbeschwören.

Sich hier auf Motivsuche zu begeben, verlangt von der Ratio dringend und permanent das Bewusstsein, dass alles, was hier einmal geschah, längst vergangen ist und man aus dieser apokalyptischen Parallelwelt aus Leid und Schmerz jederzeit wieder in die reale „schöne heile“ Welt im Hier und Jetzt zurückkehren kann.

Bei diesen Orten ist es mehr als der morbide Charme, der den Betrachter der Bilder erfasst, mehr als das außergewöhnliche Motiv oder das kontrastreiche Wechselspiel von Licht und Schatten, es ist vor allem

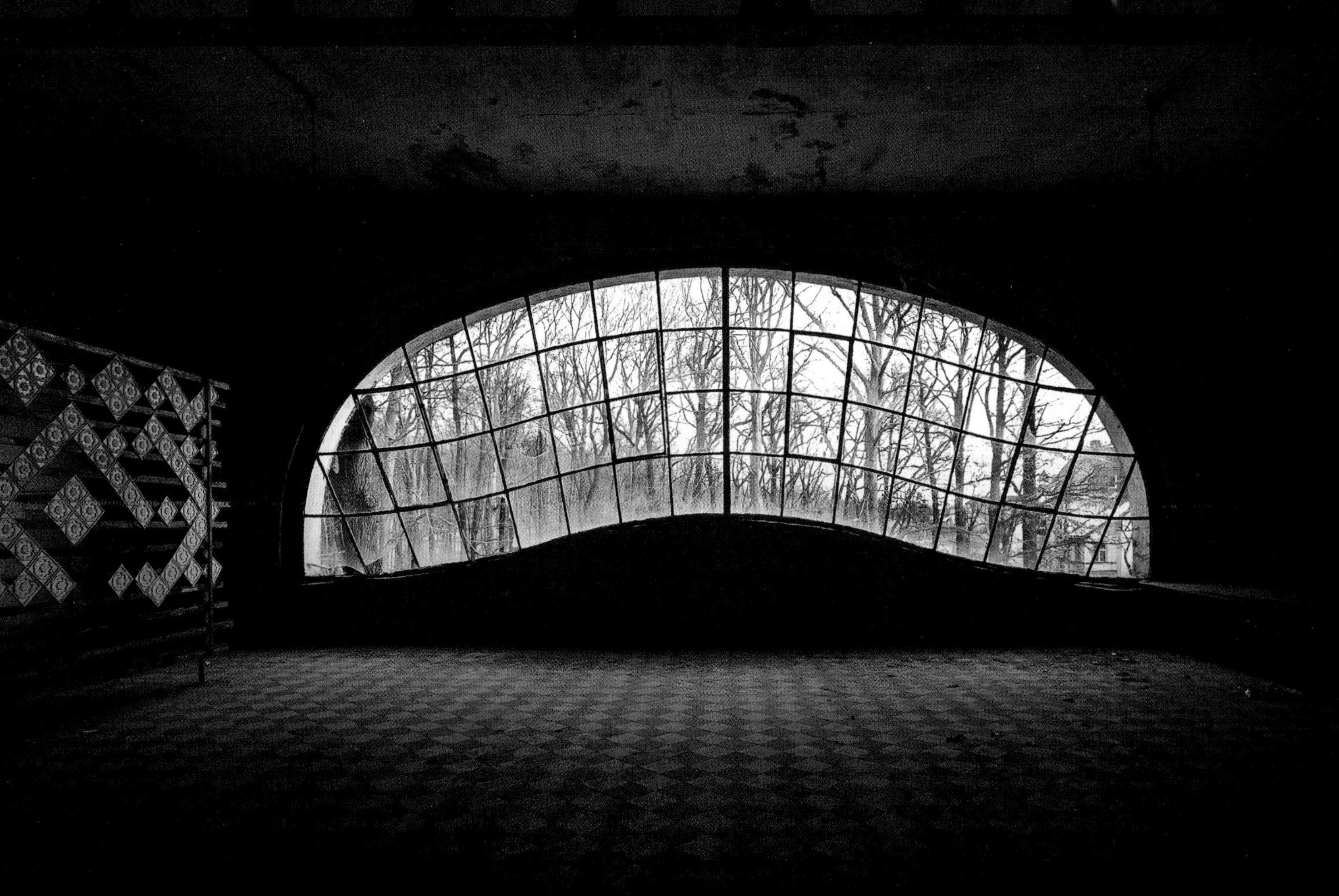

auch die Auseinandersetzung mit der unausweichlichen Vergänglichkeit allen Seins.

Auch berühmte wie berüchtigte Persönlichkeiten der Zeitgeschichte haben in den Anstalten der Heilbehandlung von einst Genesung und Zuflucht gesucht. So zählten zum Beispiel im Dresdner Lahmann-Sanatorium (ab Seite 52) Leinwand-Stars wie Zarah Leander, Heinz Rühmann oder Johannes Heesters ebenso zu den Patienten wie die Nazi-Funktionäre Joseph Goebbels und Hermann Göring.

Auch die filmschaffende Zunft bedient sich gern dieser Gruselorte ob ihrer authentischen Kulissen, die für Produktionen aus dem Horror-Genre gar nicht besser sein könnten.

Trotz aller Beklemmung, die man in den alten verlassenen Heilstätten heute zwangsläufig empfindet, haben die in der Regel sehr weitläufigen Gebäudekomplexe einen hohen architektonischen Reiz und bestechen oft durch reich verzierte Fassaden mit üppigen Reliefs. Im Inneren findet man opulente lichte Treppenhäuser mit kunstvollen Eisengeländern, Küchenräume, die an gotische Kapellen erinnern, und sakral anmutende Behandlungsräume, in denen noch Badewannen aus den 1920er-Jahren stehen. Es gibt Krankenzimmer mit vorgelagerten Laubengängen, deckenhoch mit feinster Keramik aus bekannten traditionsreichen Porzellanmanufakturen geflieste Operationssäle oder riesige Speisesäle, die an prächtige und luxuriöse Bahnhofshallen erinnern. Die Bauwerke stehen meist frei und lösen sich in ihrer Erscheinung aus ihrem baulichen Umfeld wie solitäre Skulpturen. Nicht selten befinden sie sich auch ganz außerhalb des urbanen Raums in Waldgebieten, um den einstigen Patienten durch Ruhe und frische Luft bestmögliche Bedingungen für ihre Genesung zu bieten. Ihre Abgeschiedenheit verstärkt heute allerdings nur noch die unheimliche Atmosphäre, die sie ohnehin schon umgibt.

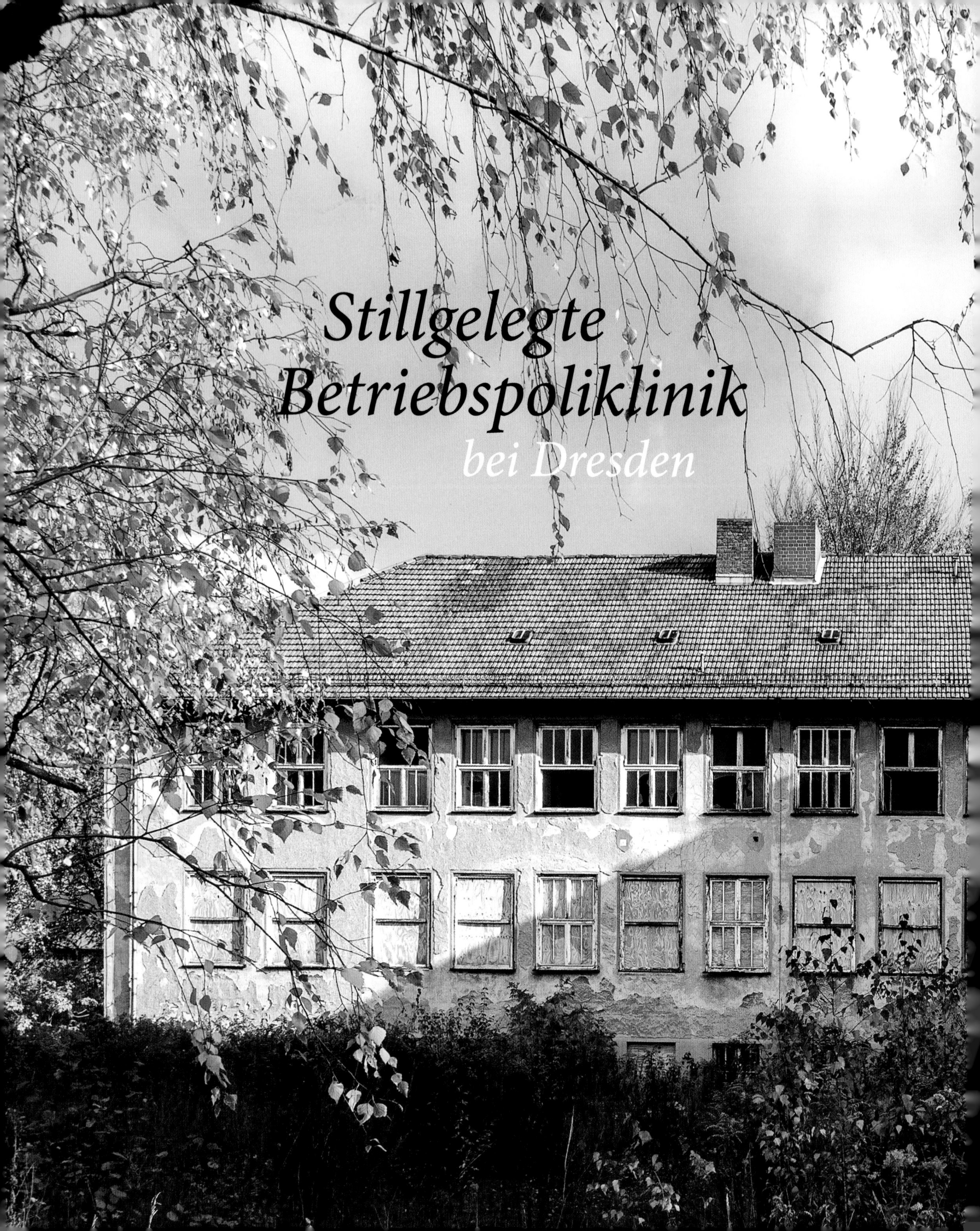

Stillgelegte Betriebspoliklinik

bei Dresden

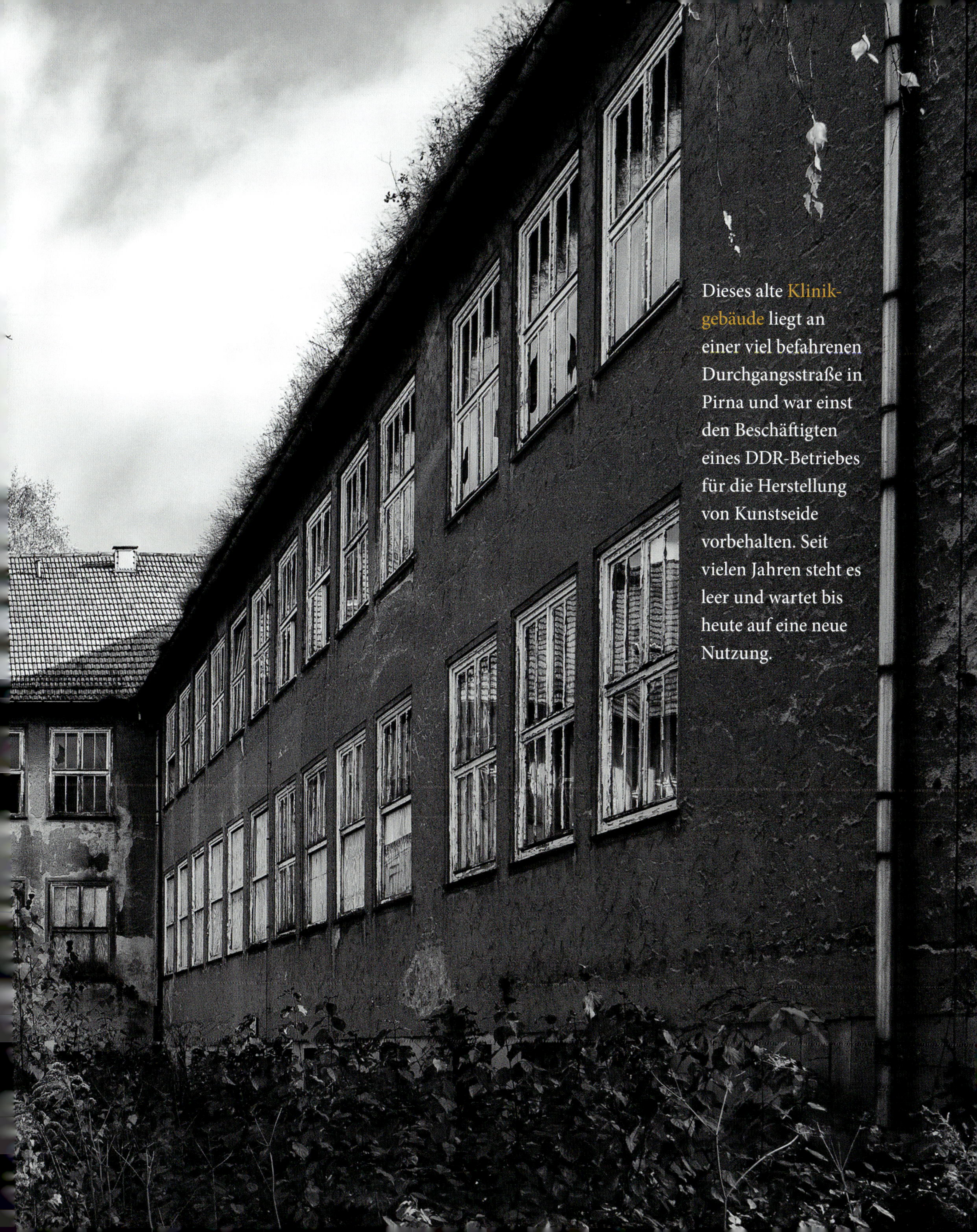

Dieses alte Klinikgebäude liegt an einer viel befahrenen Durchgangsstraße in Pirna und war einst den Beschäftigten eines DDR-Betriebes für die Herstellung von Kunstseide vorbehalten. Seit vielen Jahren steht es leer und wartet bis heute auf eine neue Nutzung.

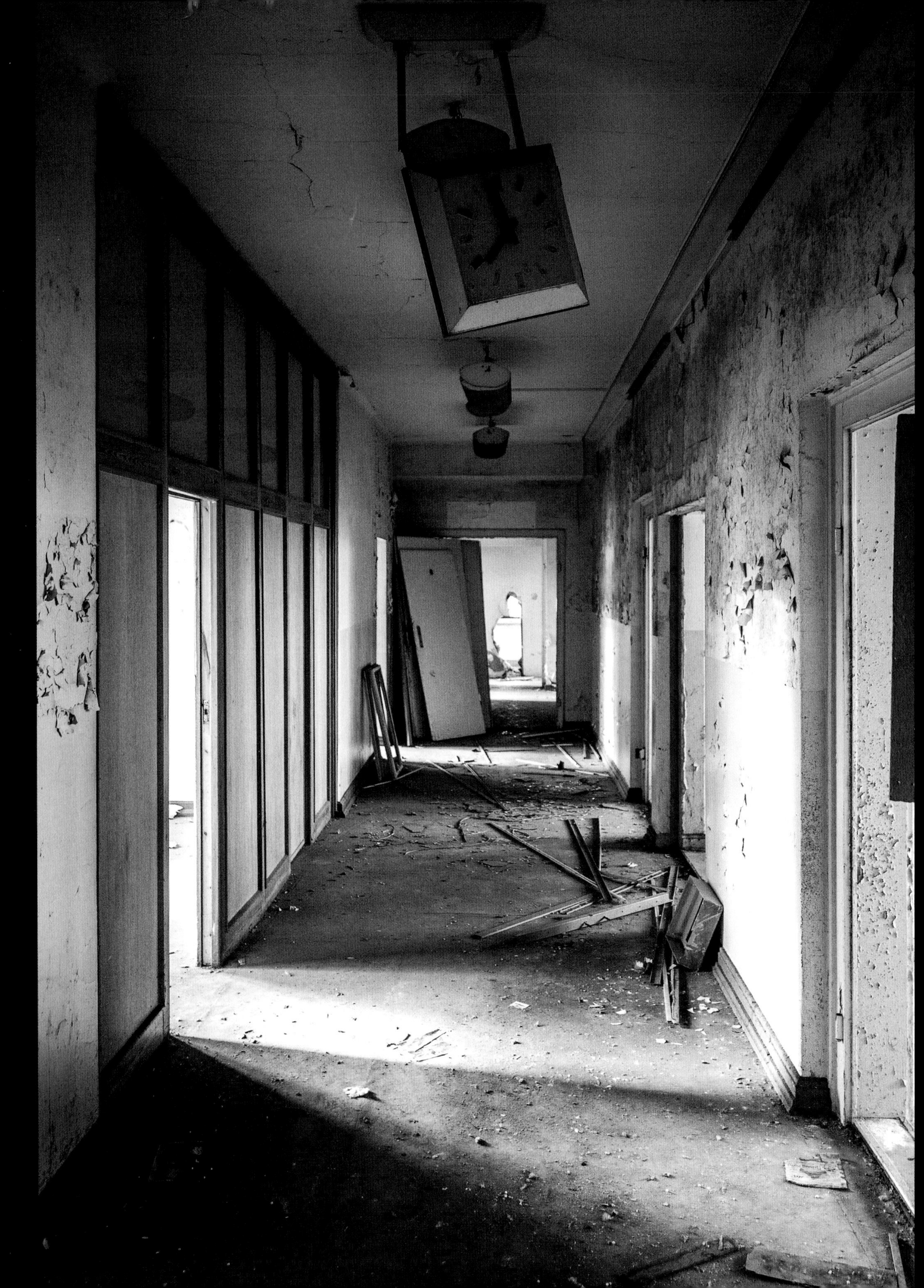

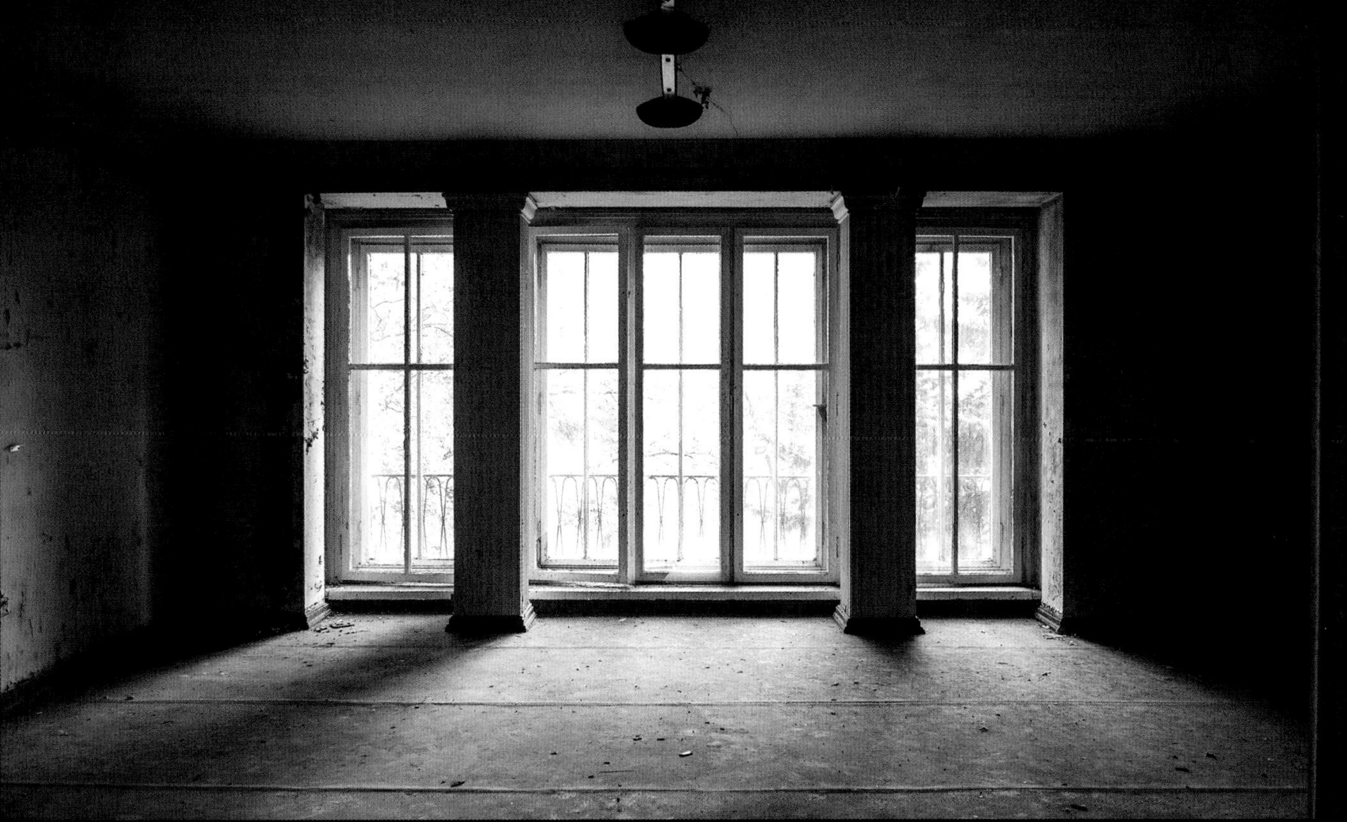

HALS
NASEN
FACHARZT
OHREN
FRAUE LEID

Dieses Mitte des 19. Jahrhunderts gegründete und nach dem deutschen Psychiater Karl Ludwig Kahlbaum benannte Ärztliche Pädagogium für jugendliche Nerven- und Gemütskranke liegt nahe dem Stadtzentrum von Görlitz. Seit Jahren schon wird es nicht mehr genutzt.

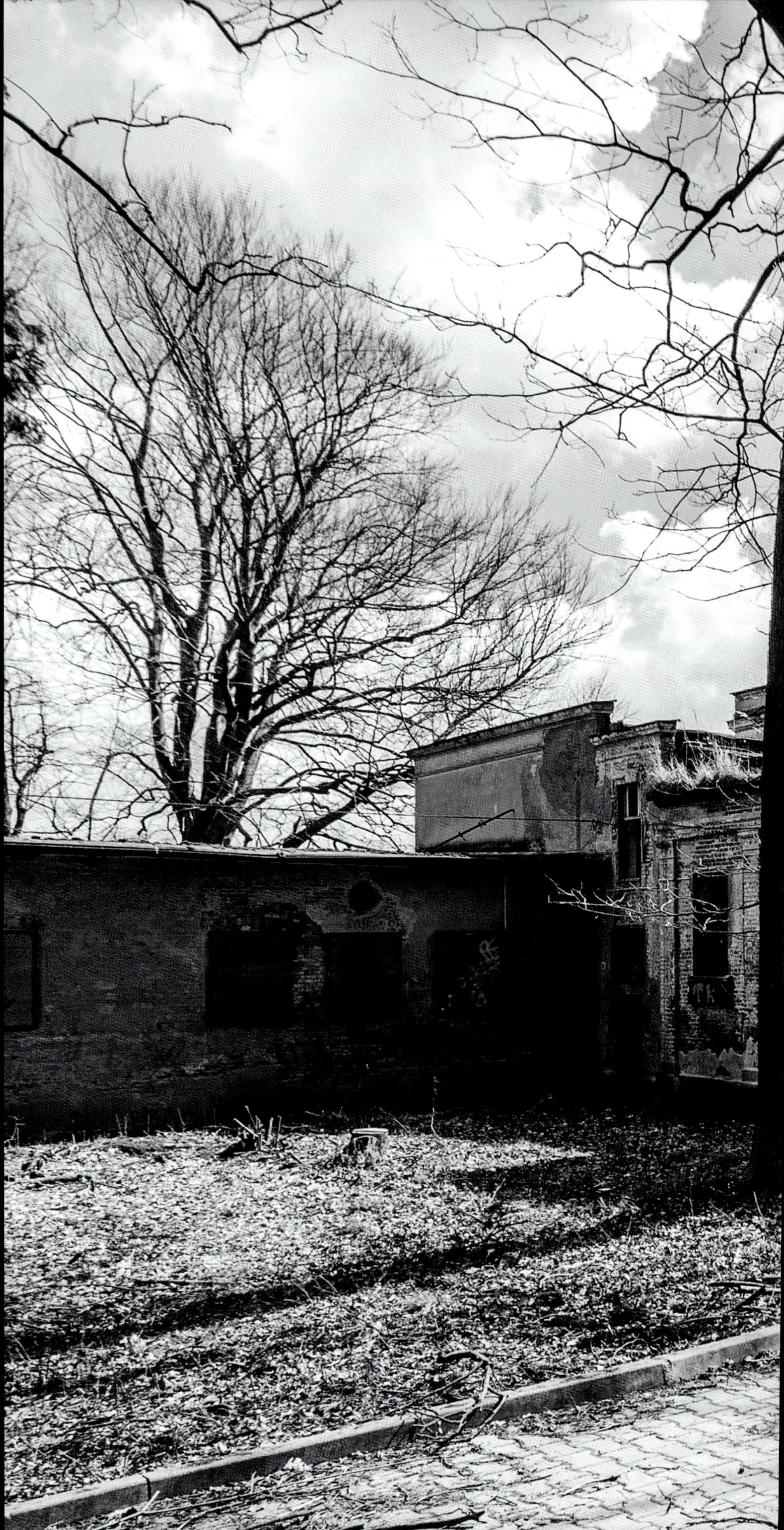

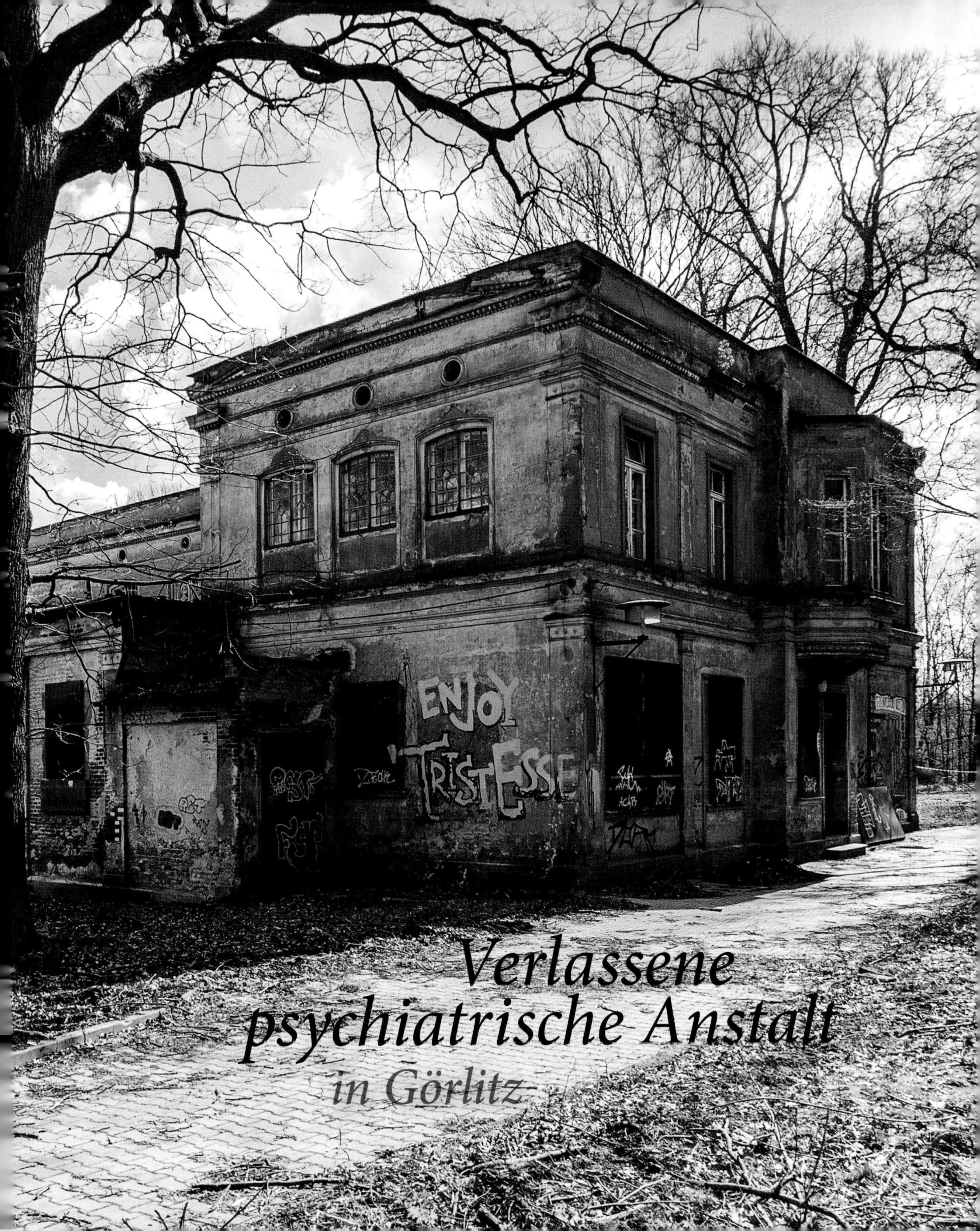

Verlassene psychiatrische Anstalt
in Görlitz

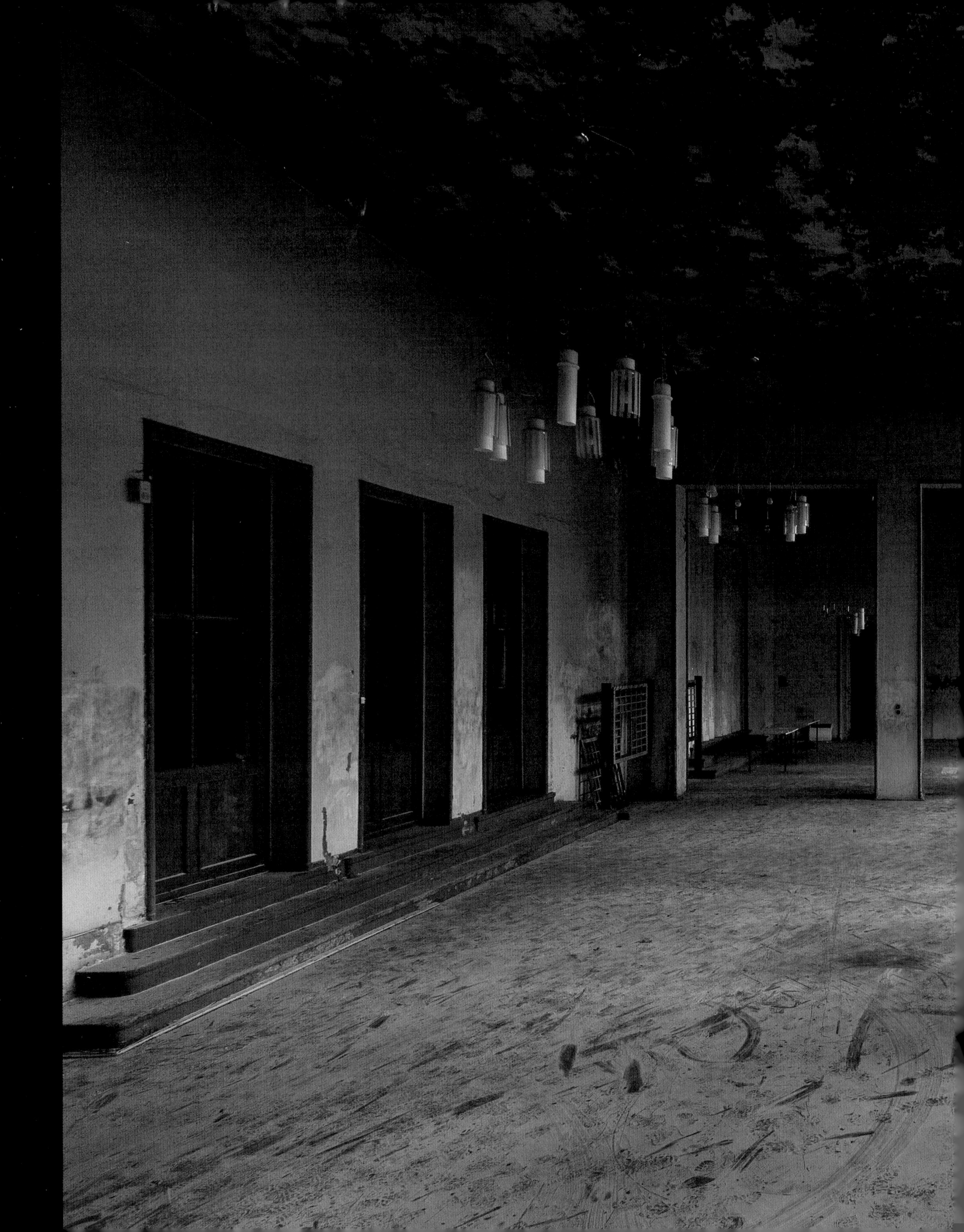

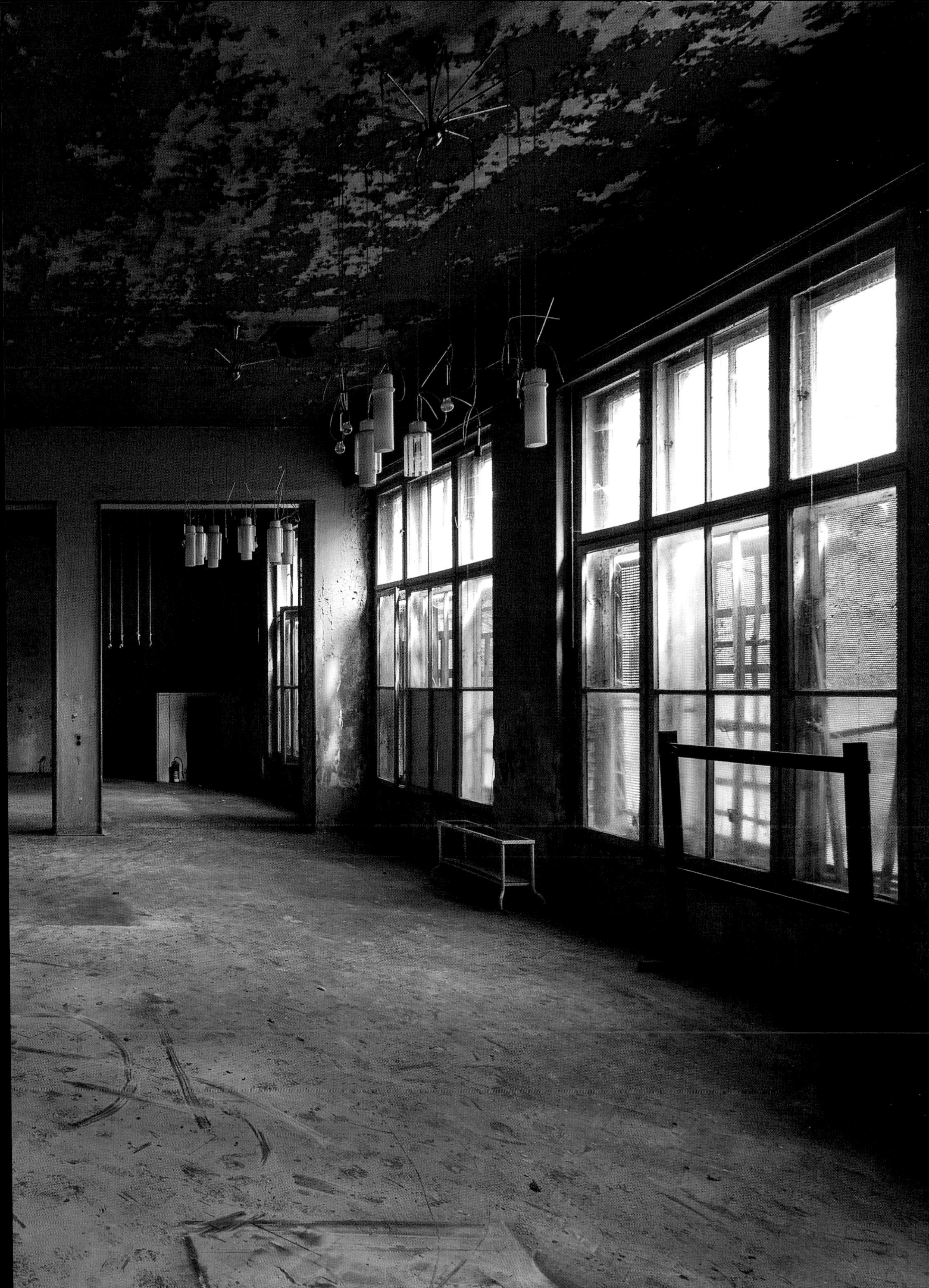

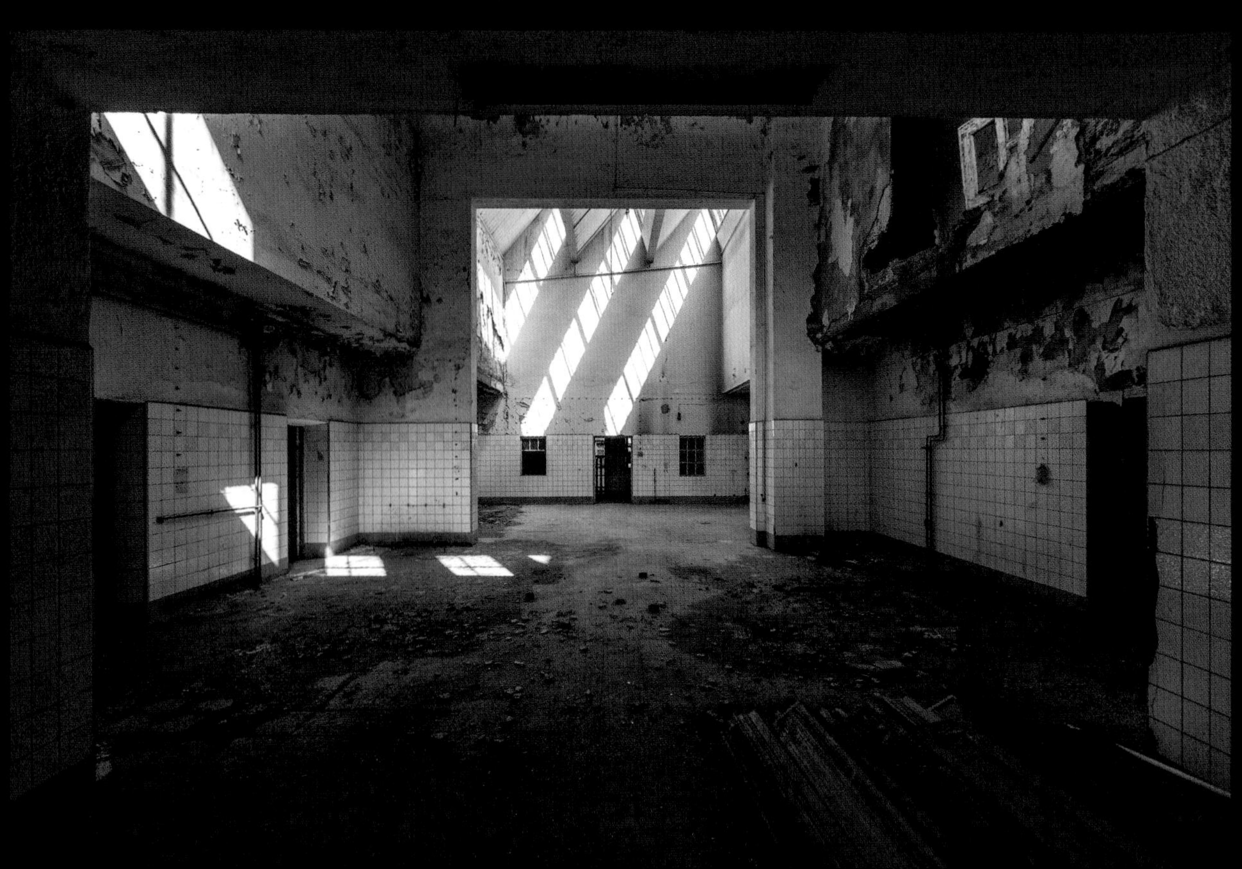

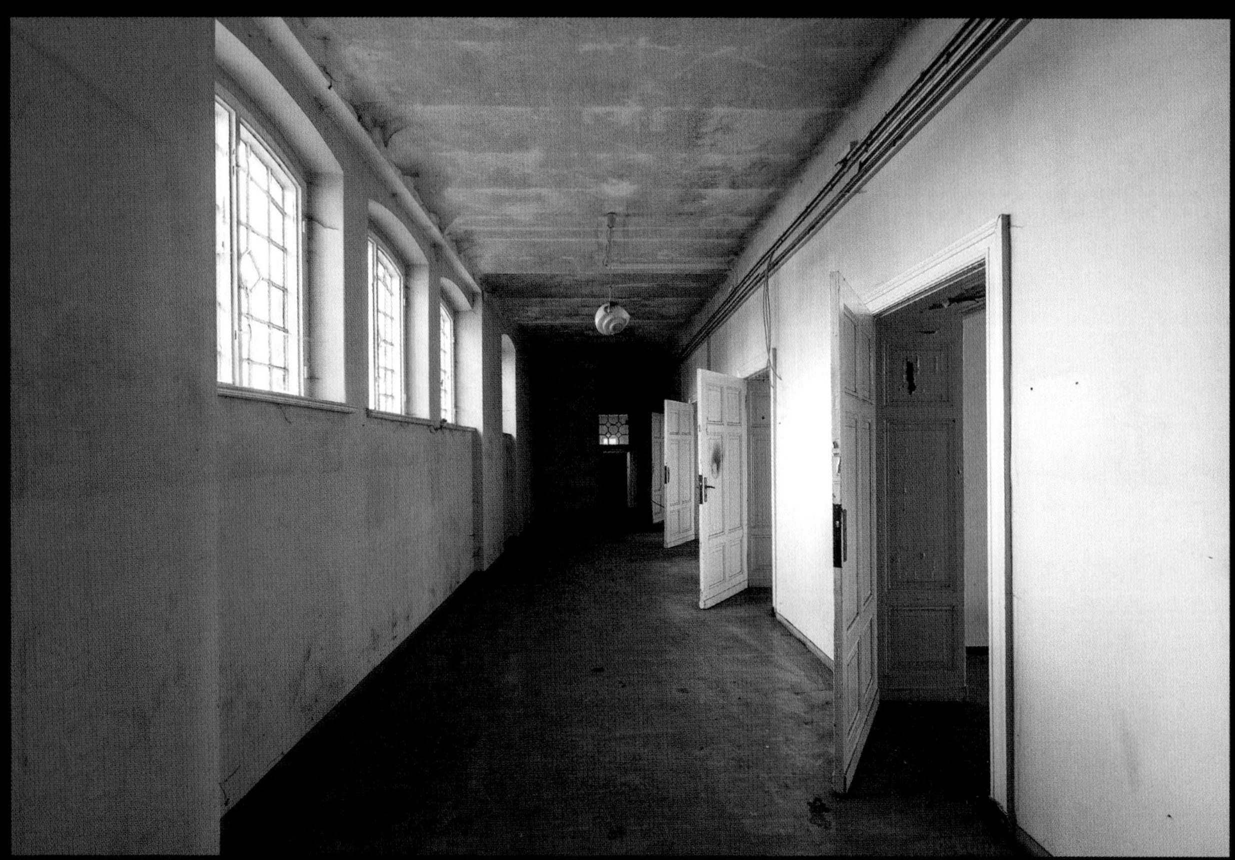

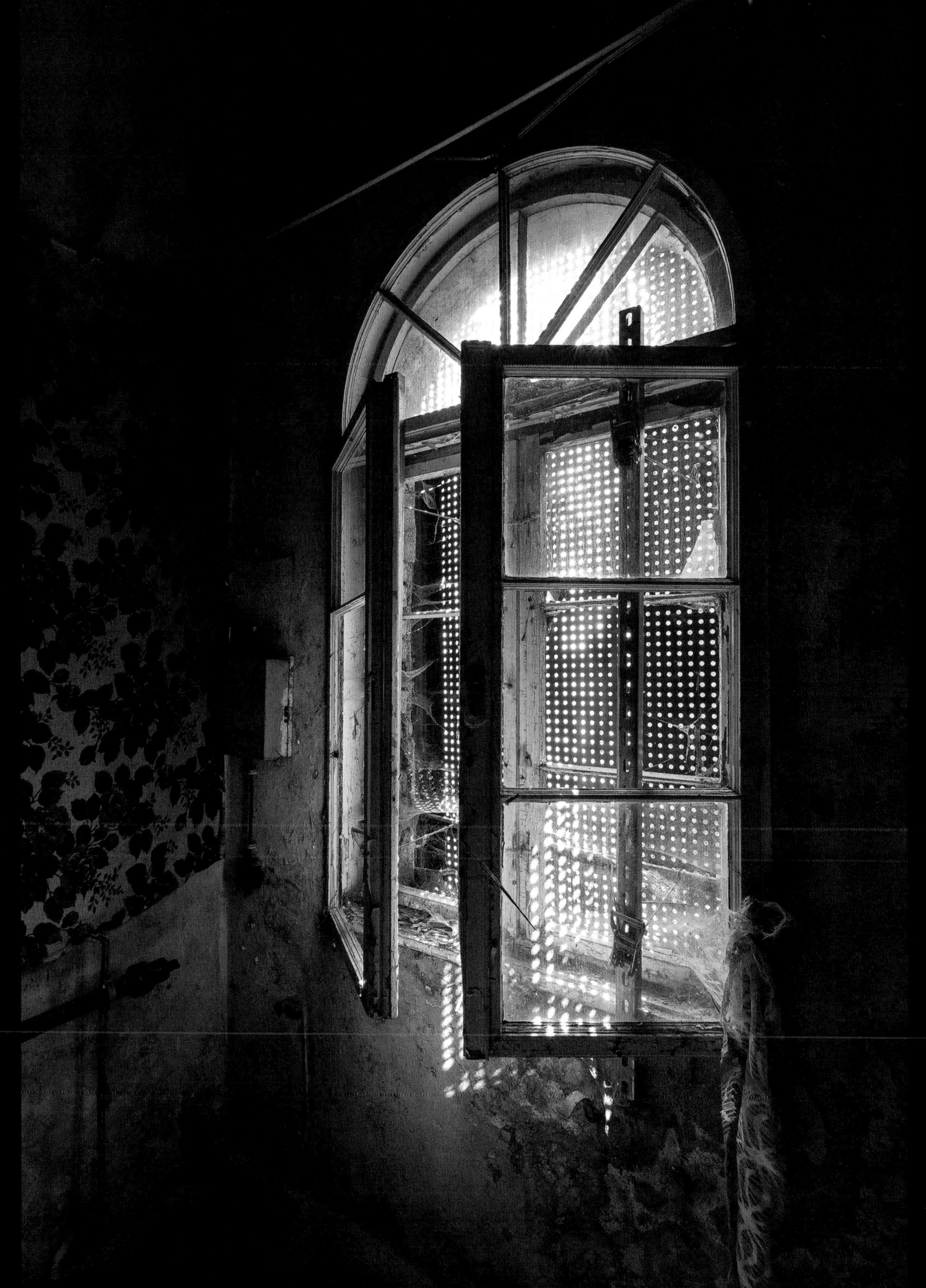

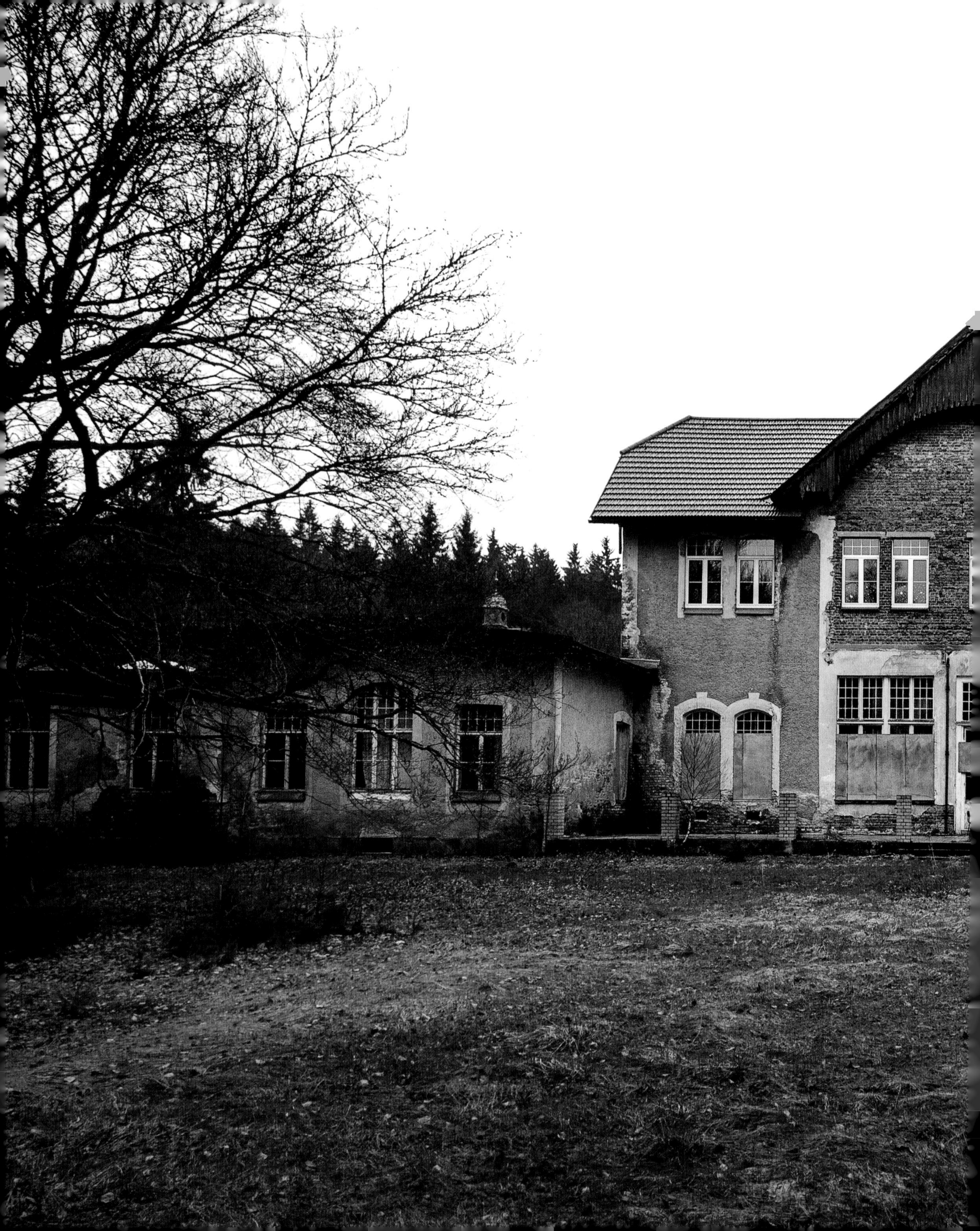

Ehemalige kinderpsychiatrische Anstalt bei Auerbach

Der in einem Tal bei Auerbach im Vogtland gelegene, verlassene Gebäudekomplex diente ab 1899 der Behandlung Lungenkranker und ab 1967 als Heilstätte für geistig behinderte Kinder und Jugendliche. Ehemalige Mitarbeiter berichten, dass hier häufig auch mit Elektroschocks therapiert wurde. Seit über 20 Jahren stehen die Gebäude nun schon leer und verfallen.

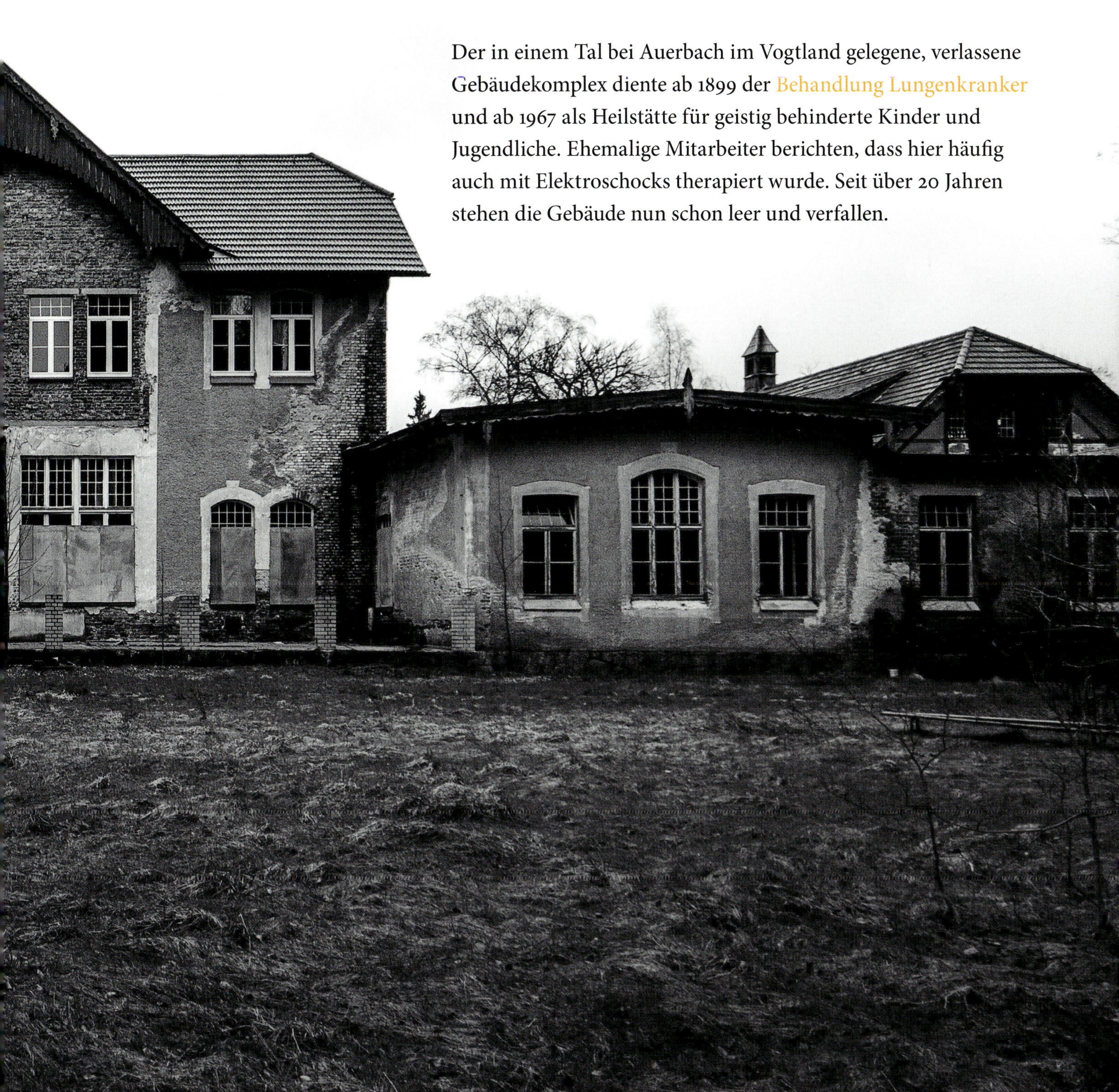

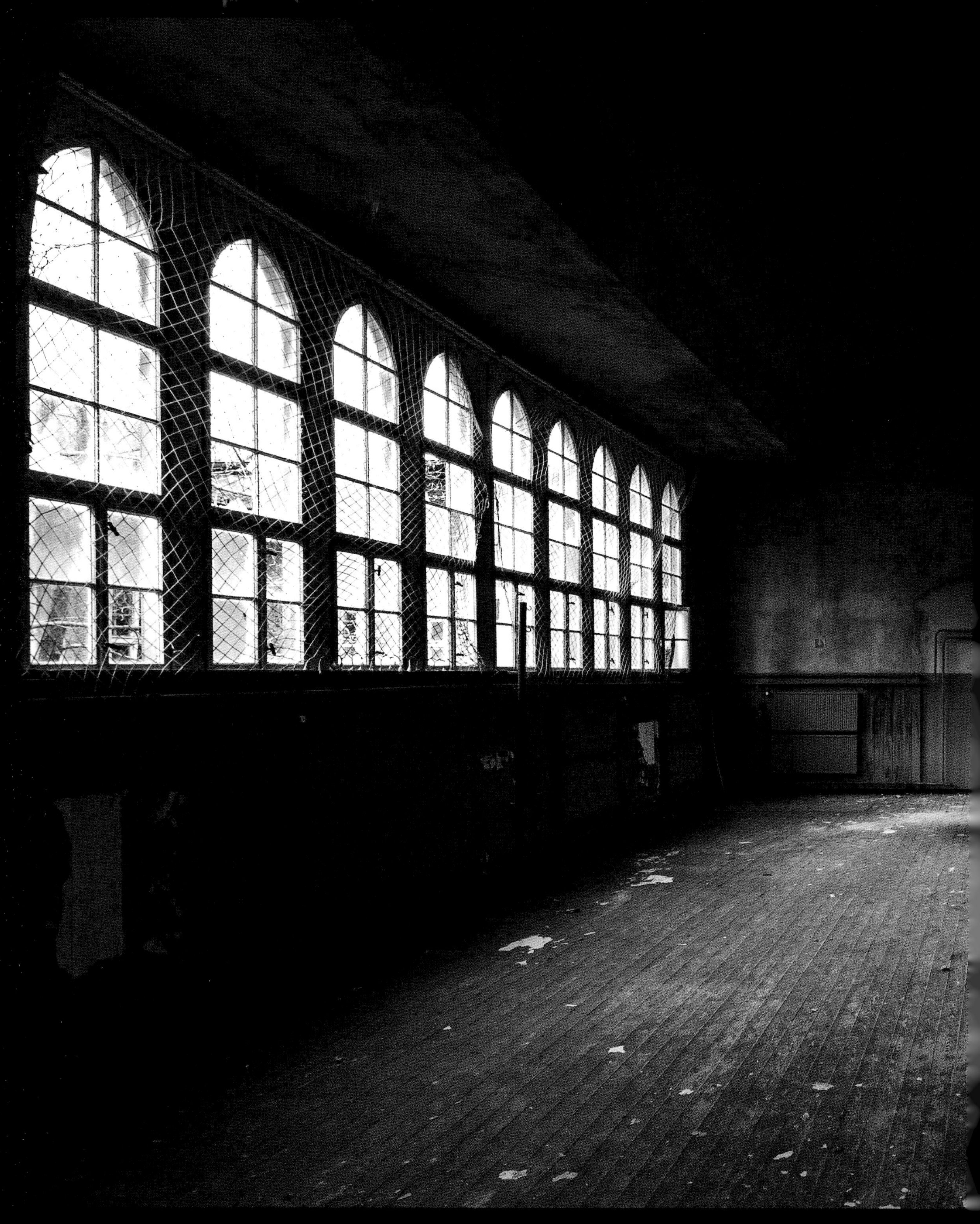

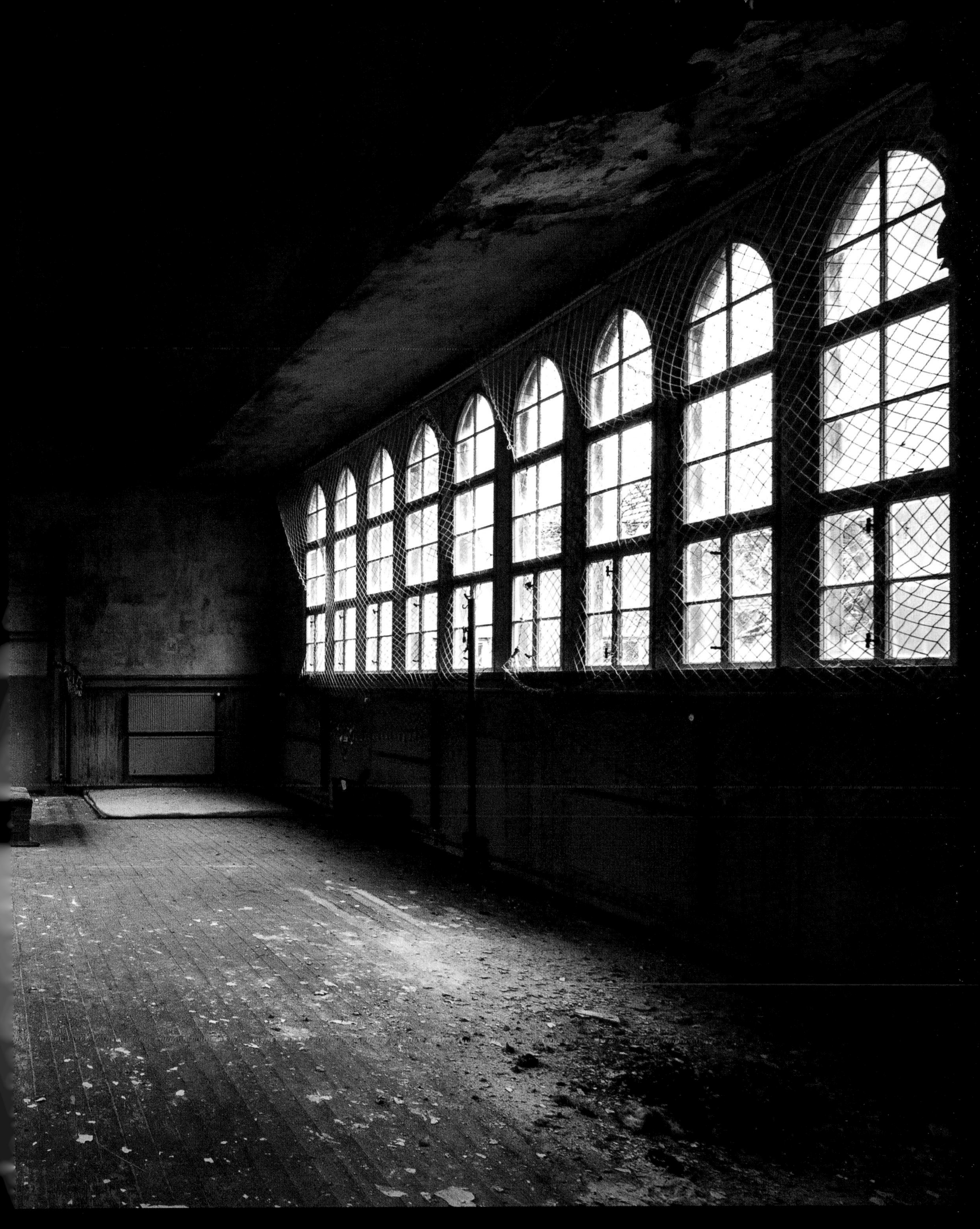

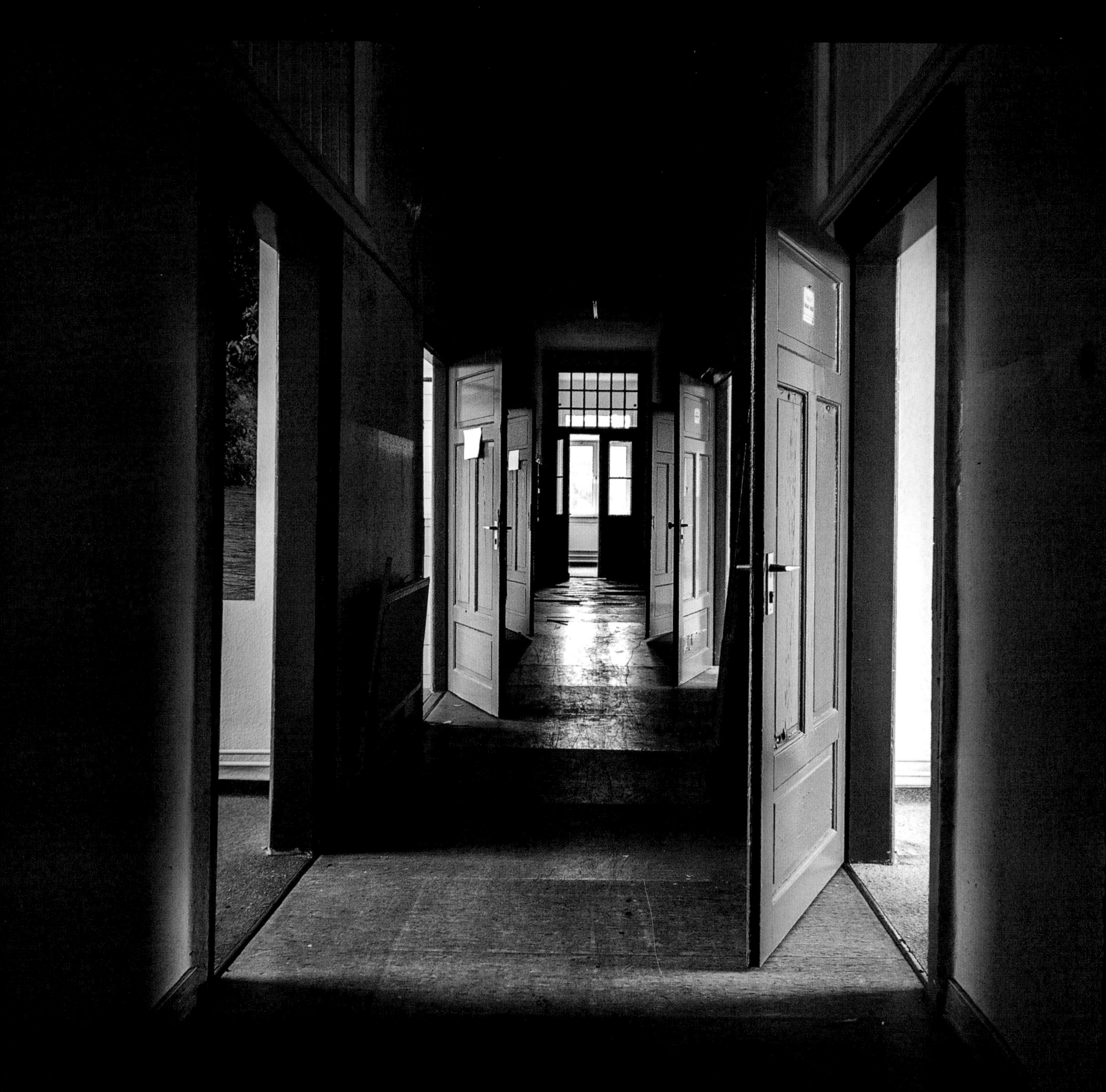

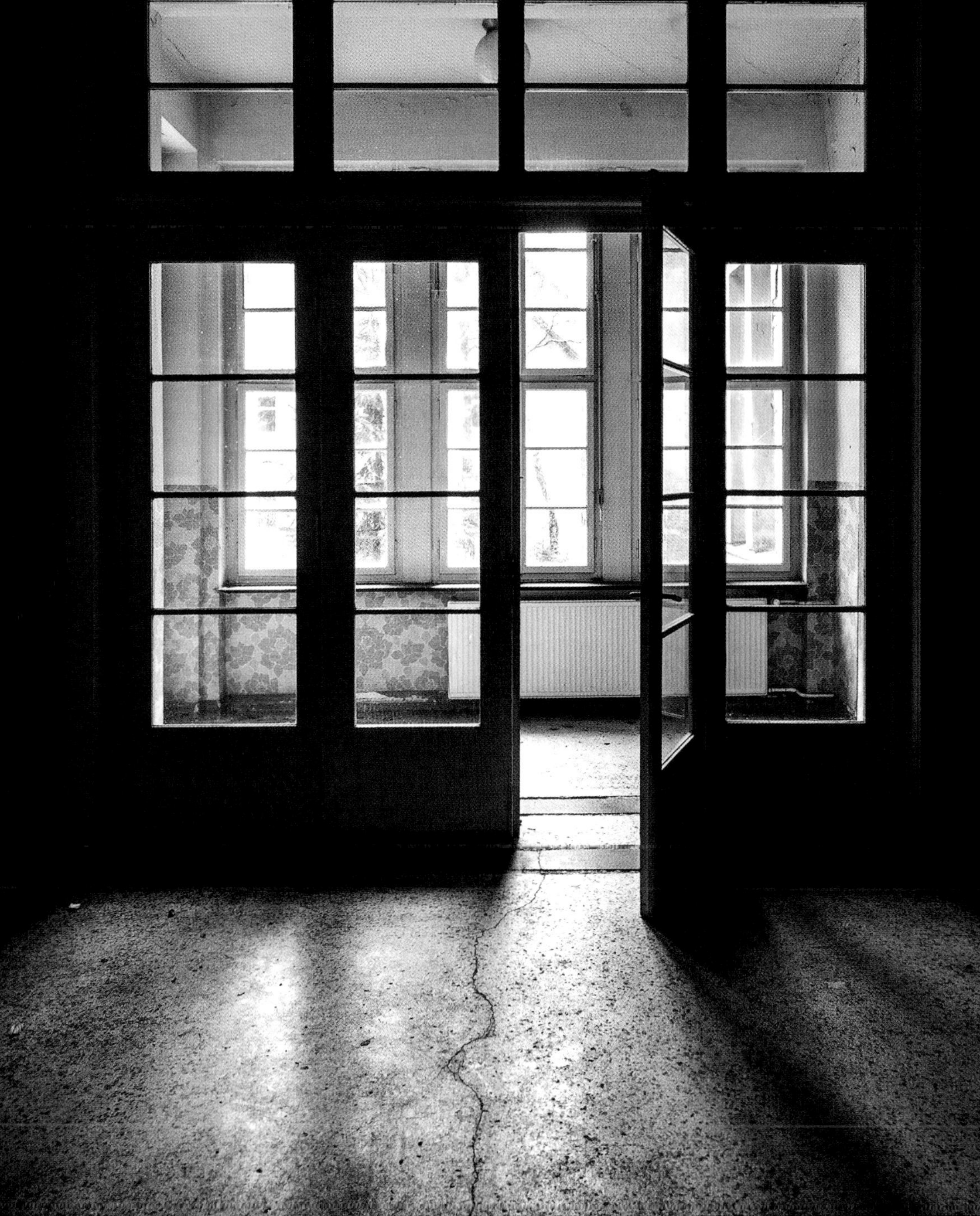

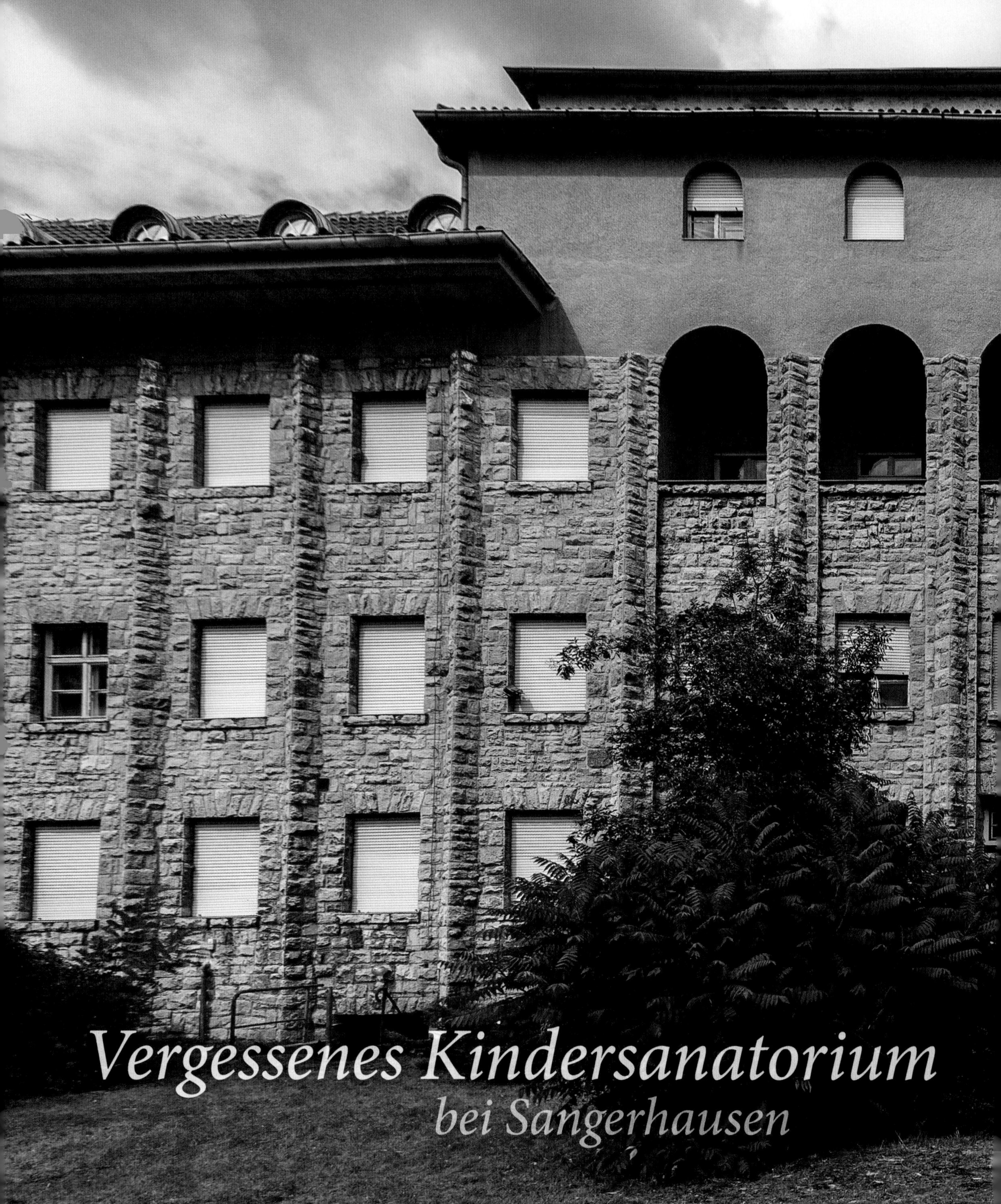

Vergessenes Kindersanatorium bei Sangerhausen

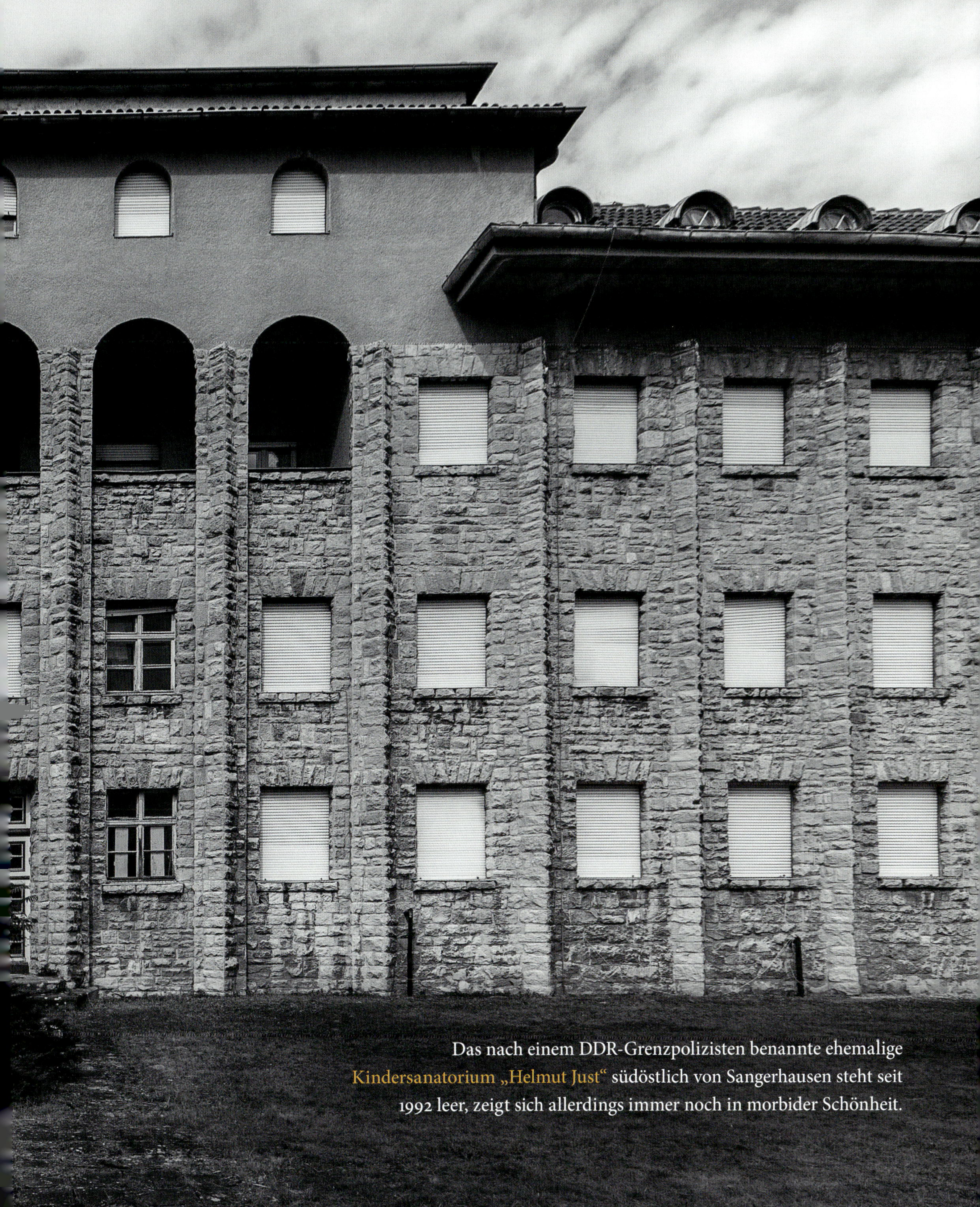

Das nach einem DDR-Grenzpolizisten benannte ehemalige Kindersanatorium „Helmut Just“ südöstlich von Sangerhausen steht seit 1992 leer, zeigt sich allerdings immer noch in morbider Schönheit.

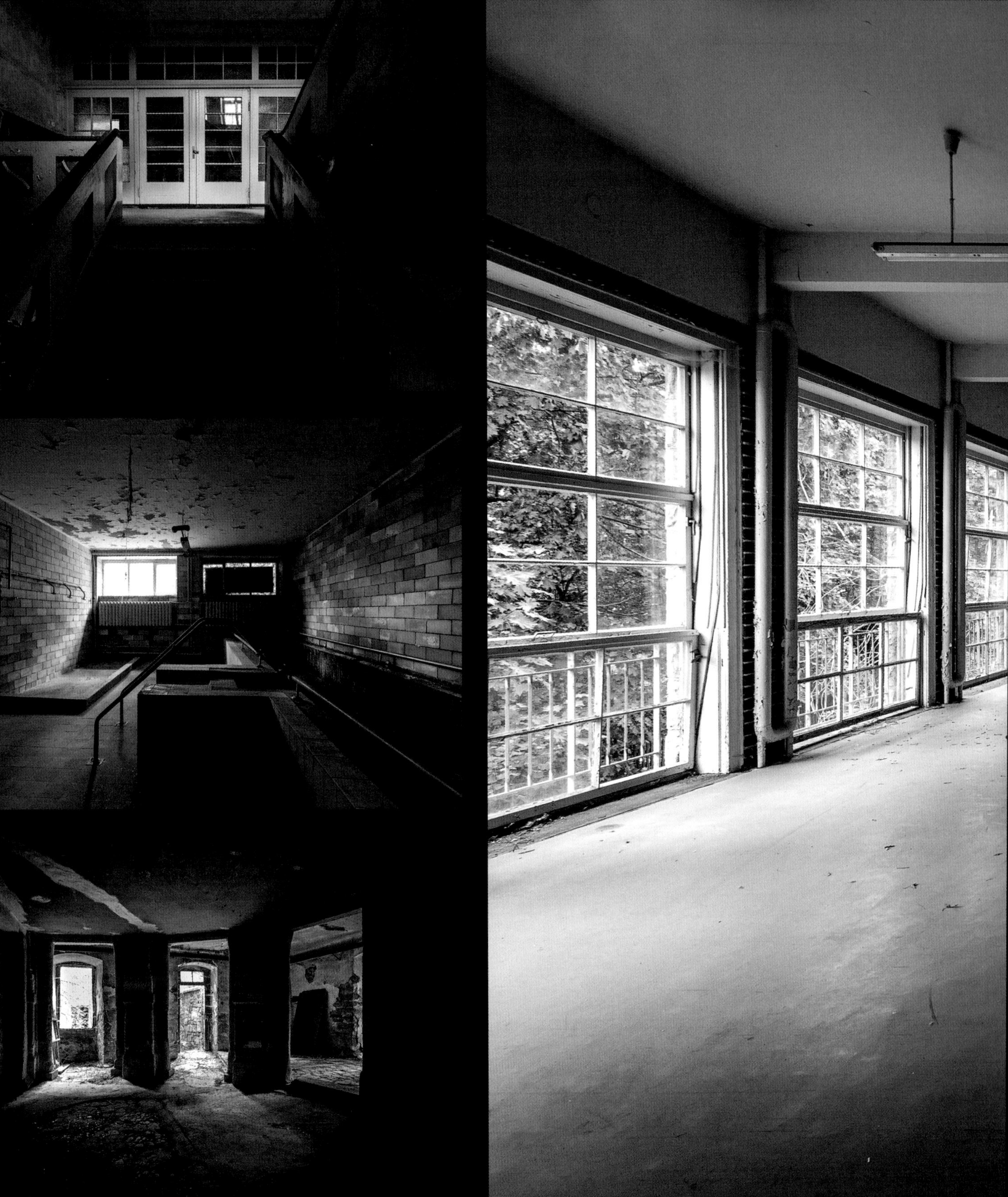

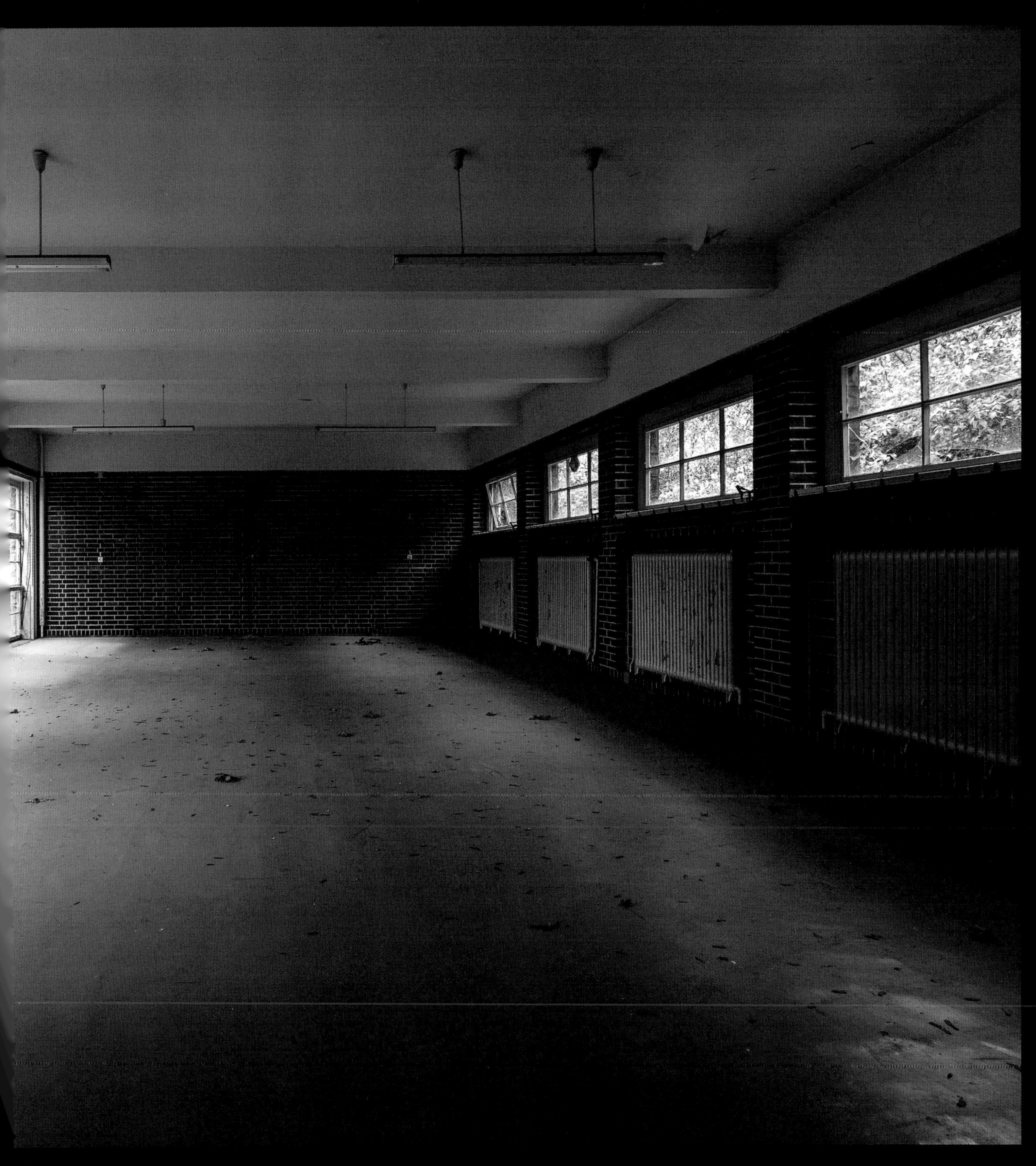

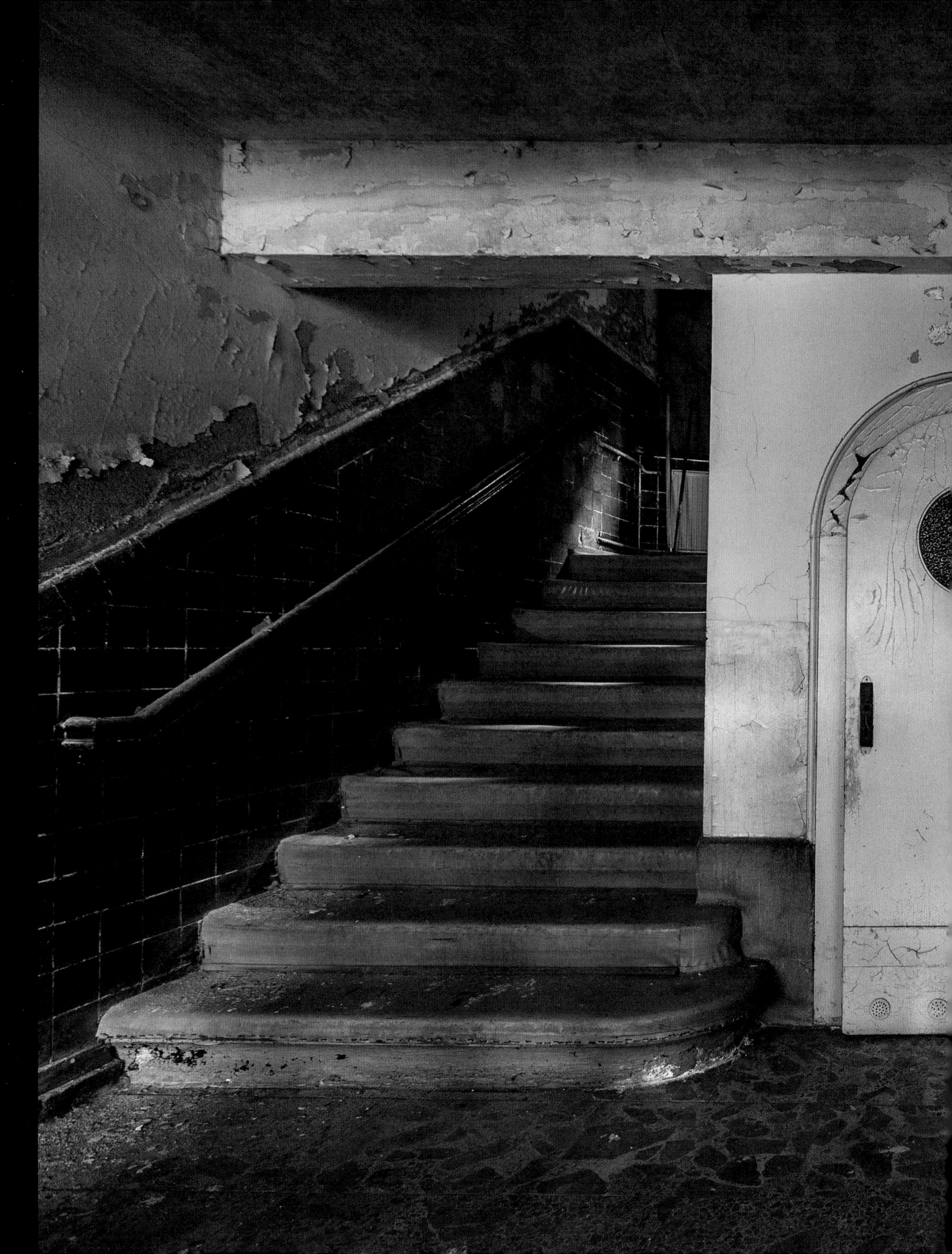

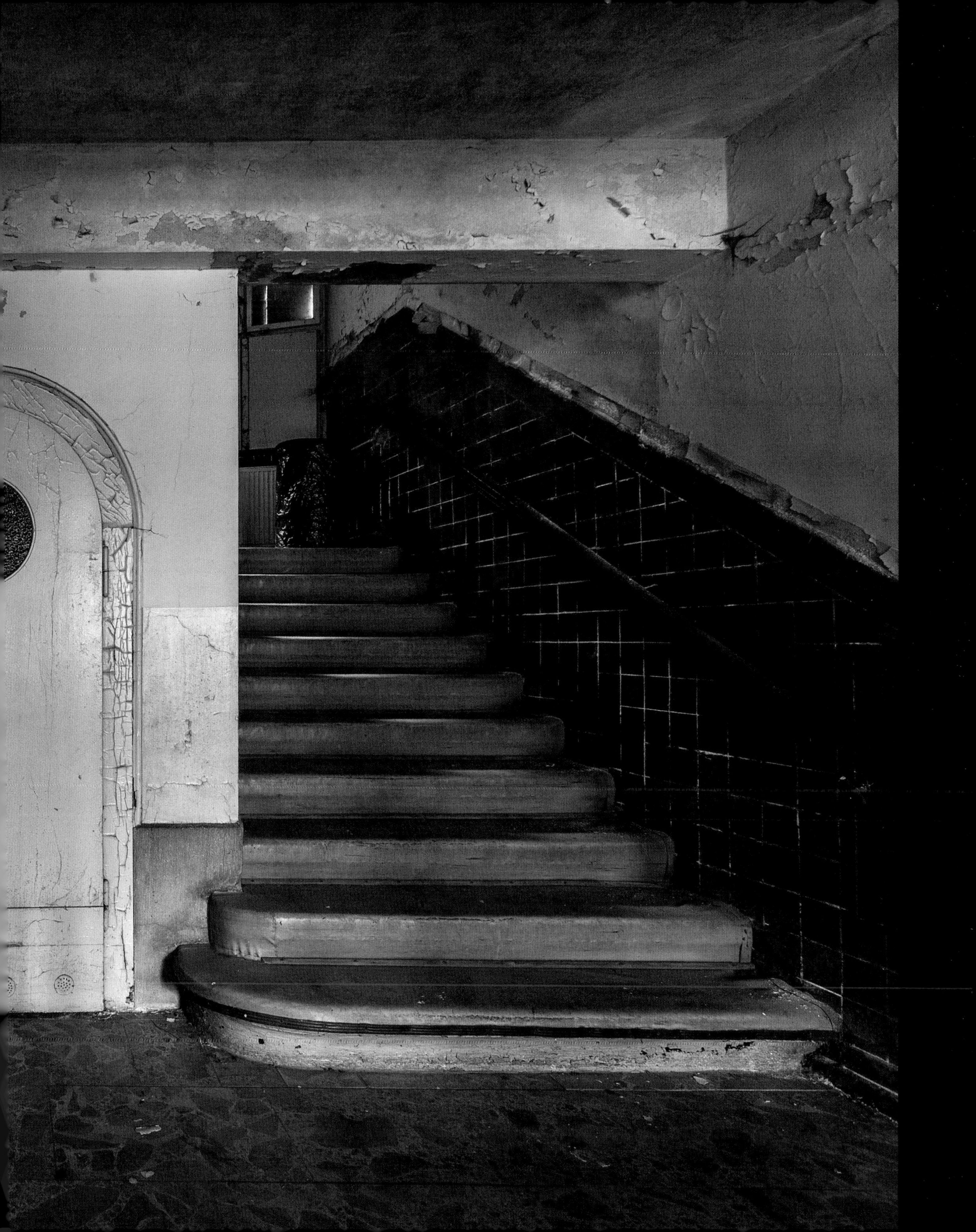

Stillgelegtes Krankenhaus
bei Zwickau

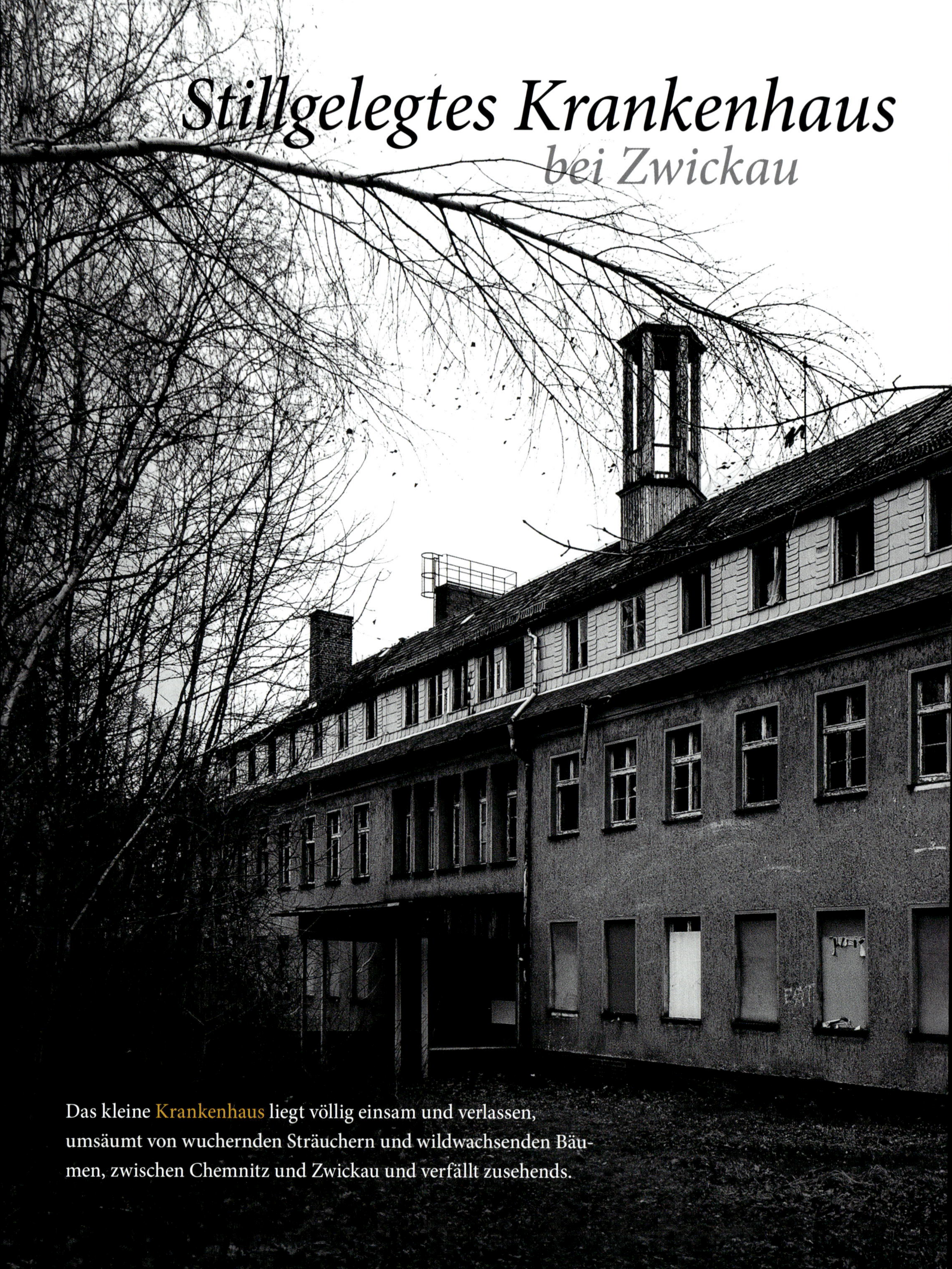

Das kleine Krankenhaus liegt völlig einsam und verlassen, umsäumt von wuchernden Sträuchern und wildwachsenden Bäumen, zwischen Chemnitz und Zwickau und verfällt zusehends.

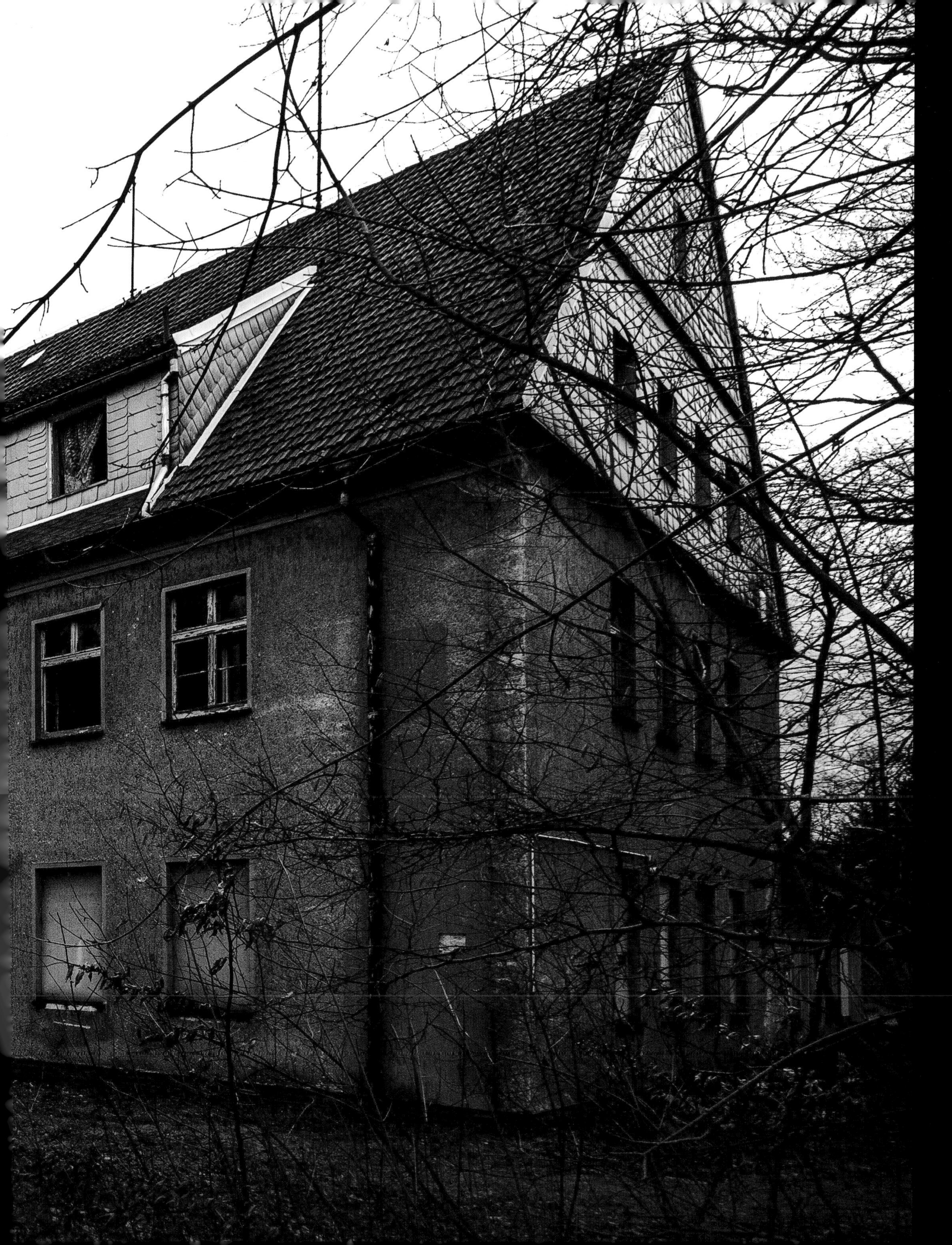

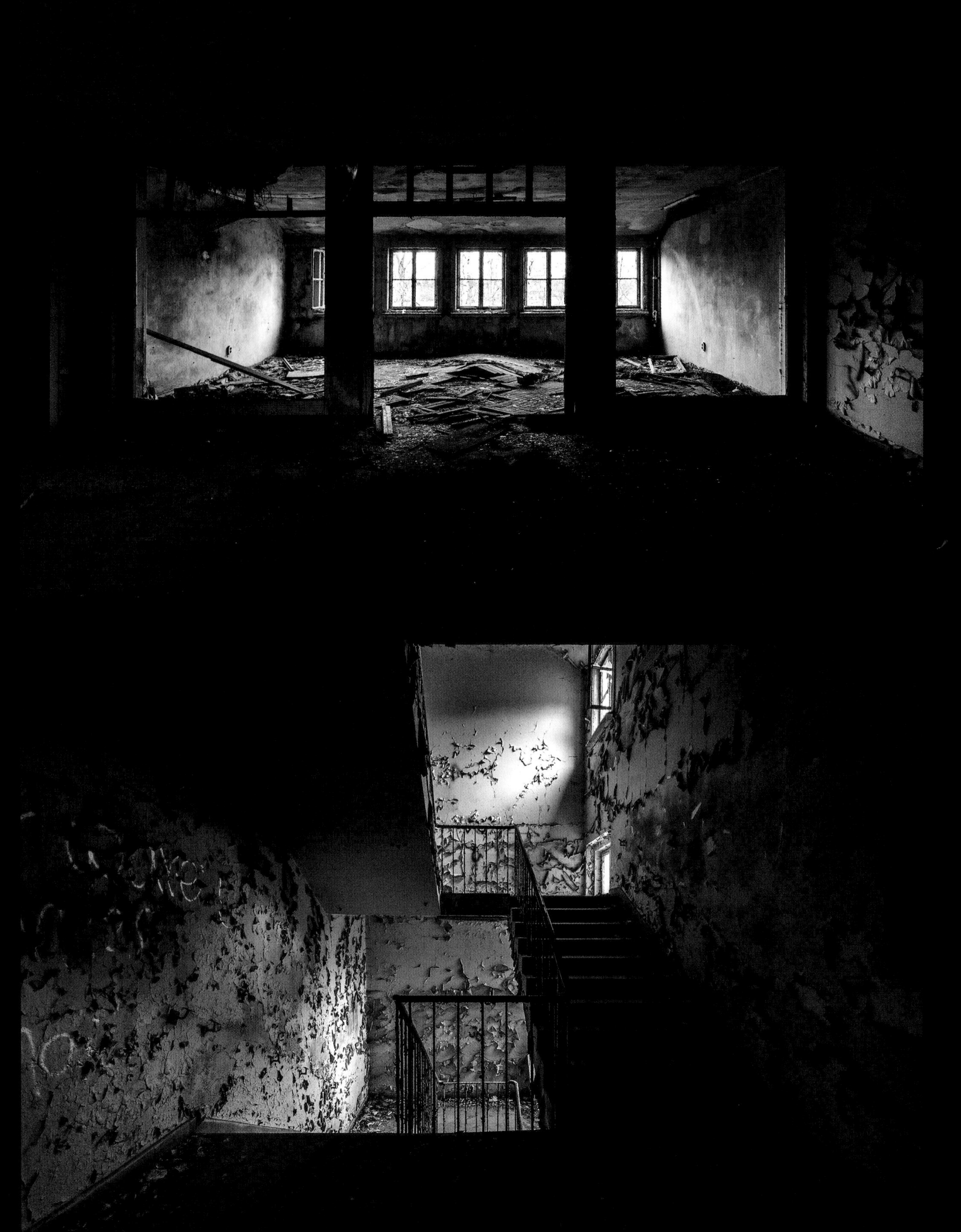

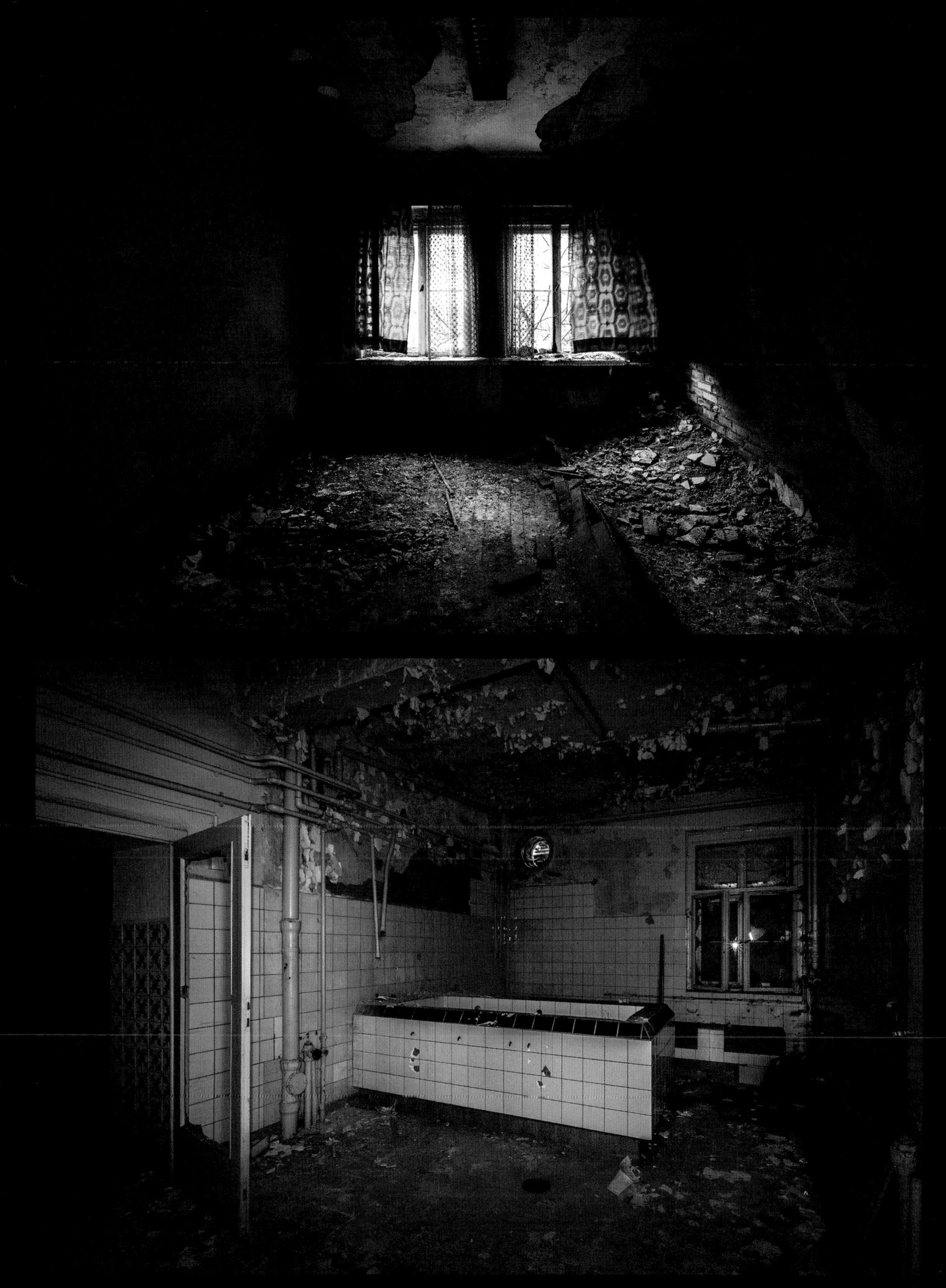

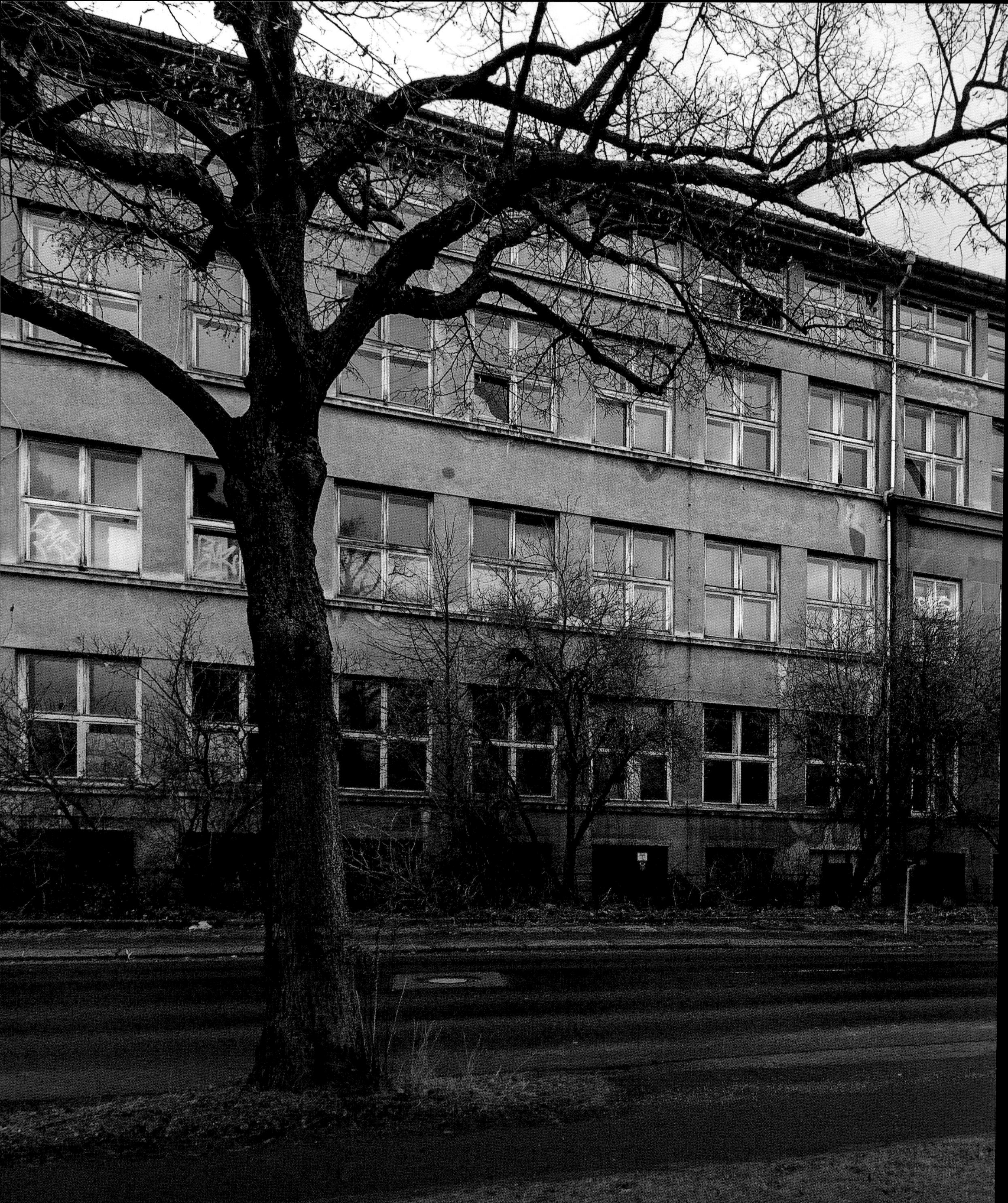

Ehemaliger Krankenhauskomplex *in Chemnitz*

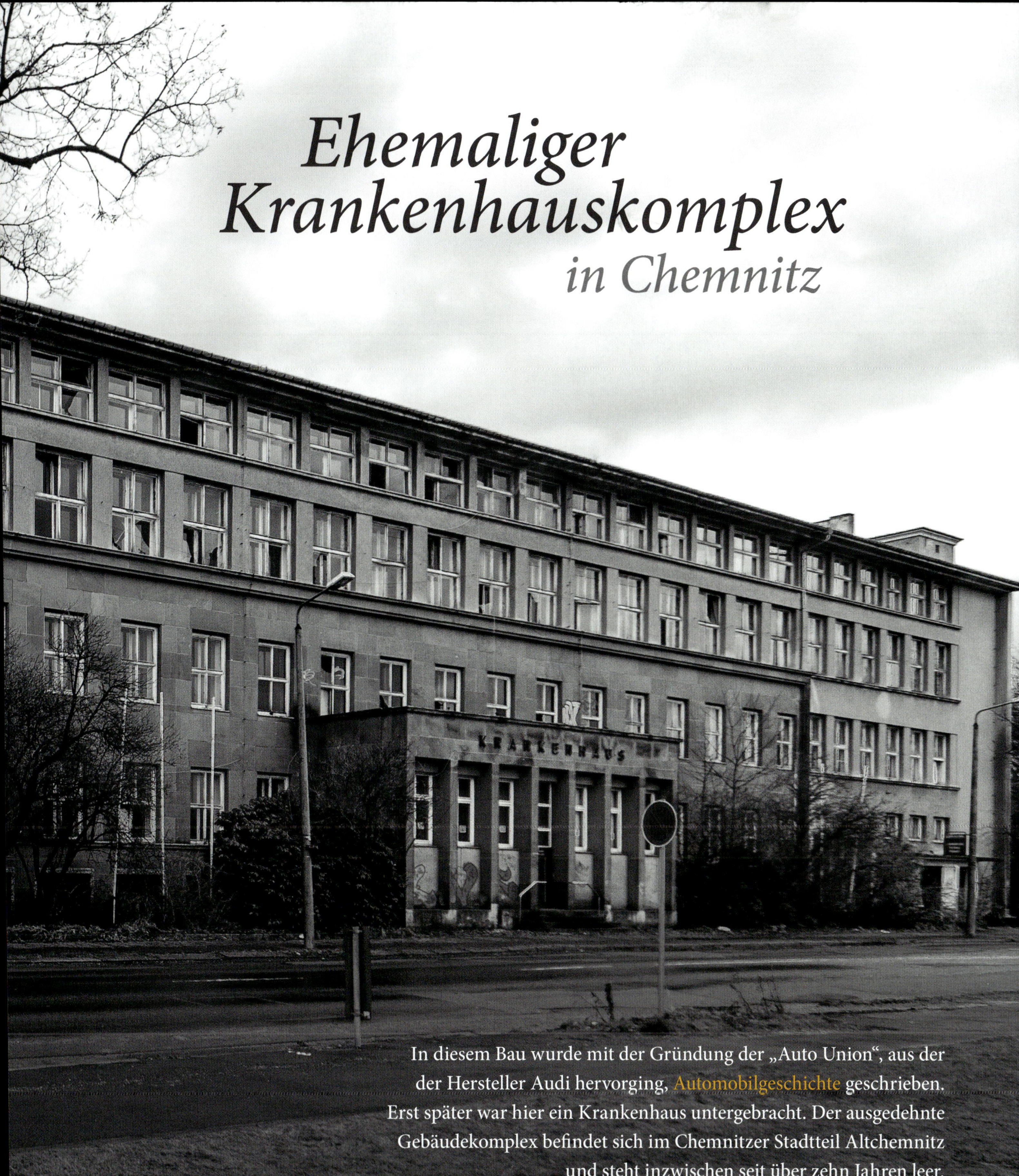

In diesem Bau wurde mit der Gründung der „Auto Union", aus der der Hersteller Audi hervorging, Automobilgeschichte geschrieben. Erst später war hier ein Krankenhaus untergebracht. Der ausgedehnte Gebäudekomplex befindet sich im Chemnitzer Stadtteil Altchemnitz und steht inzwischen seit über zehn Jahren leer.

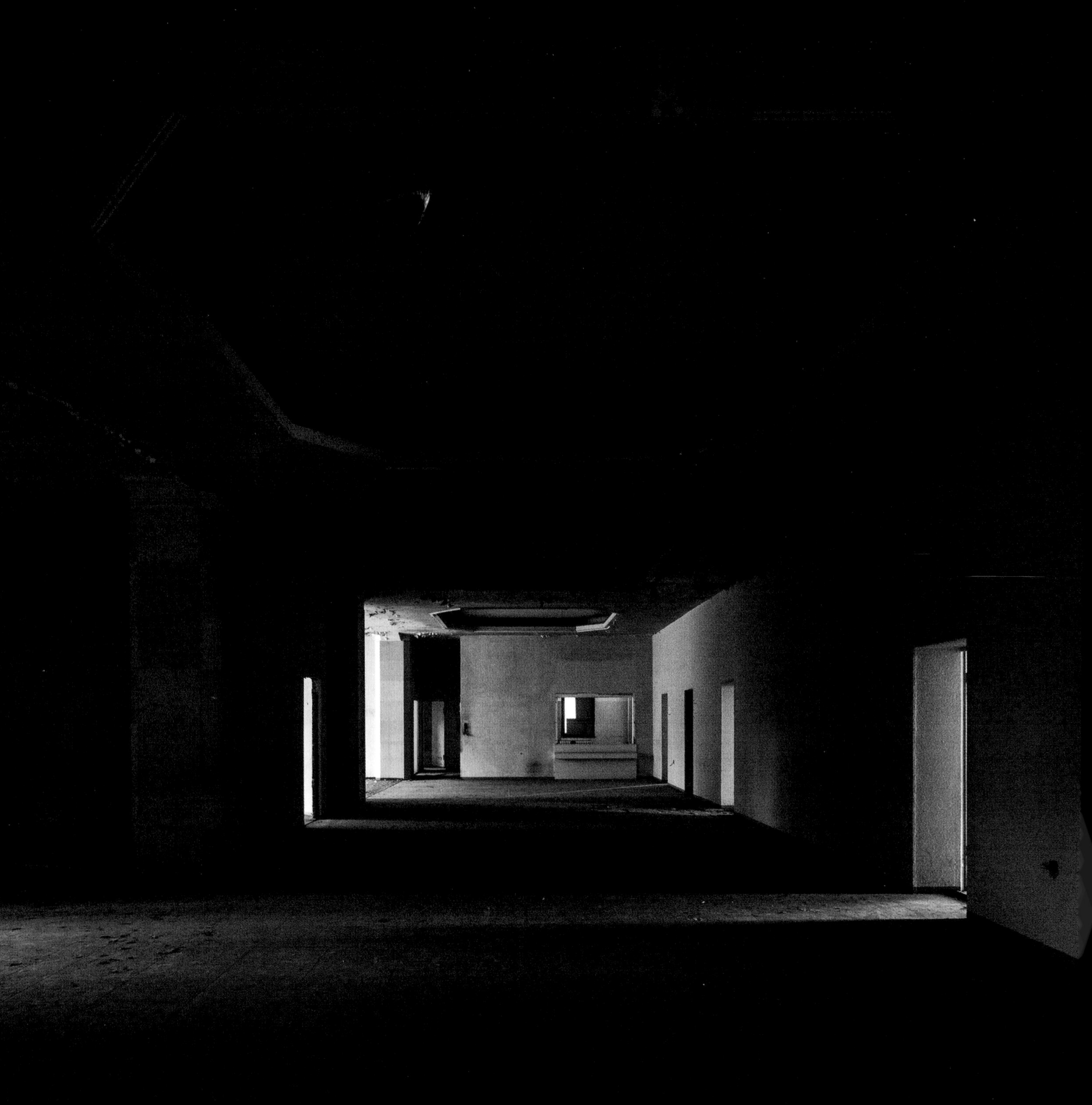

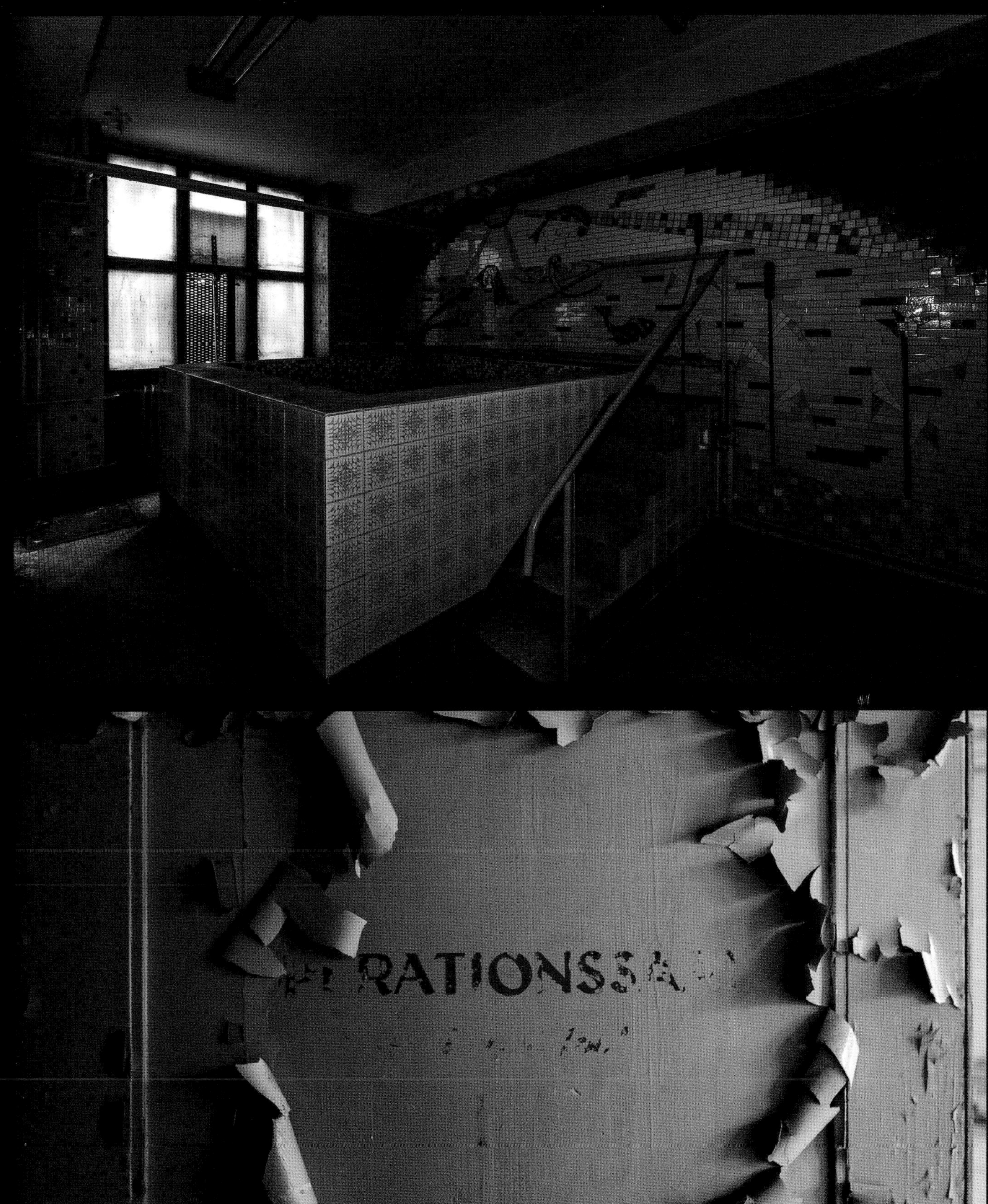
RATIONSS

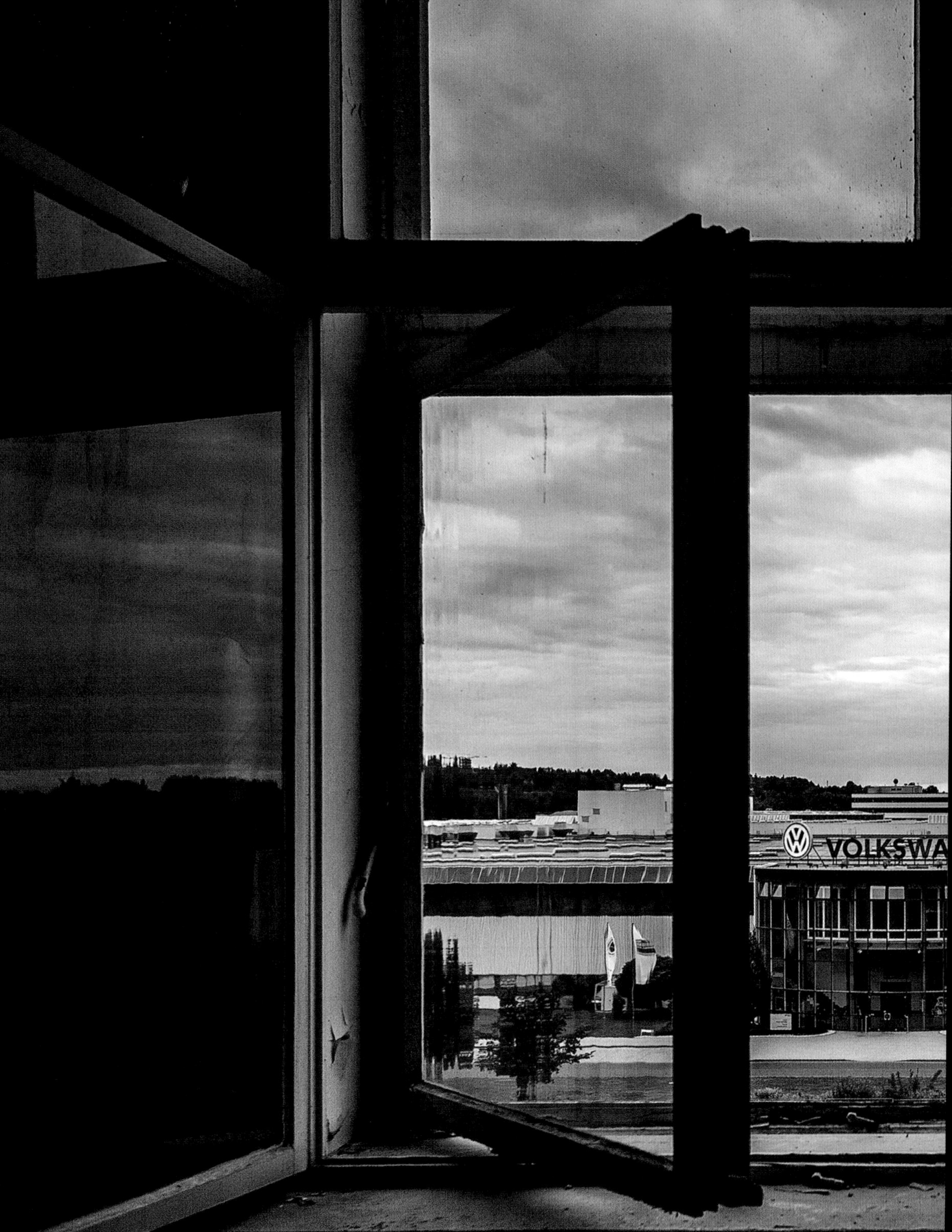
VOLKSWA

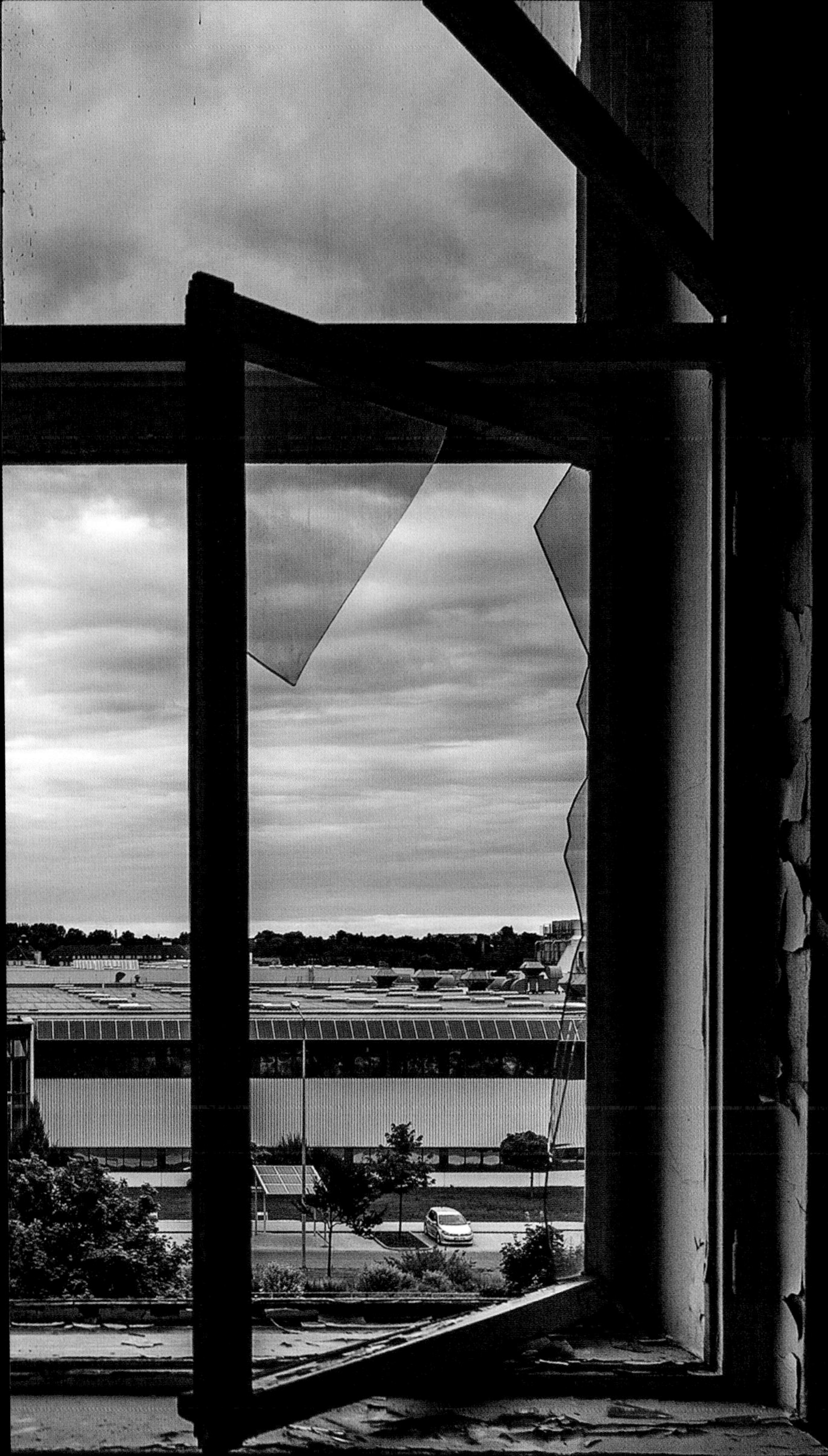

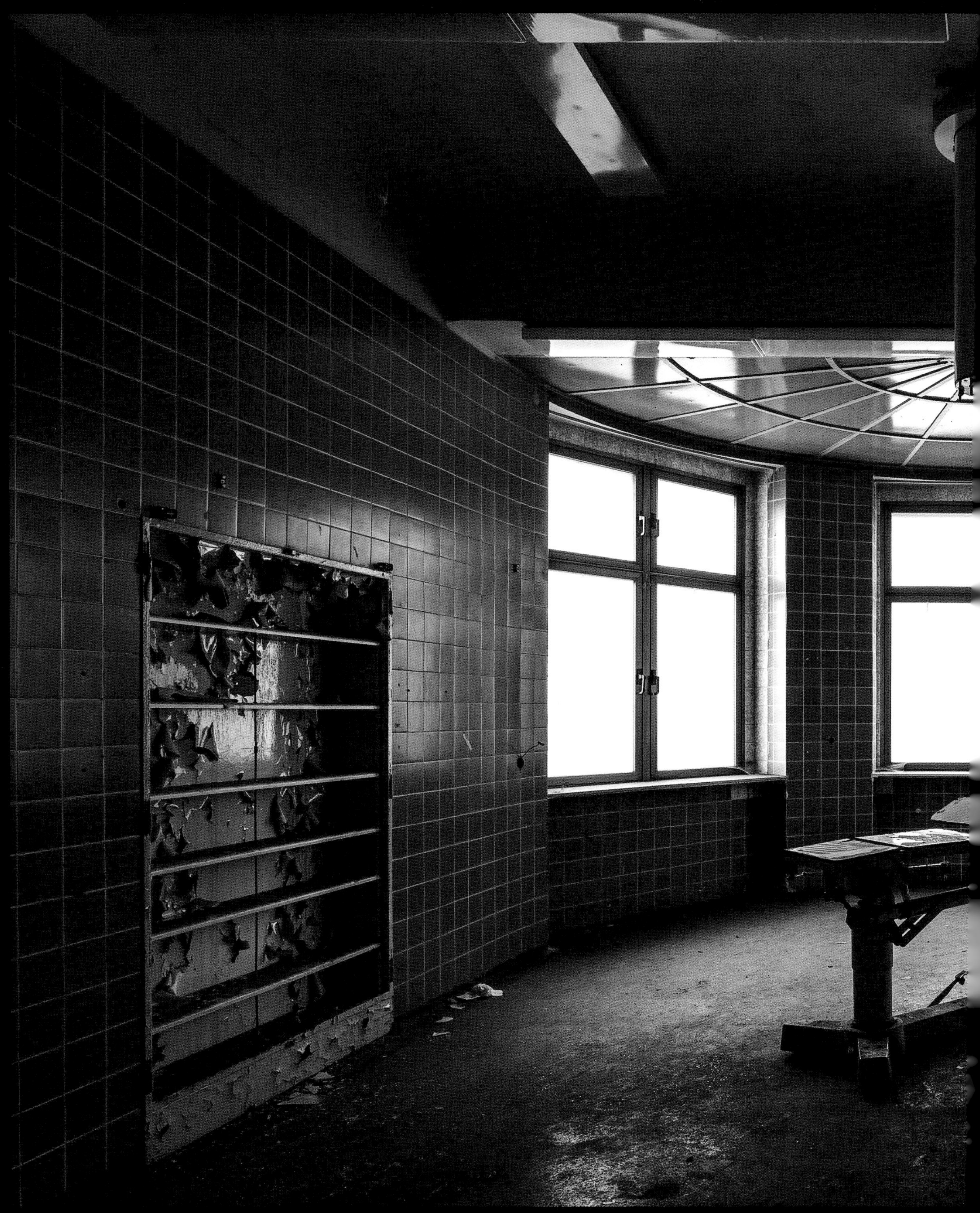

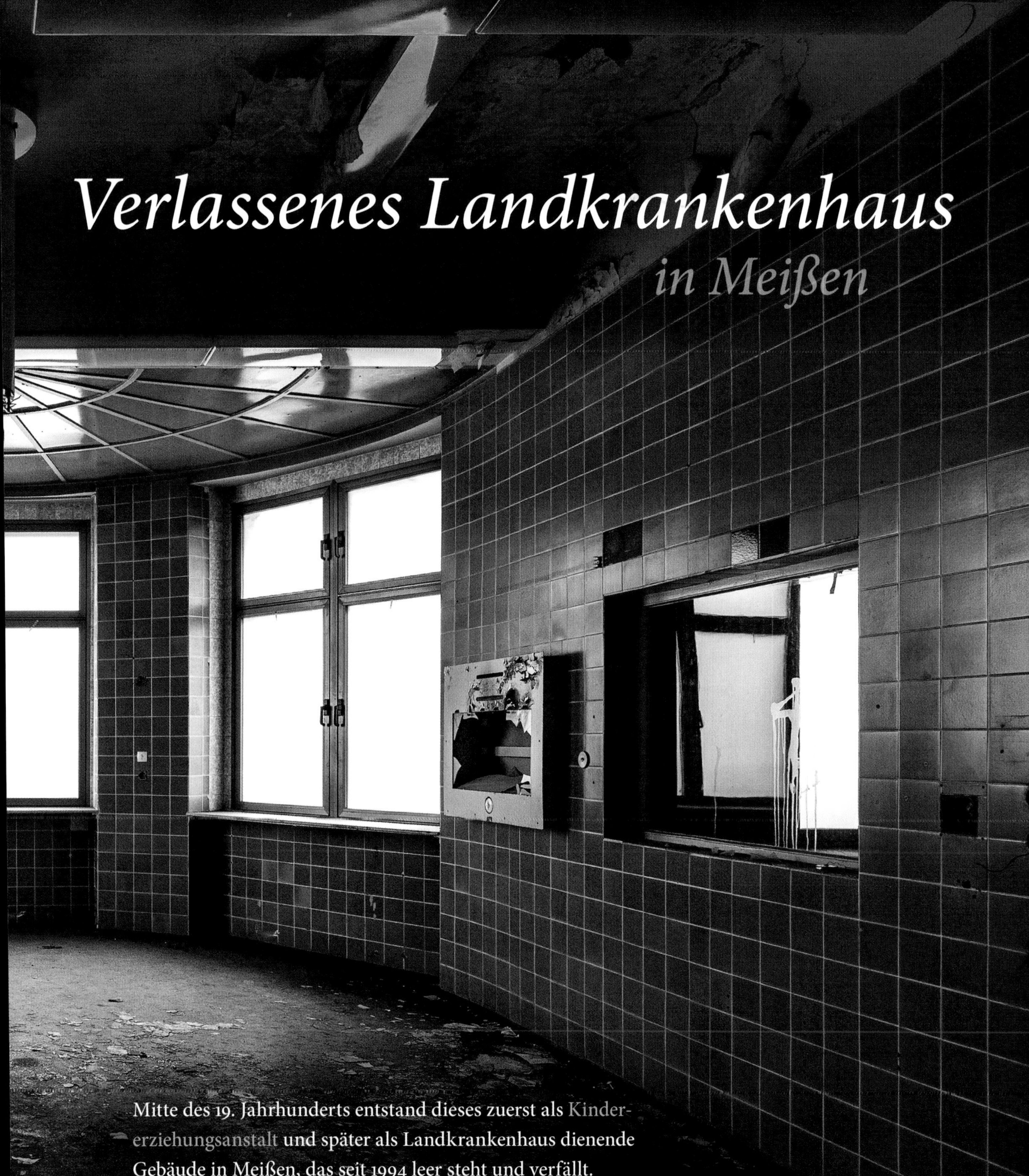

Verlassenes Landkrankenhaus
in Meißen

Mitte des 19. Jahrhunderts entstand dieses zuerst als Kindererziehungsanstalt und später als Landkrankenhaus dienende Gebäude in Meißen, das seit 1994 leer steht und verfällt.

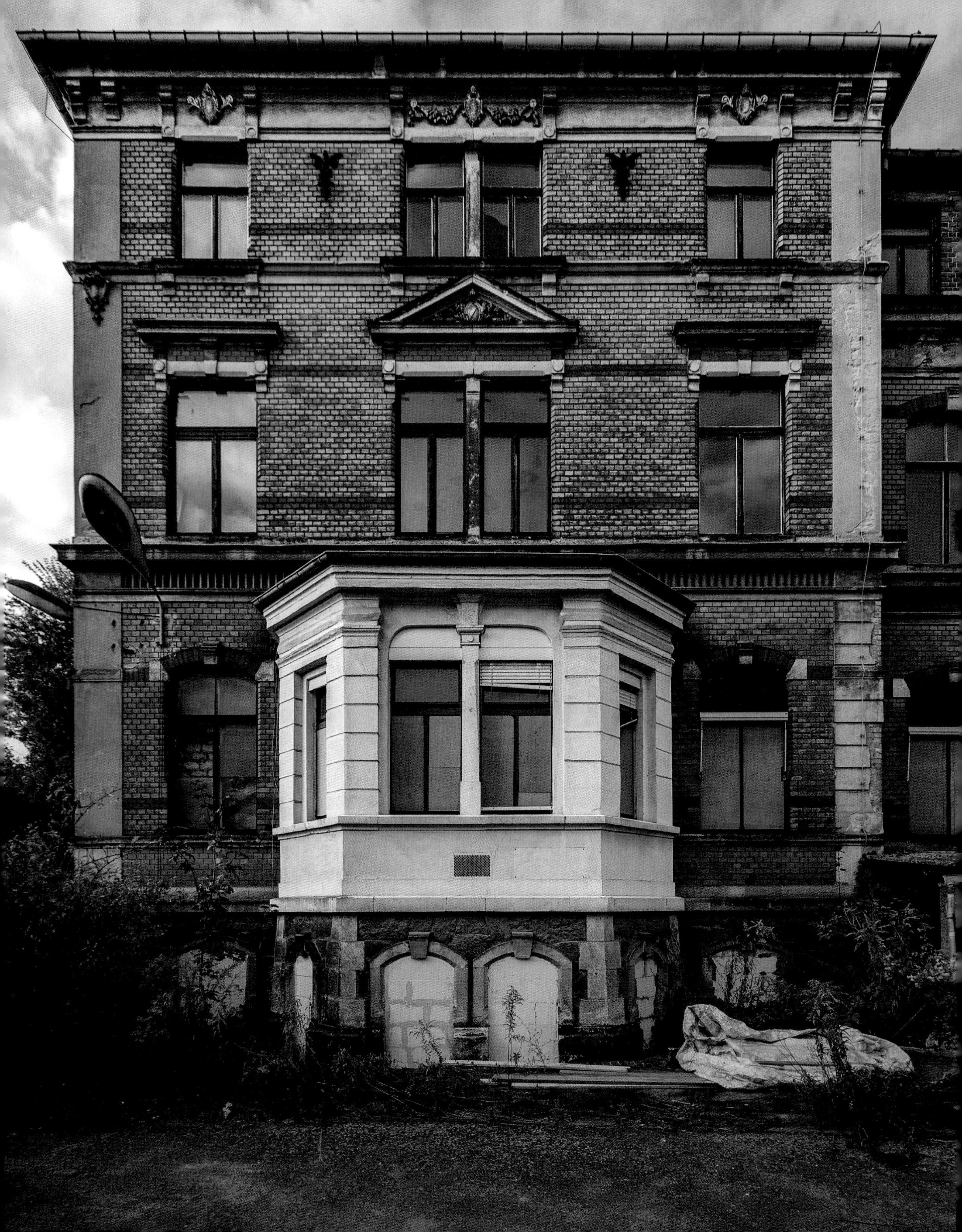

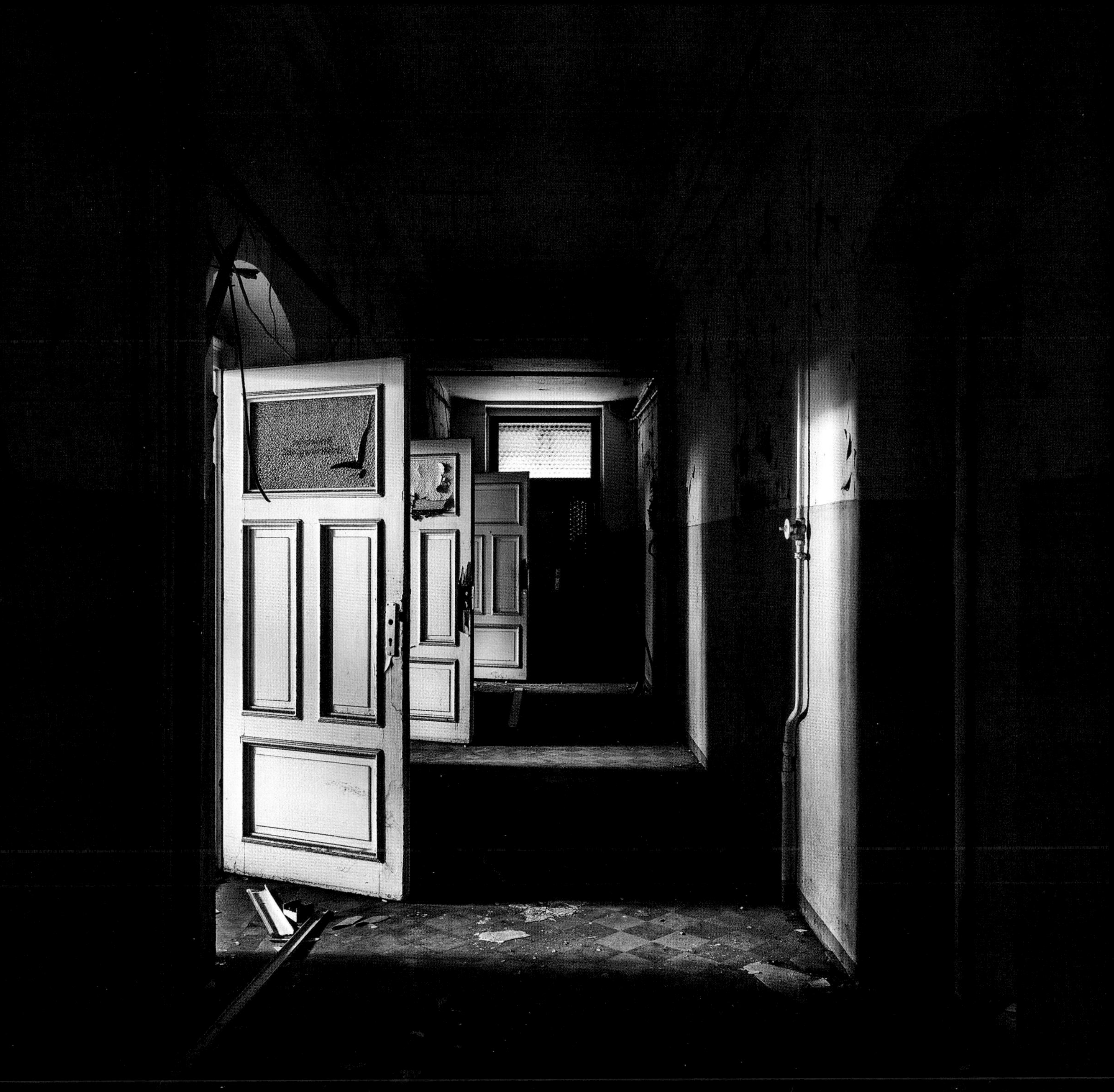

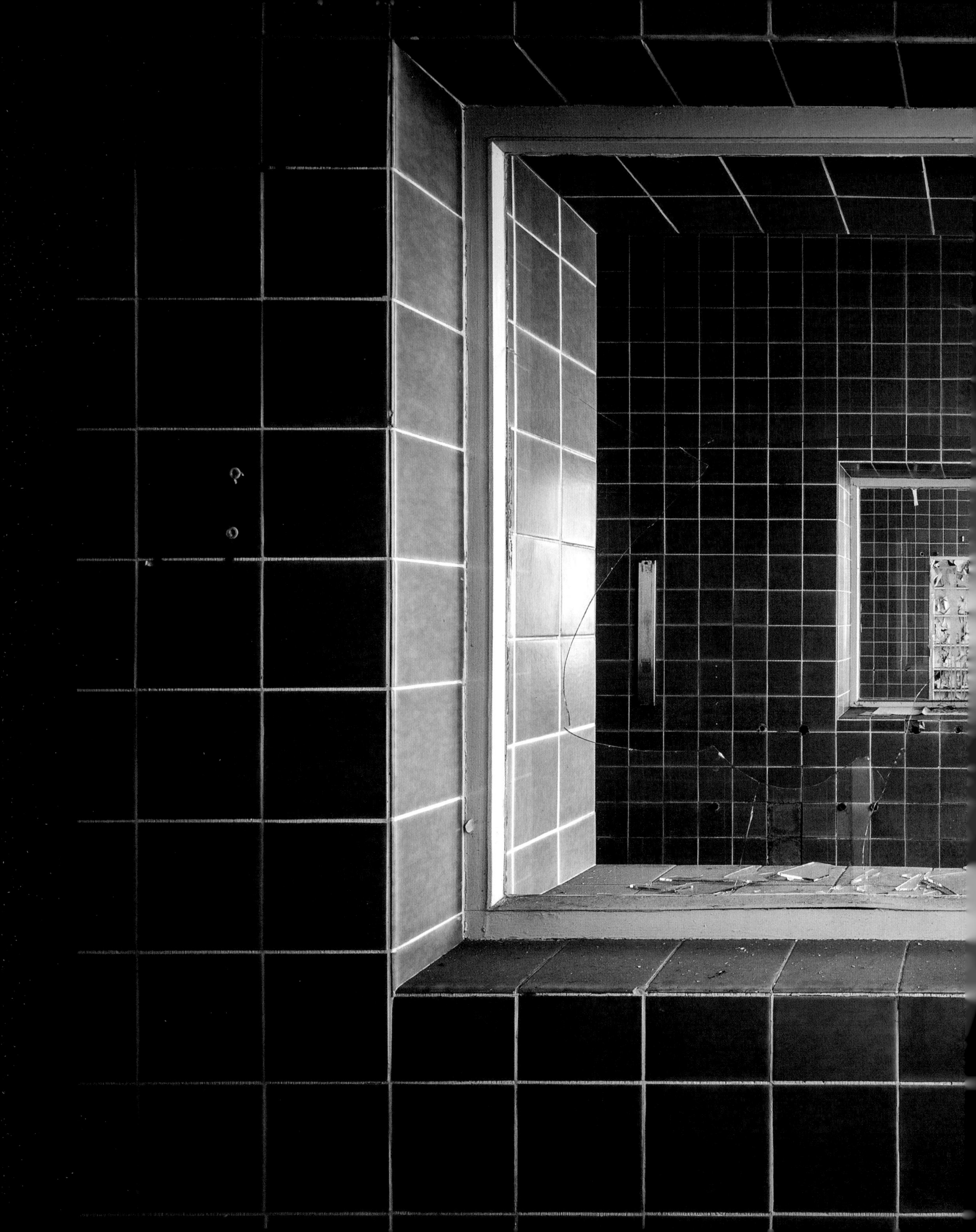

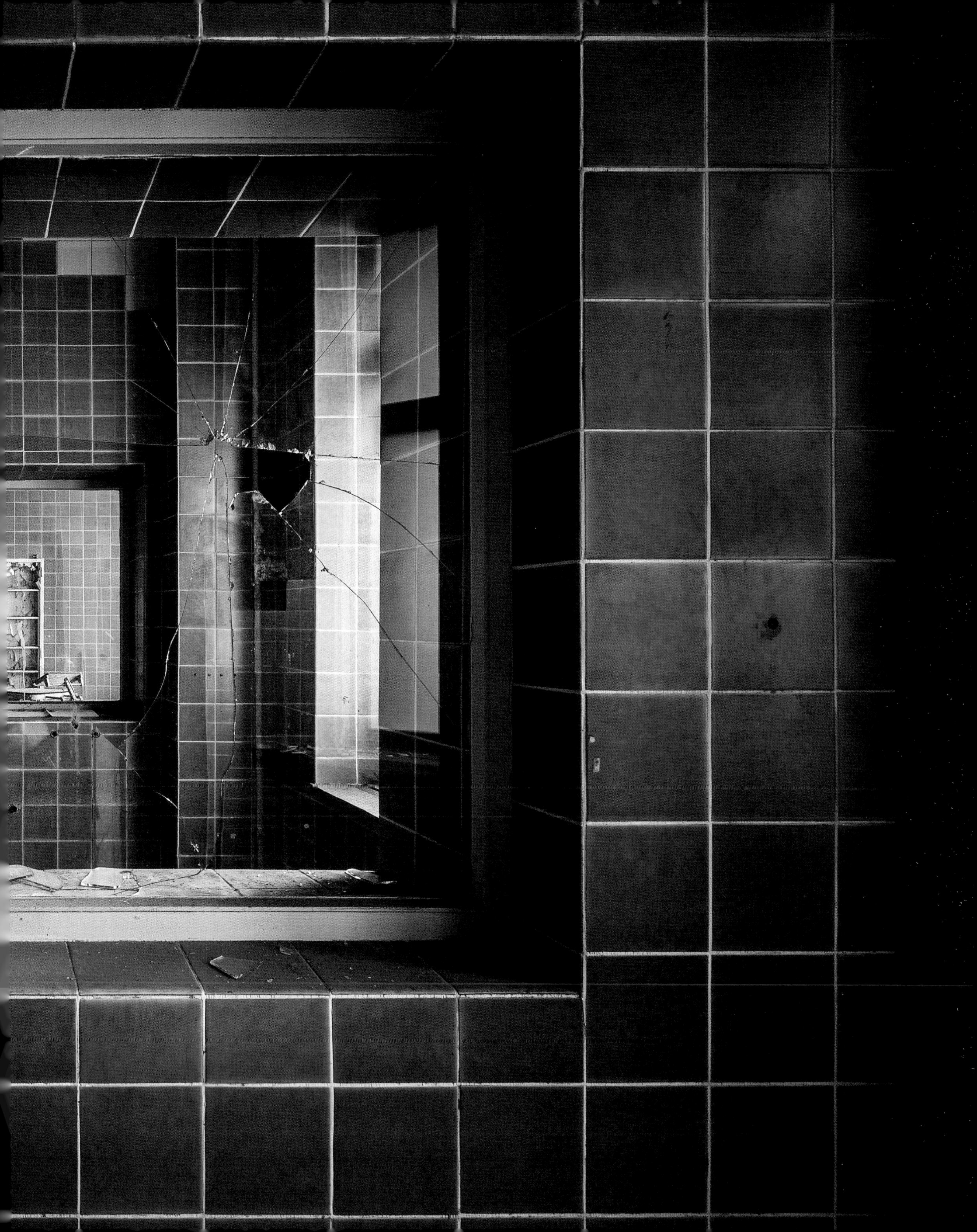

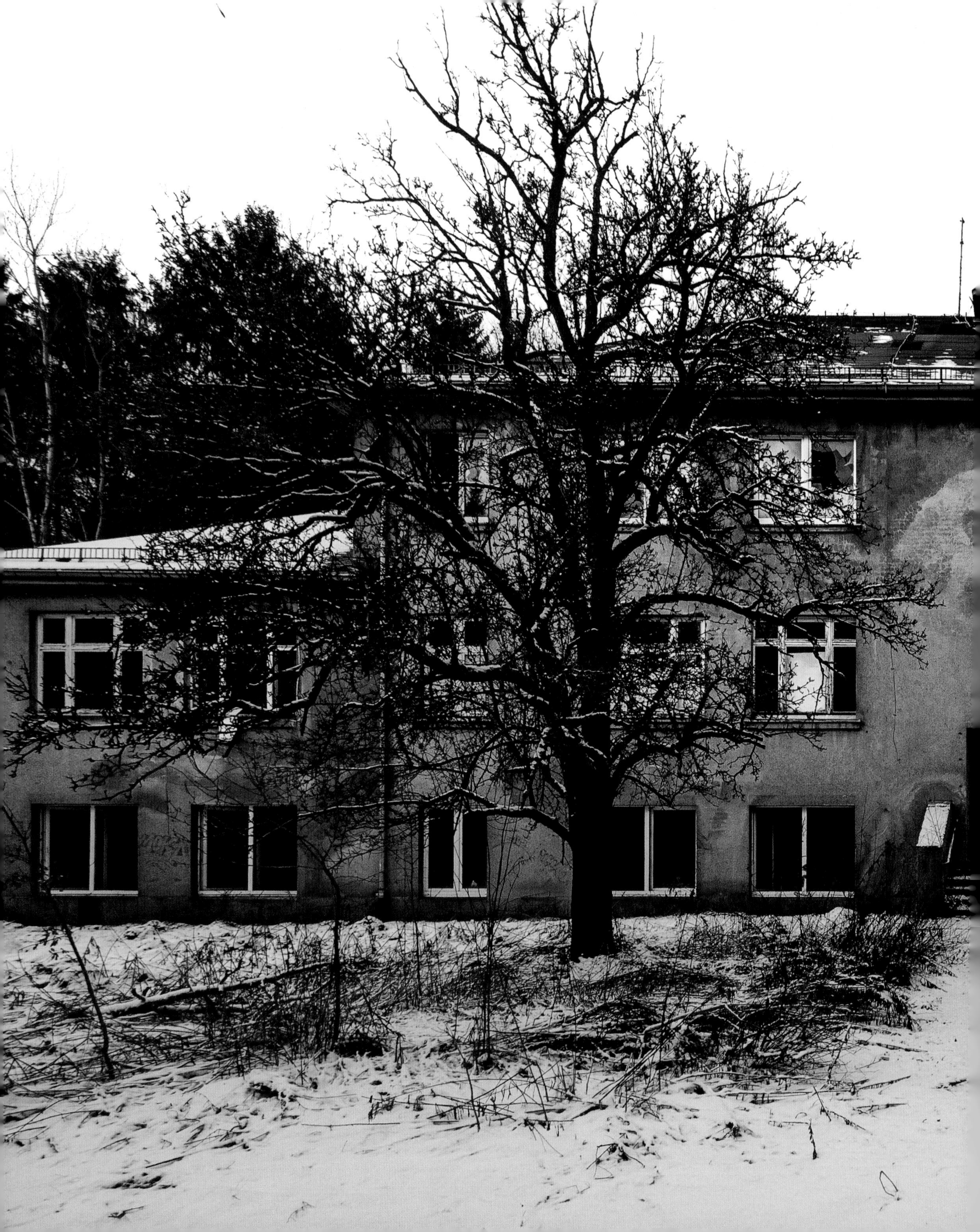

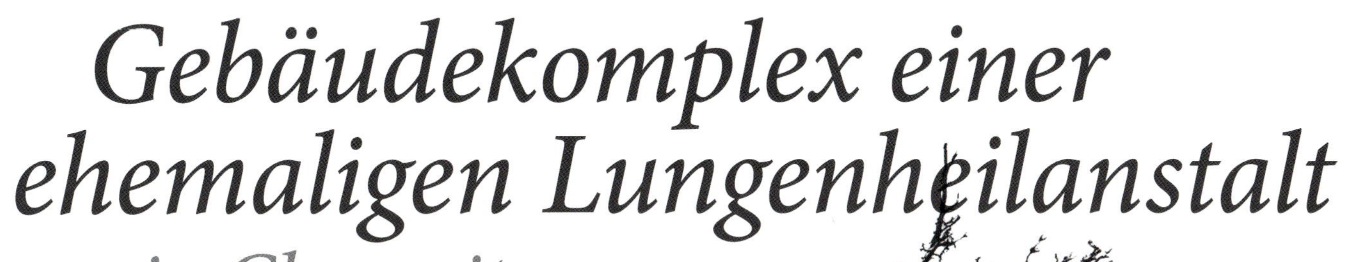

Gebäudekomplex einer ehemaligen Lungenheilanstalt in Chemnitz

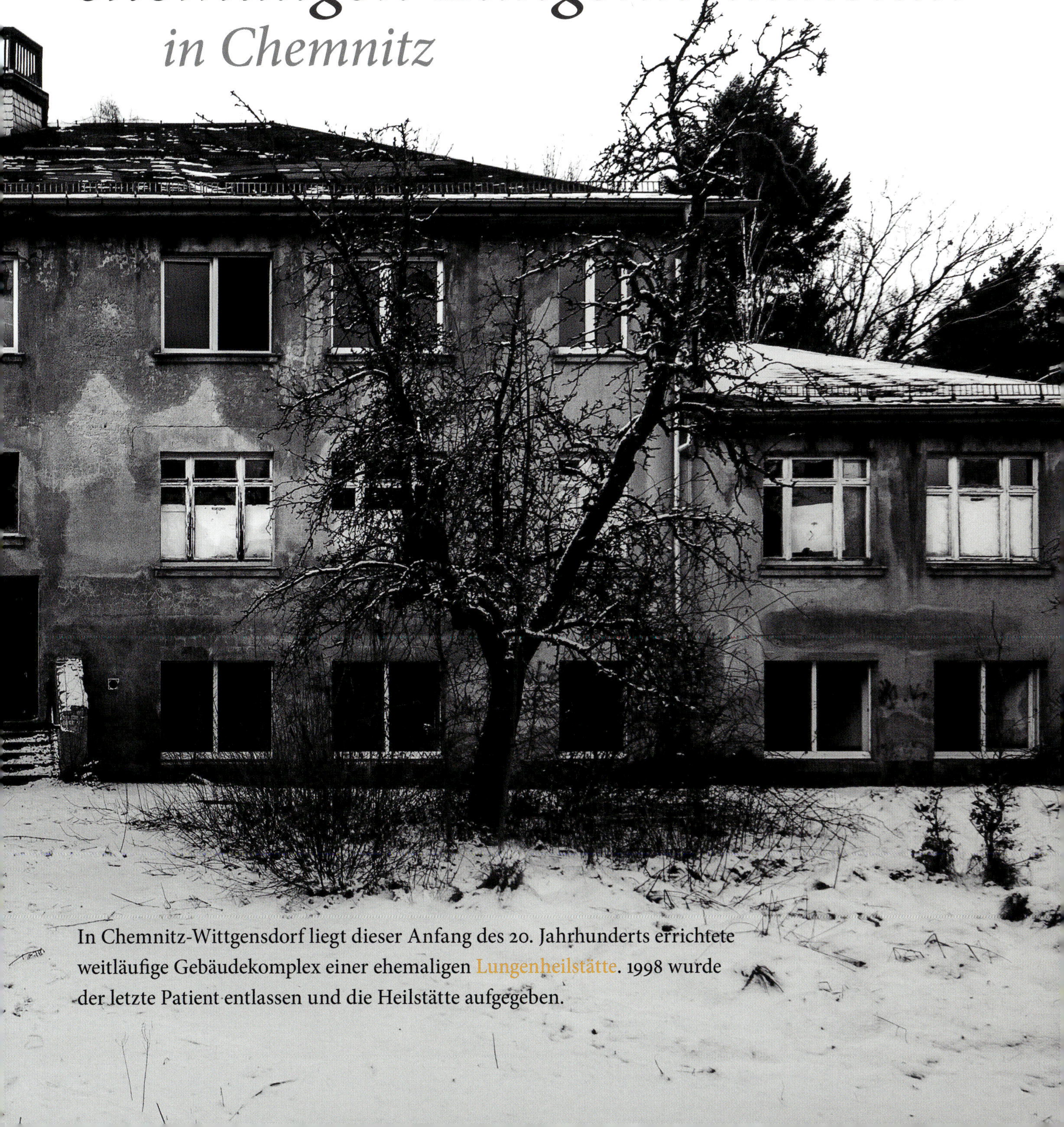

In Chemnitz-Wittgensdorf liegt dieser Anfang des 20. Jahrhunderts errichtete weitläufige Gebäudekomplex einer ehemaligen Lungenheilstätte. 1998 wurde der letzte Patient entlassen und die Heilstätte aufgegeben.

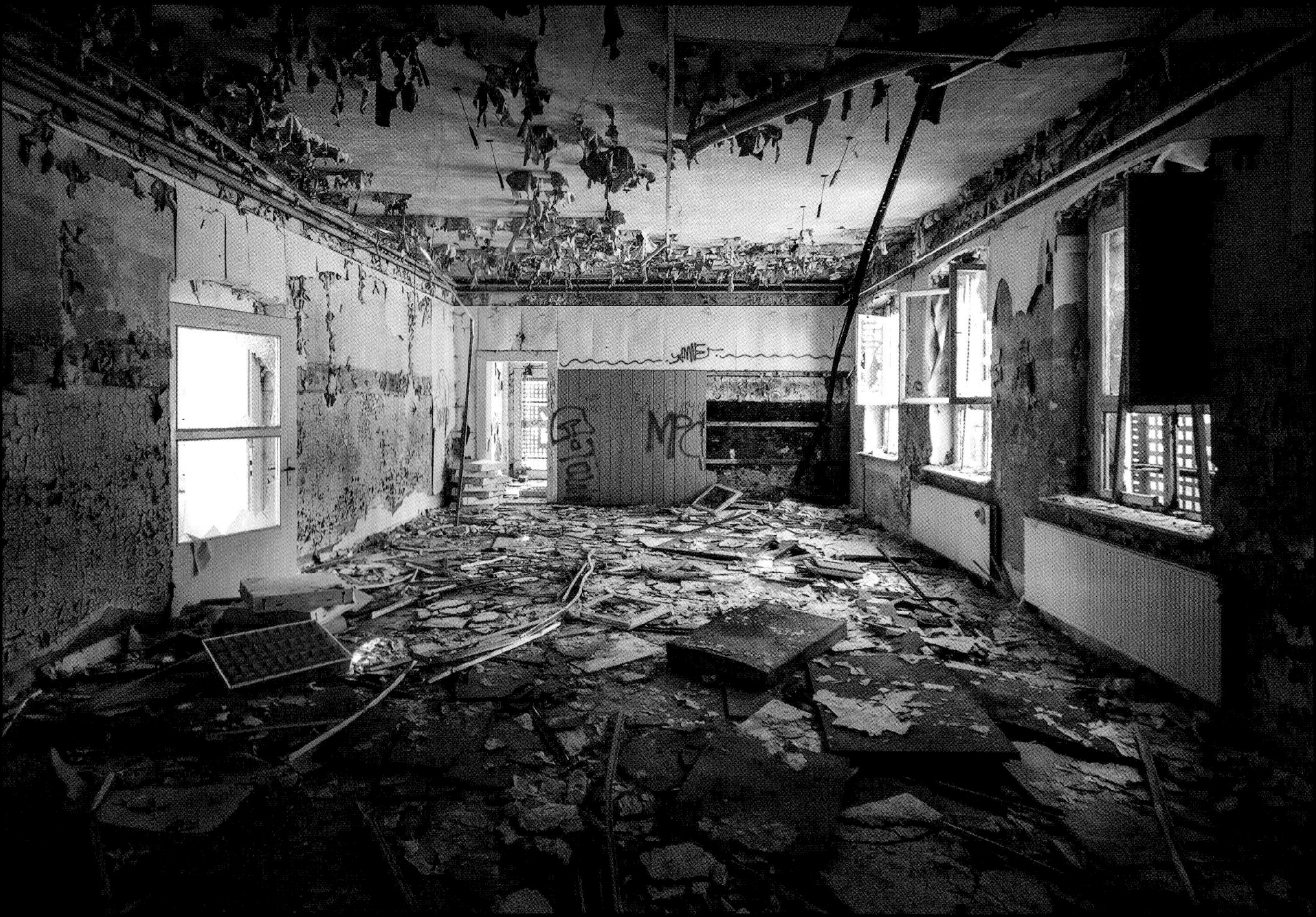

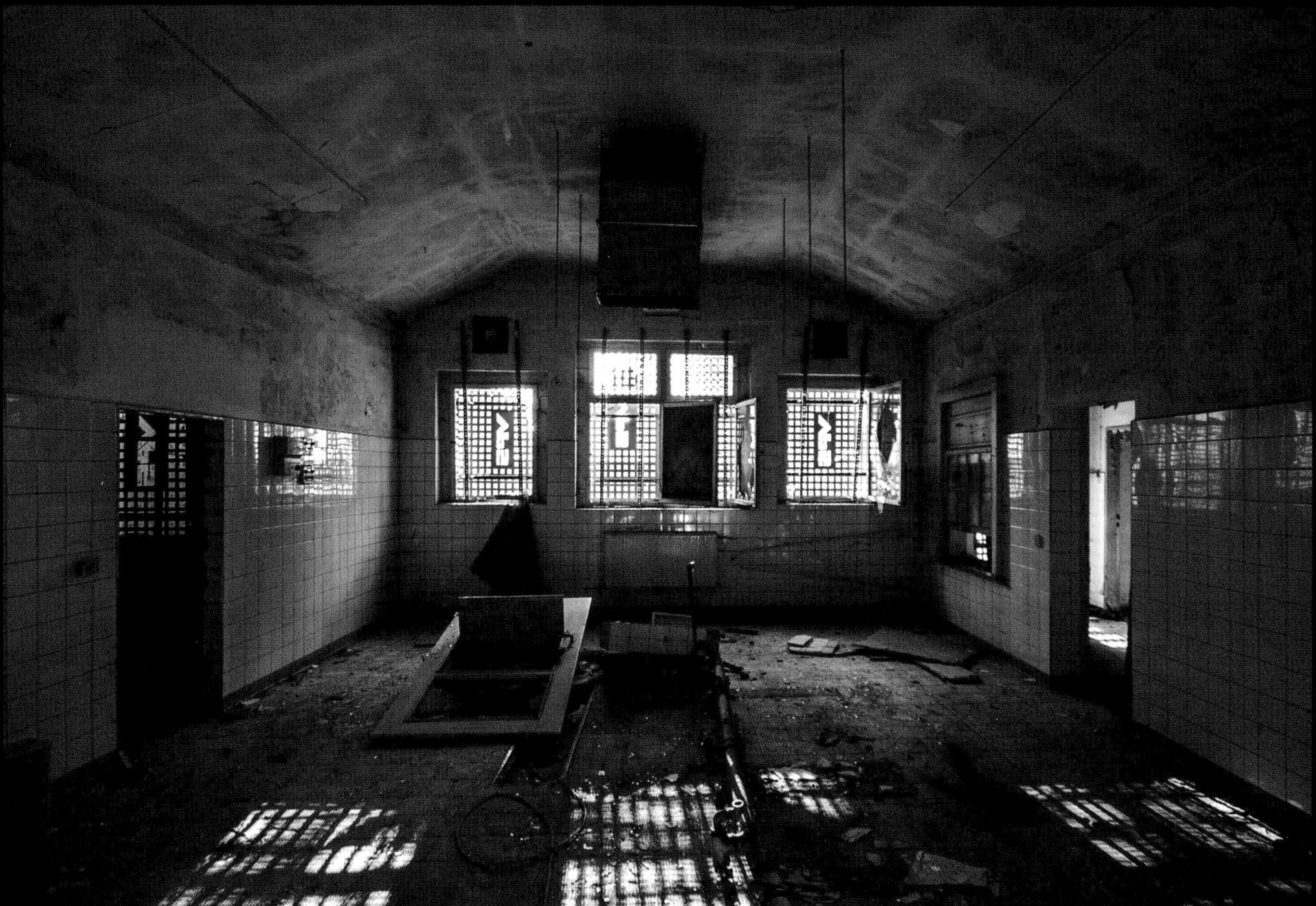

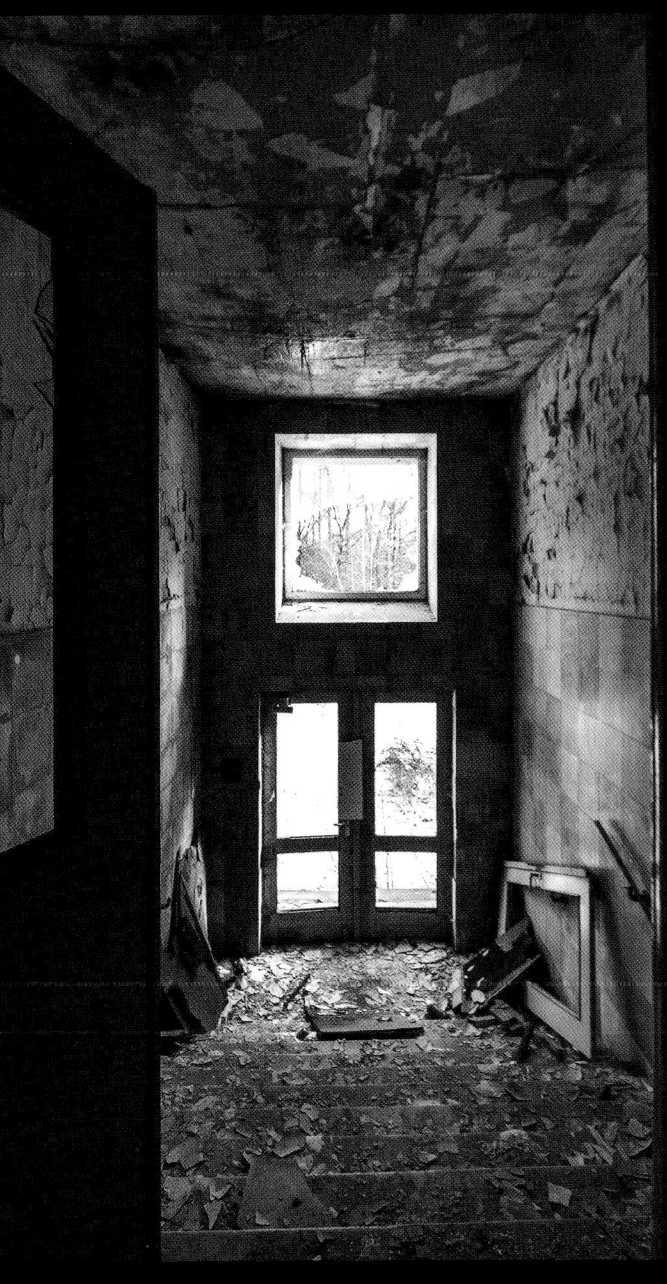

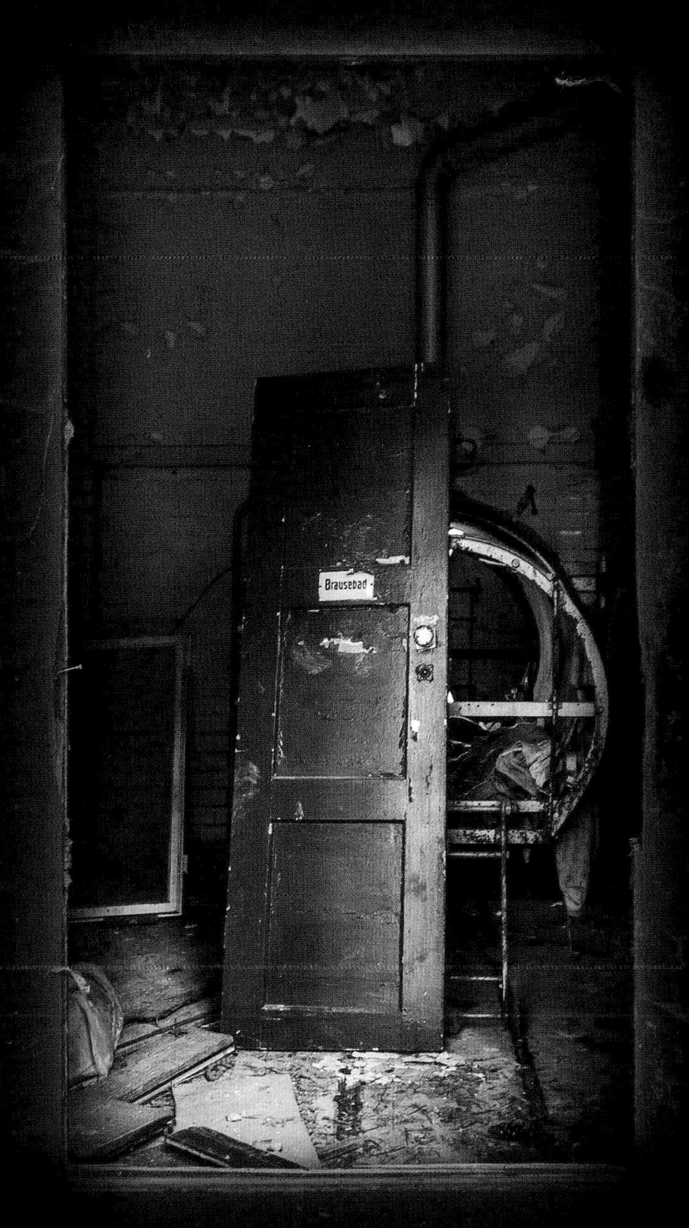

Gebäudekomplex einer ehemaligen Lungenheilanstalt

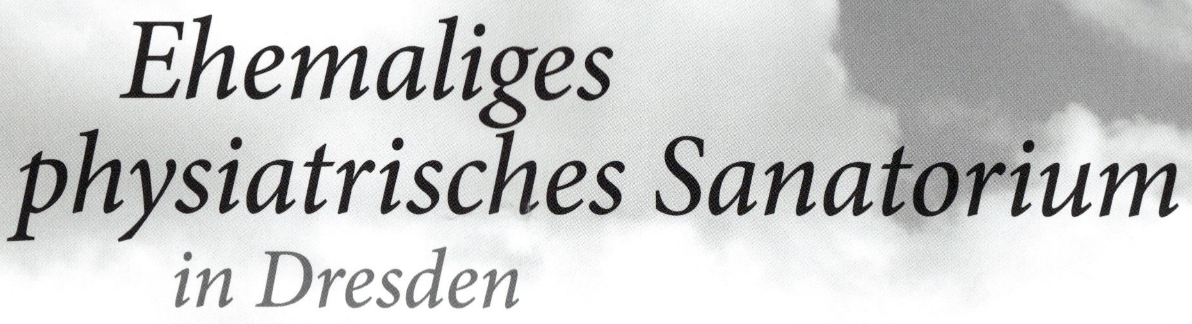

Ehemaliges physiatrisches Sanatorium in Dresden

Das Lahmann-Sanatorium in Dresden, benannt nach seinem Gründer, dem Arzt und Naturheilkundler Heinrich Lahmann, war bis in die 1930er-Jahre eine auf damals neue Naturheilverfahren spezialisierte Heilanstalt von Weltruf. Zuletzt diente der weitläufige Gebäudekomplex als Militärkrankenhaus der Sowjetarmee und wurde 1992 in einem extrem abgewirtschafteten Zustand hinterlassen.

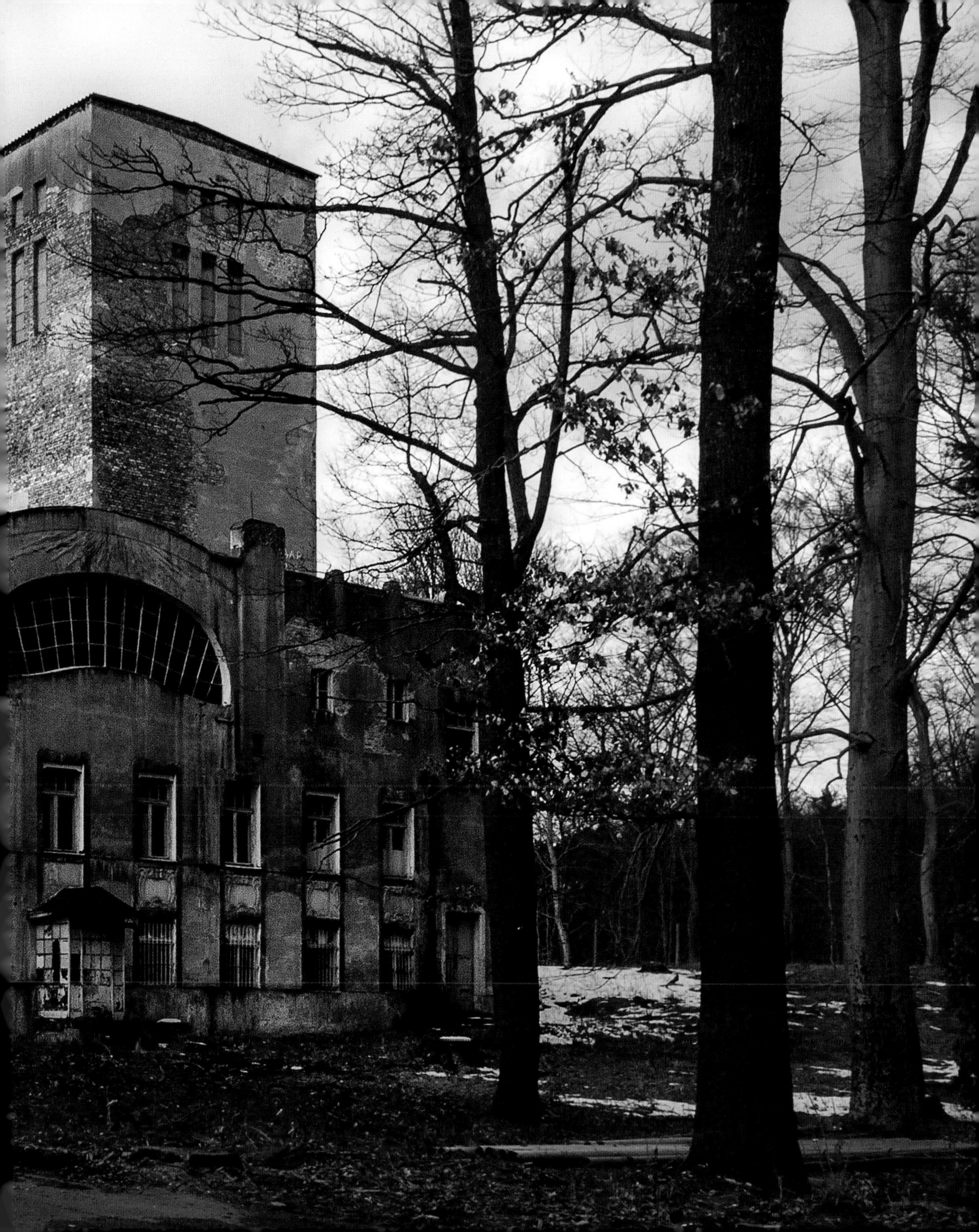

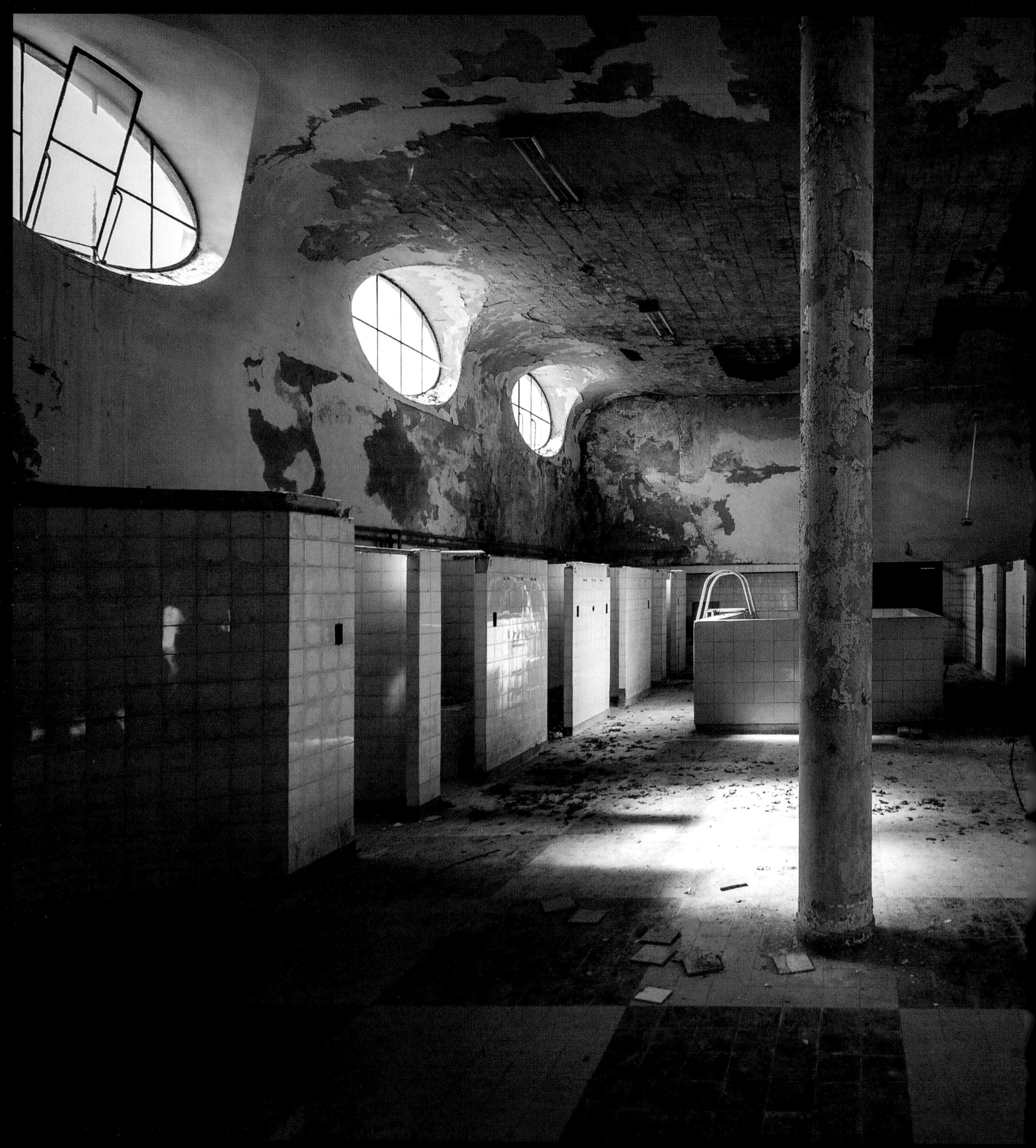

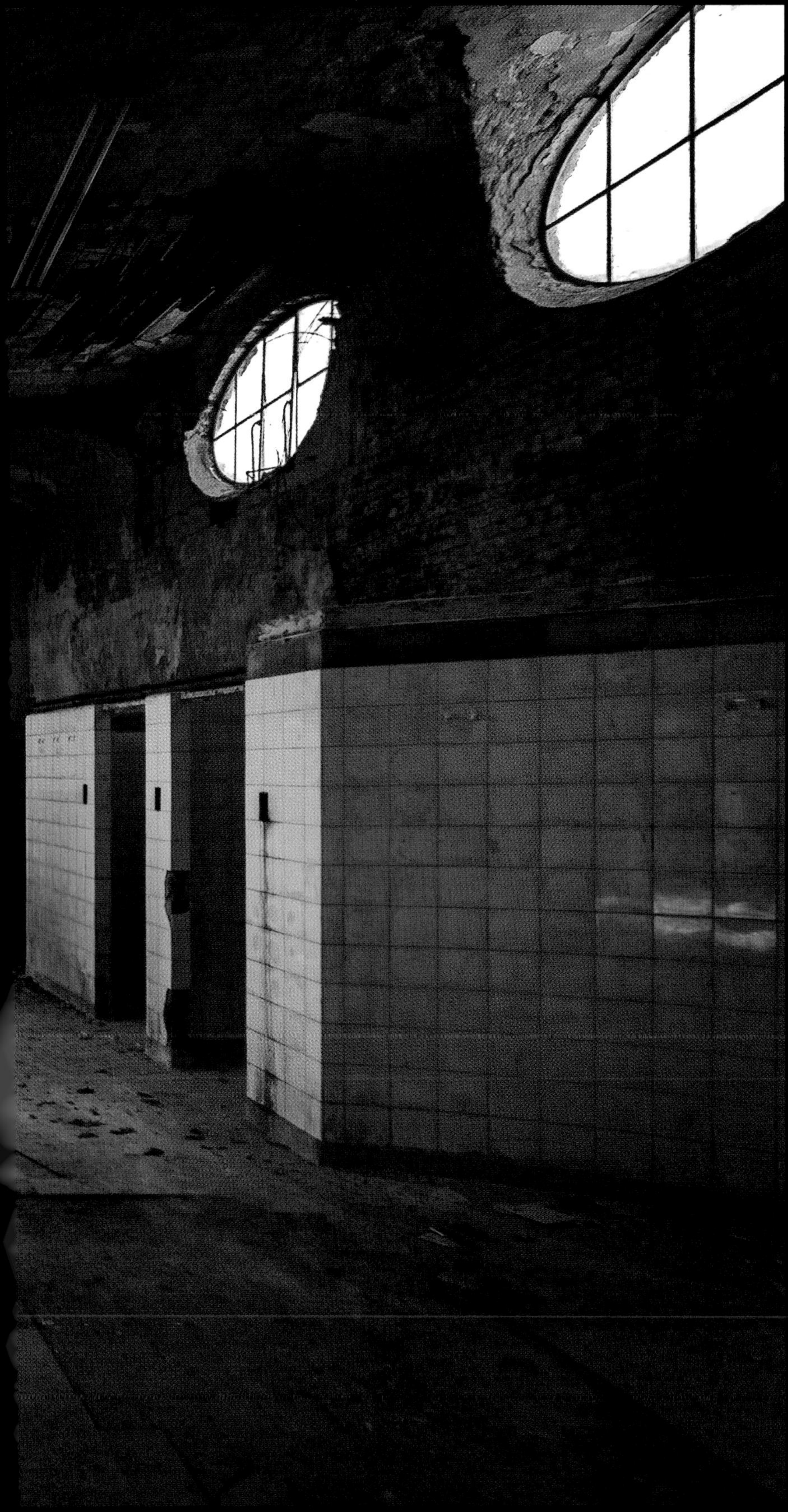

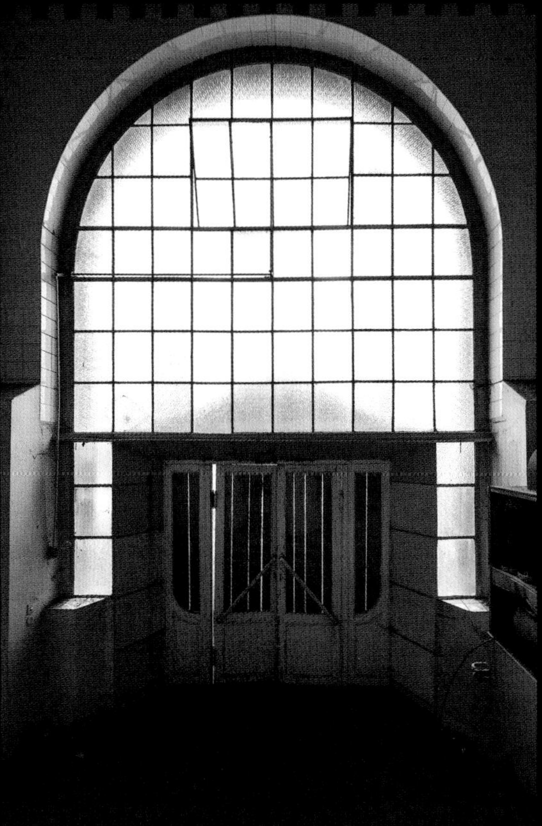

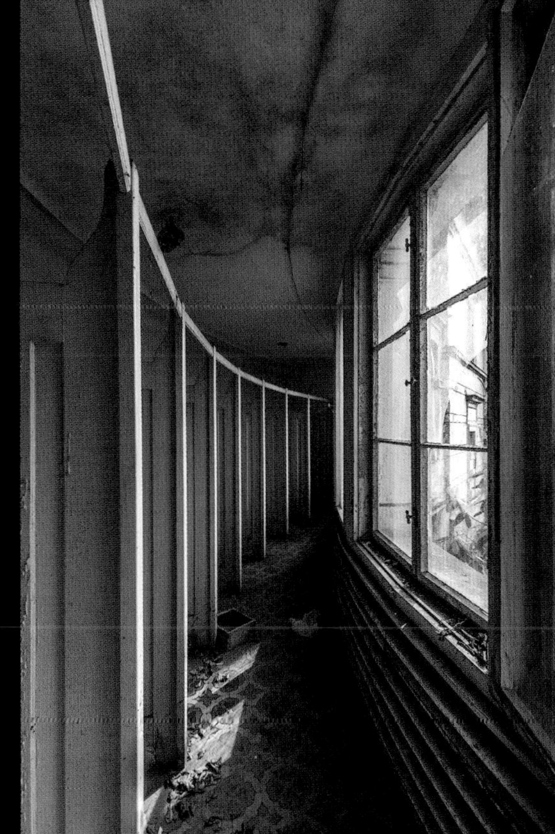

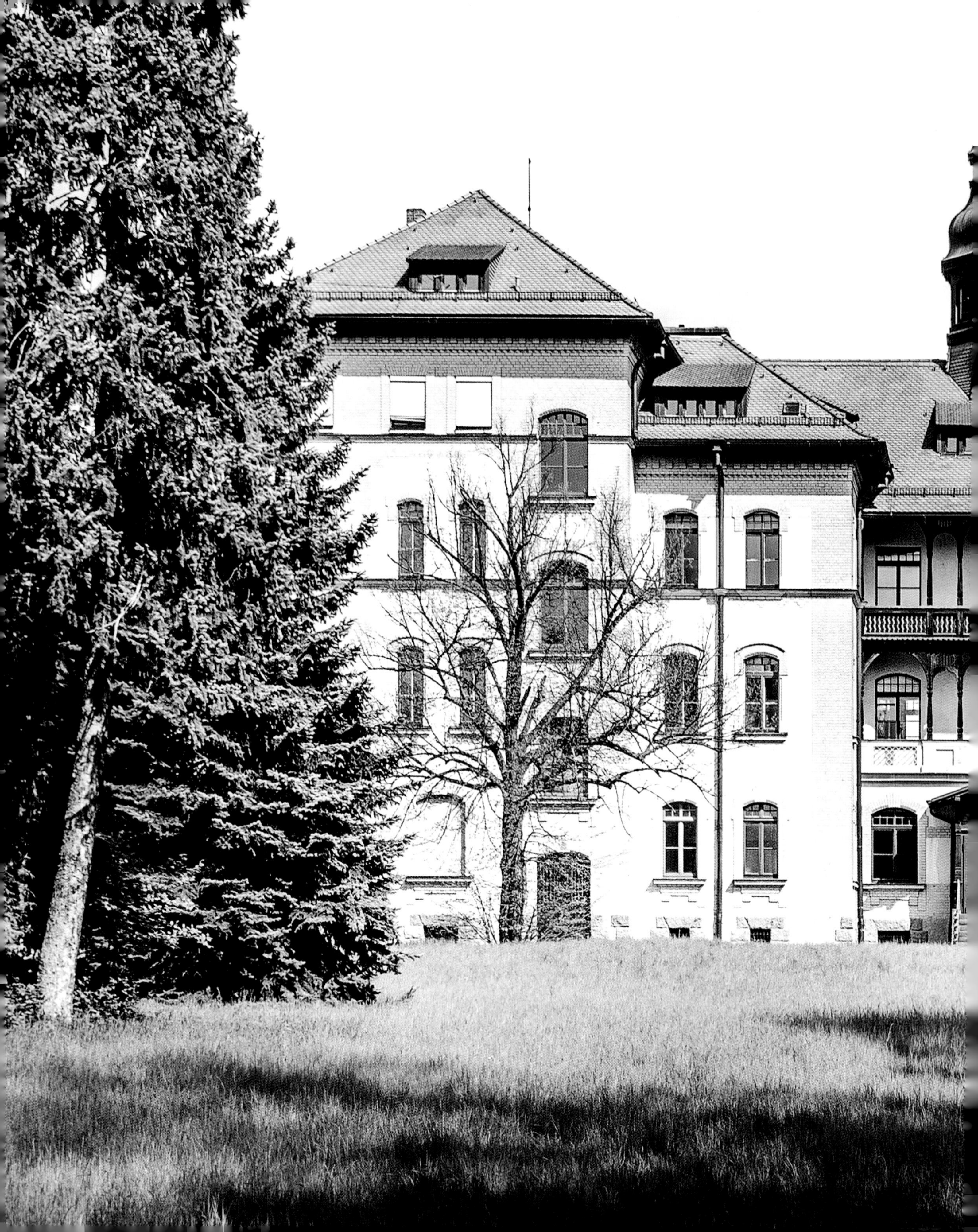

Der um die vorletzte Jahrhundertwende errichtete Krankenhauskomplex, in dem man insbesondere psychische Krankheiten behandelte, befindet sich in einem großen Park im Leipziger Stadtteil Meusdorf. Ziemlich genau 100 Jahre nach seiner Eröffnung schloss das Krankenhaus wieder. Seitdem steht es leer und ist dem Verfall preisgegeben.

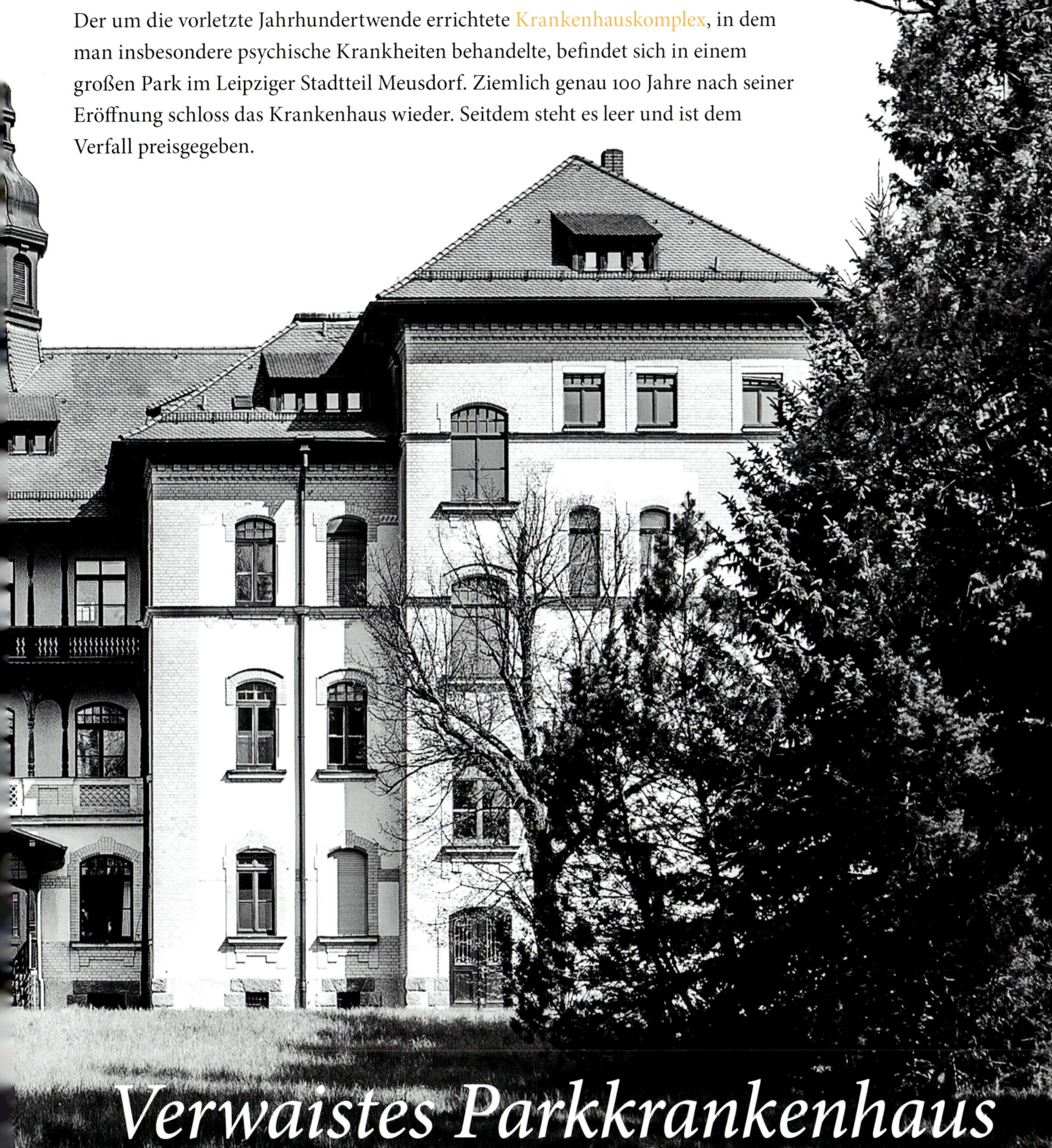

Verwaistes Parkkrankenhaus in Leipzig

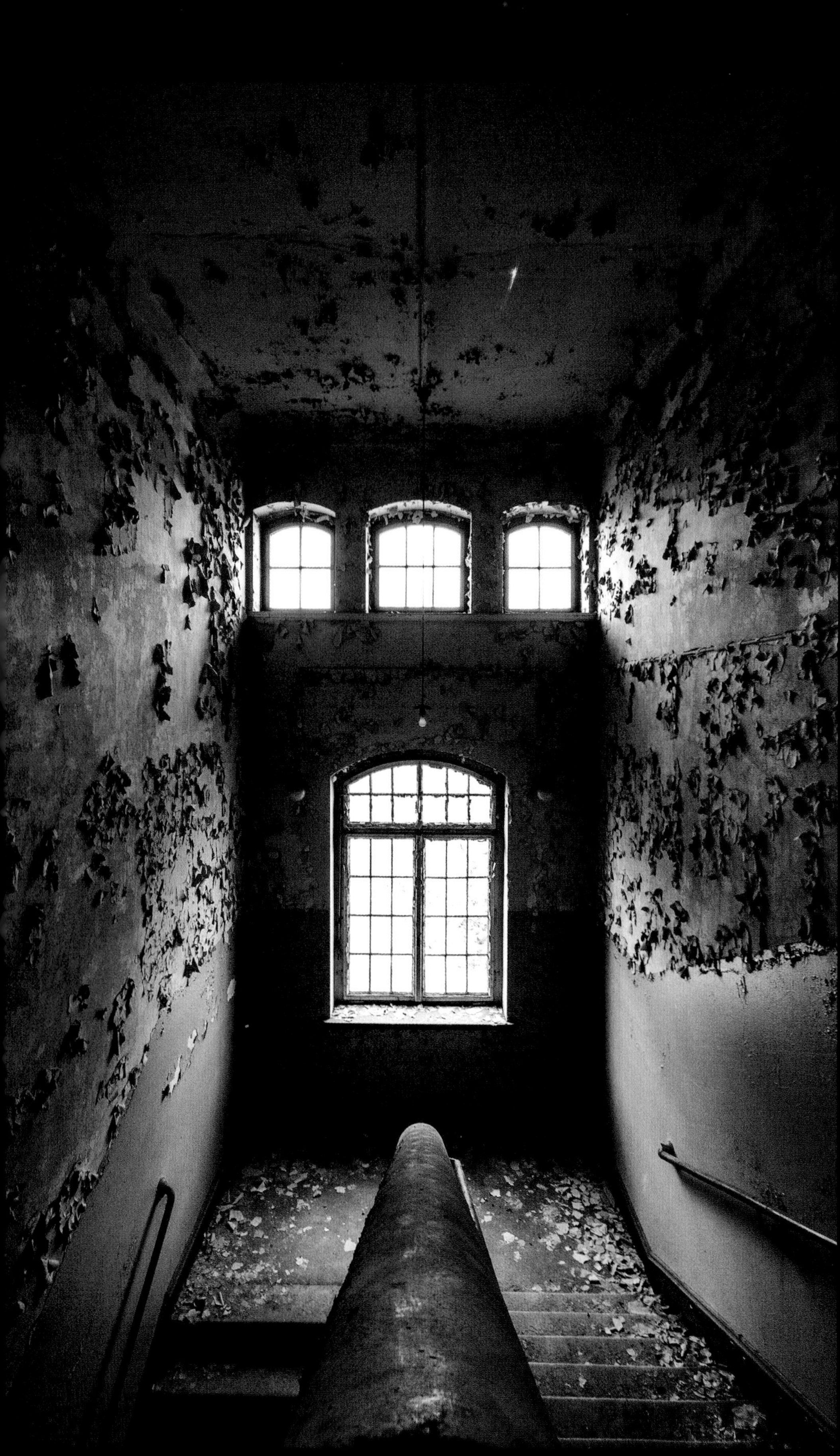

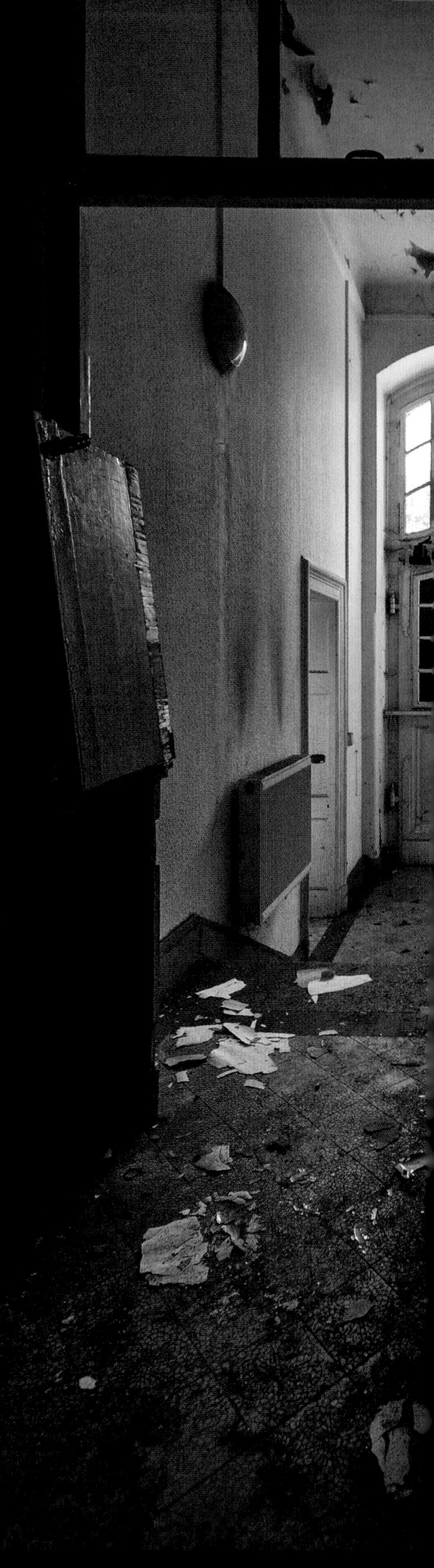

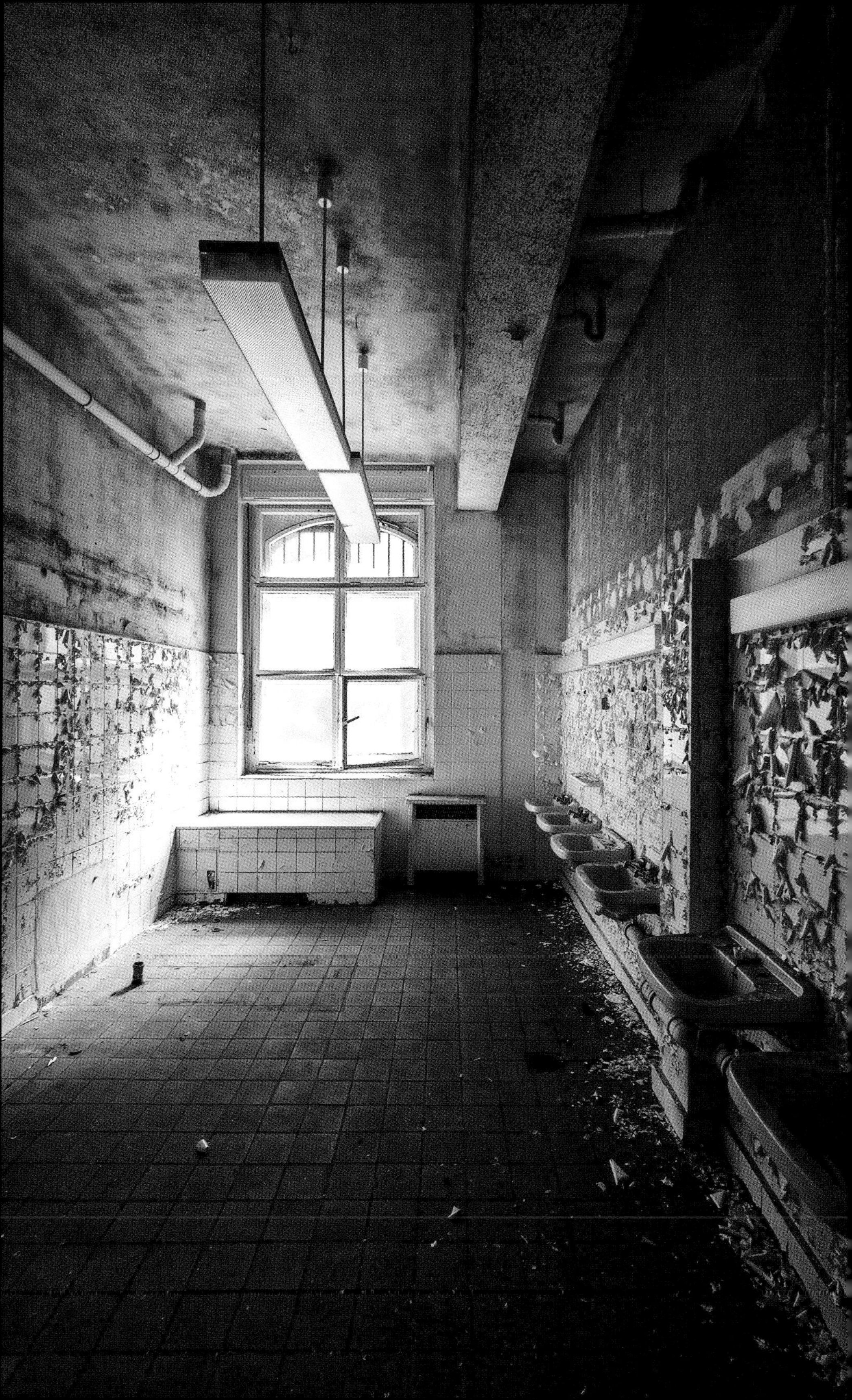

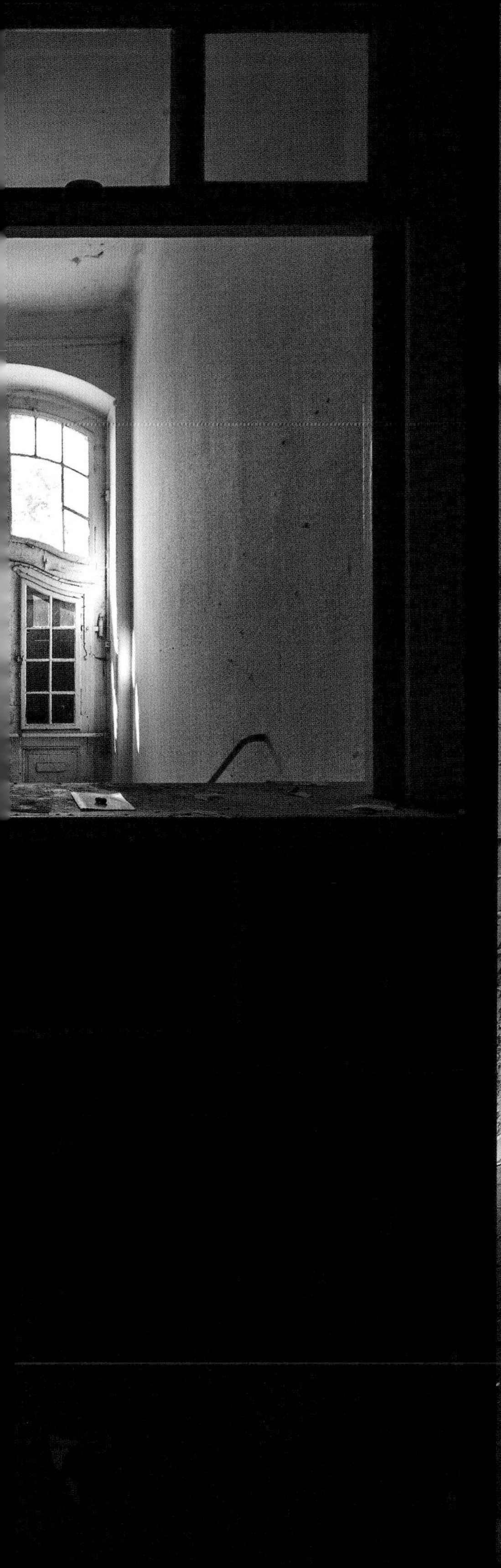

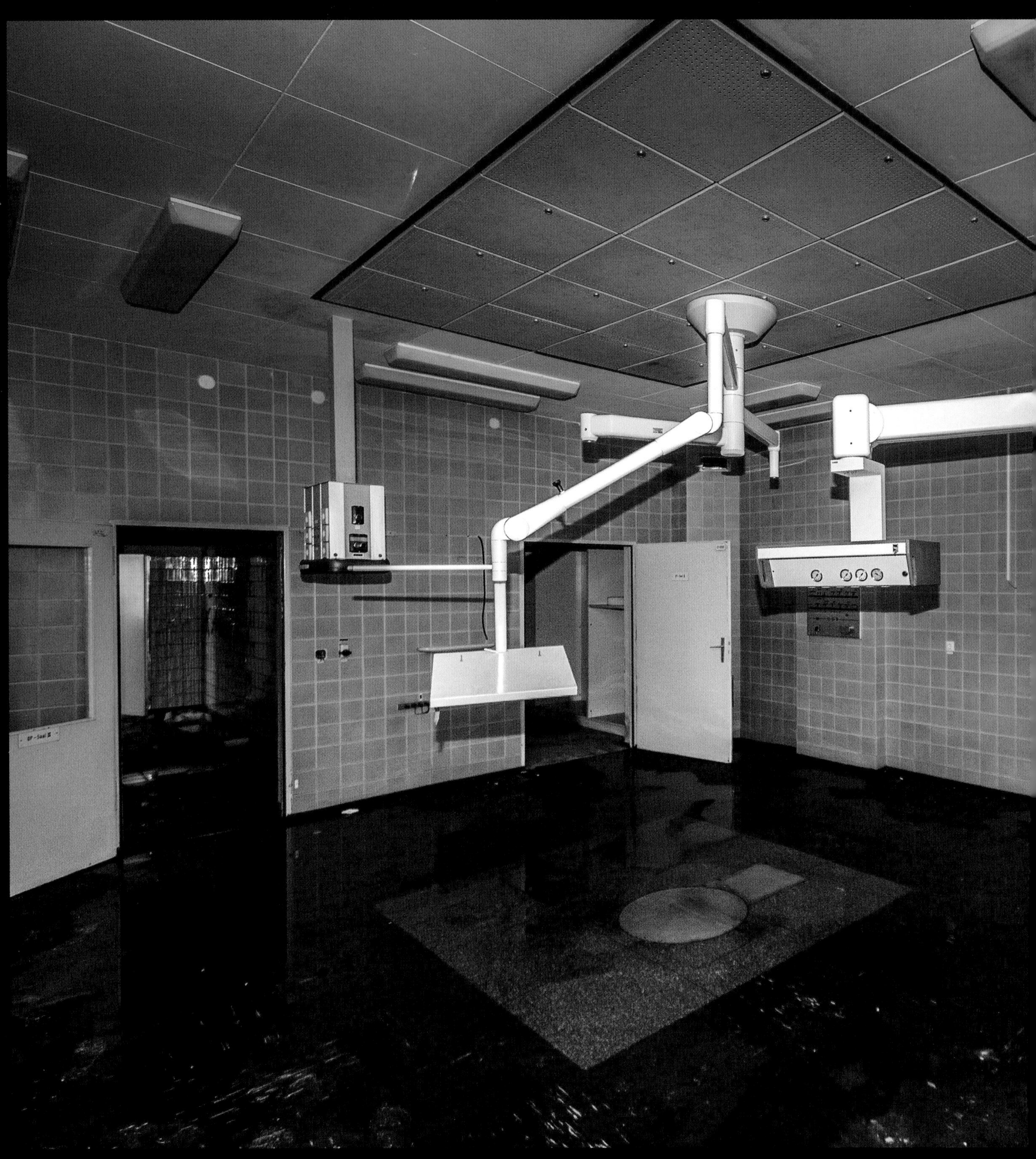

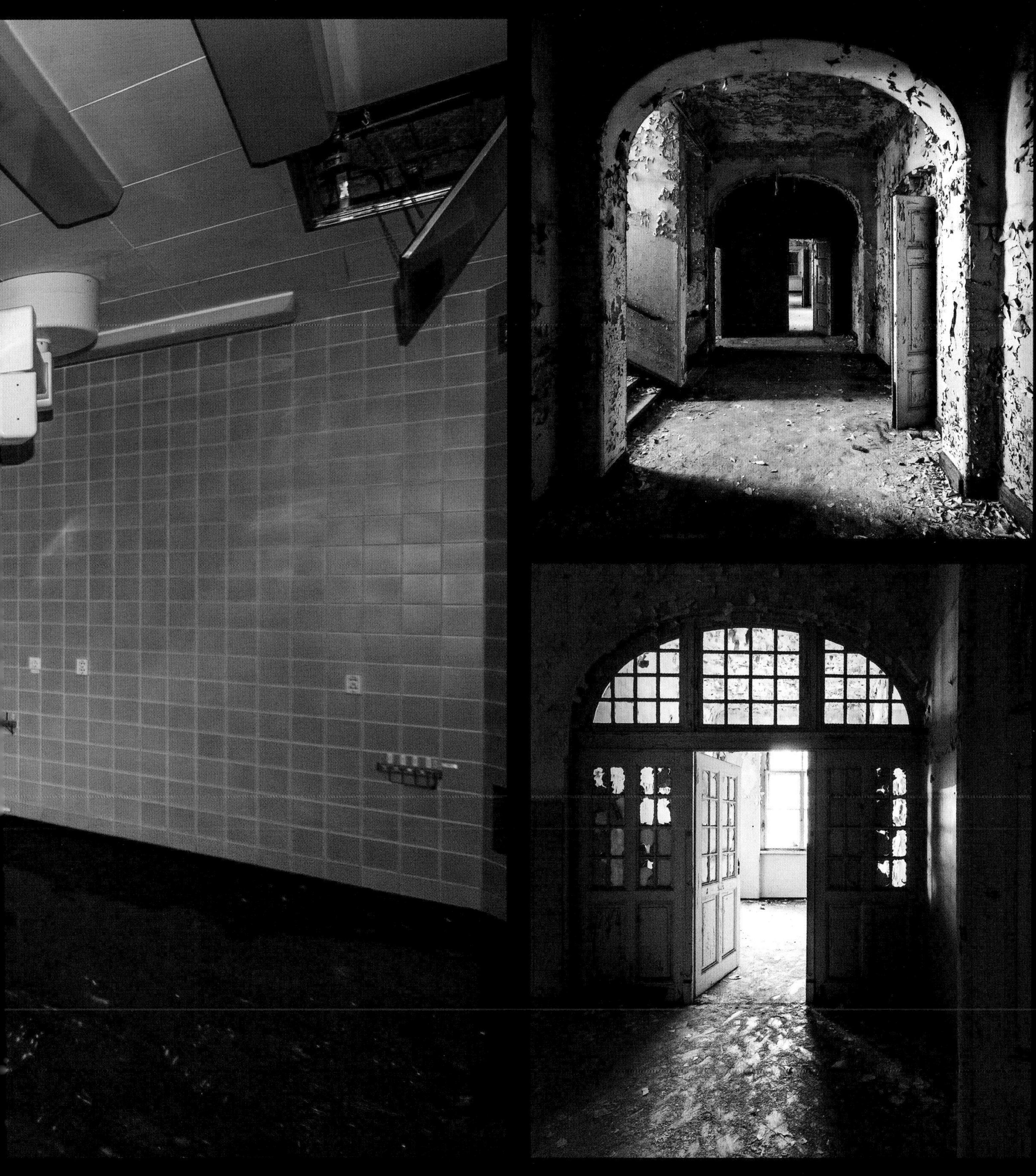

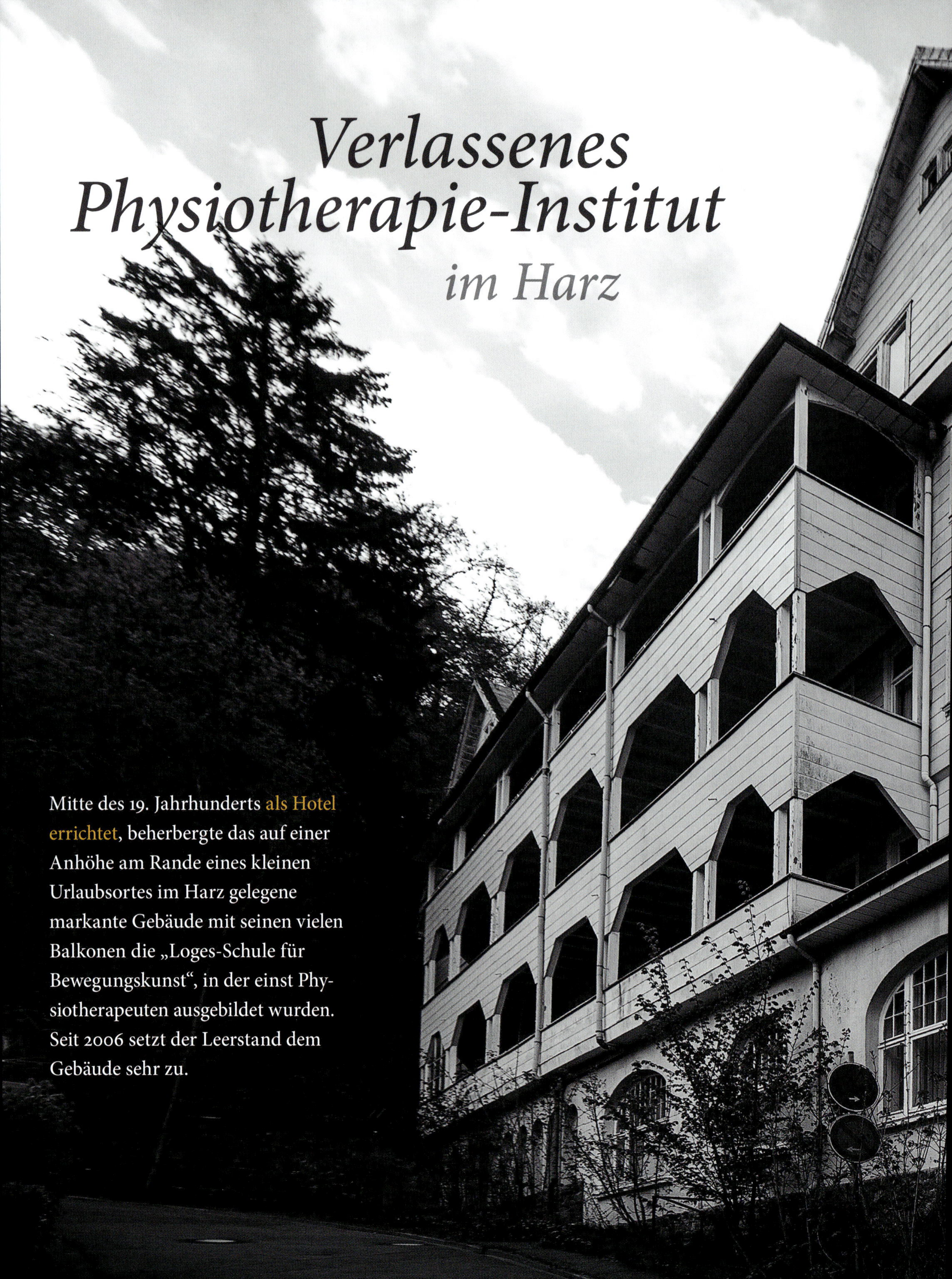

Verlassenes Physiotherapie-Institut im Harz

Mitte des 19. Jahrhunderts als Hotel errichtet, beherbergte das auf einer Anhöhe am Rande eines kleinen Urlaubsortes im Harz gelegene markante Gebäude mit seinen vielen Balkonen die „Loges-Schule für Bewegungskunst", in der einst Physiotherapeuten ausgebildet wurden. Seit 2006 setzt der Leerstand dem Gebäude sehr zu.

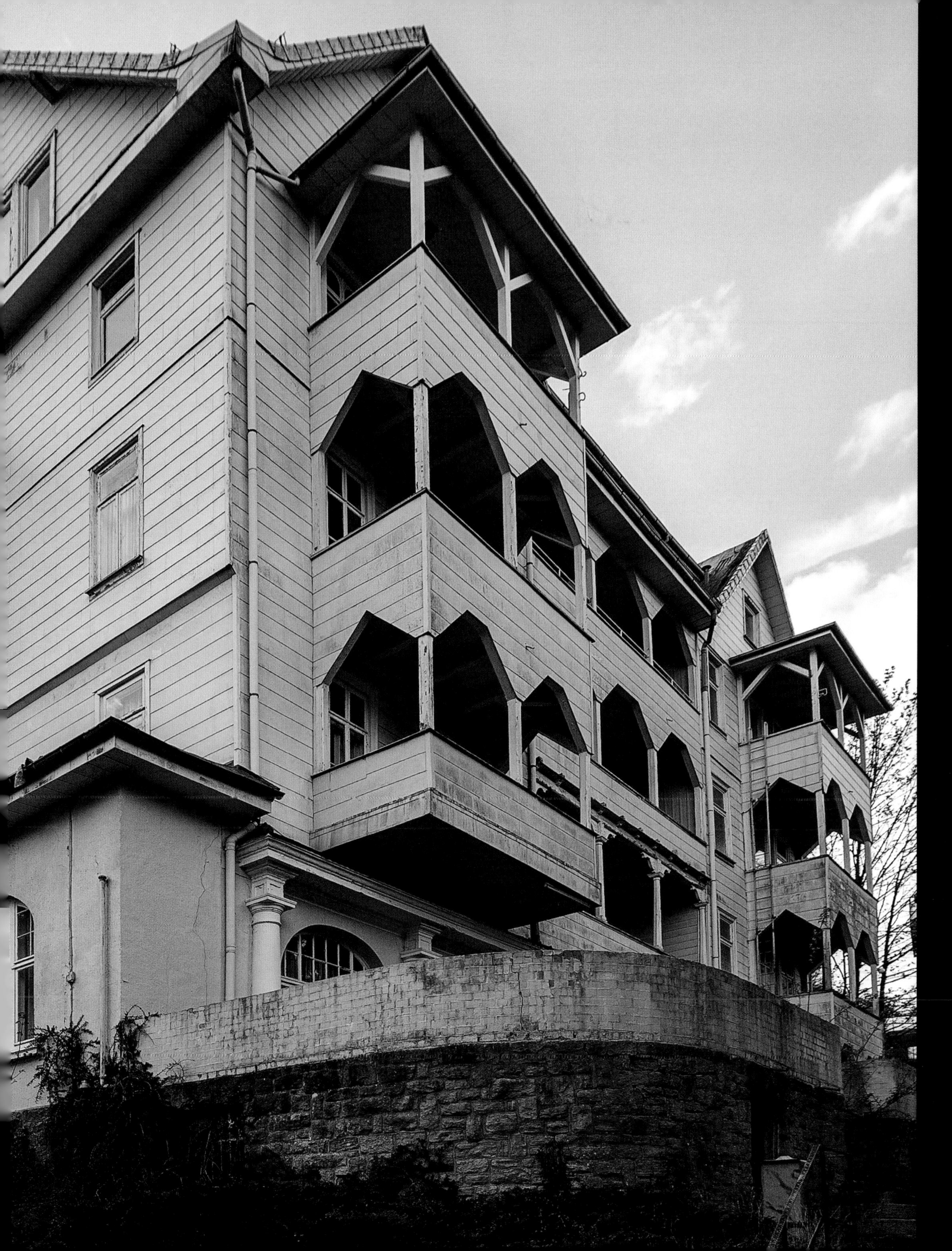

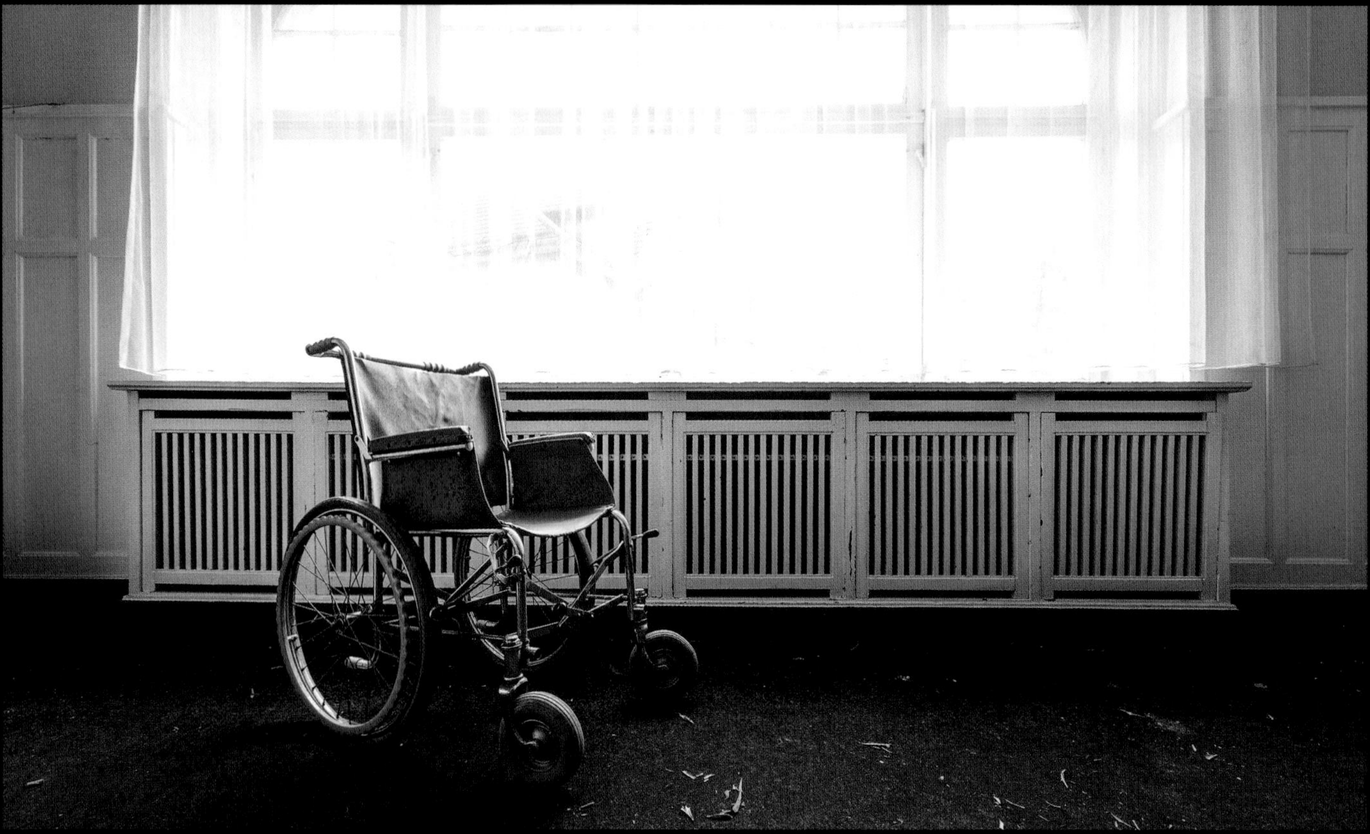

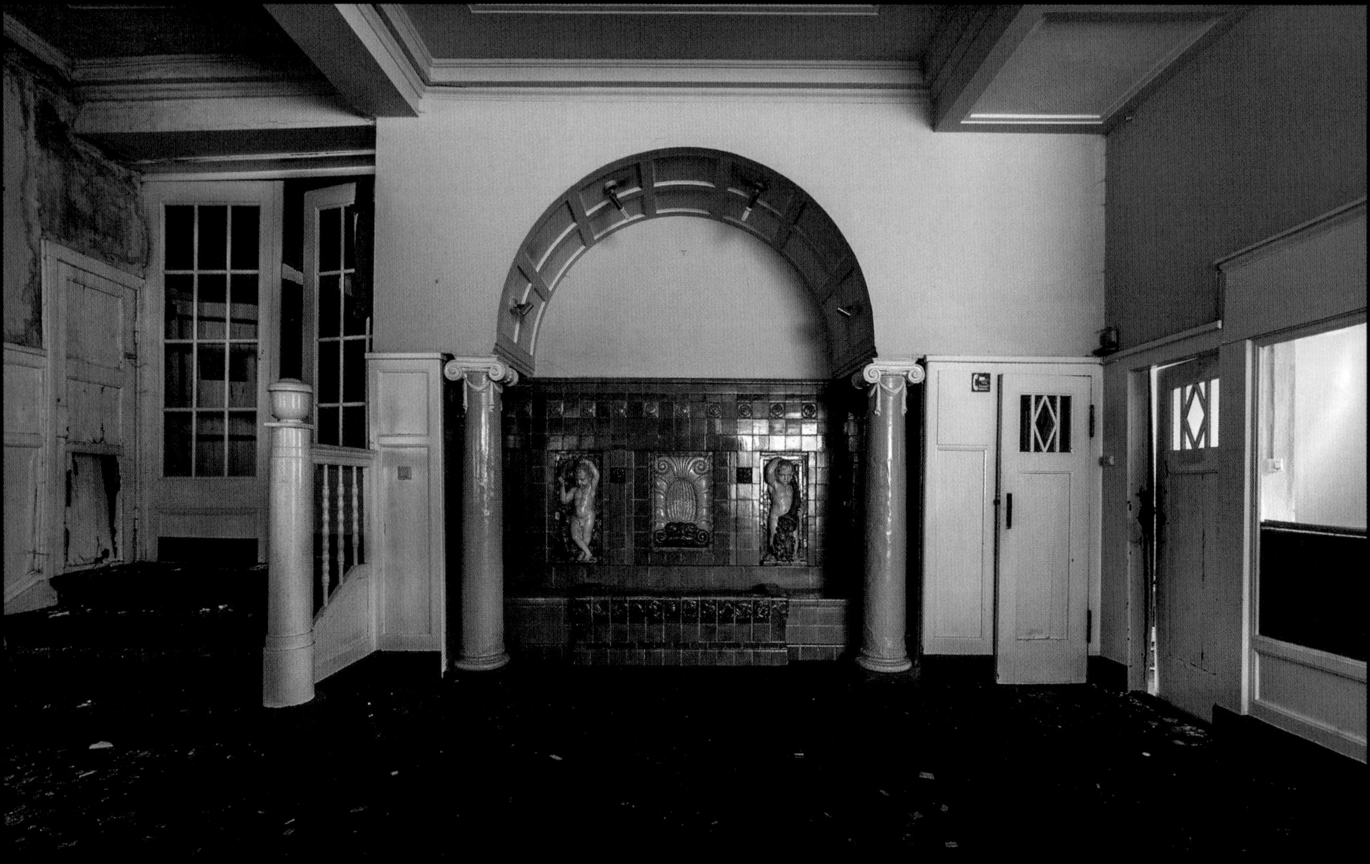

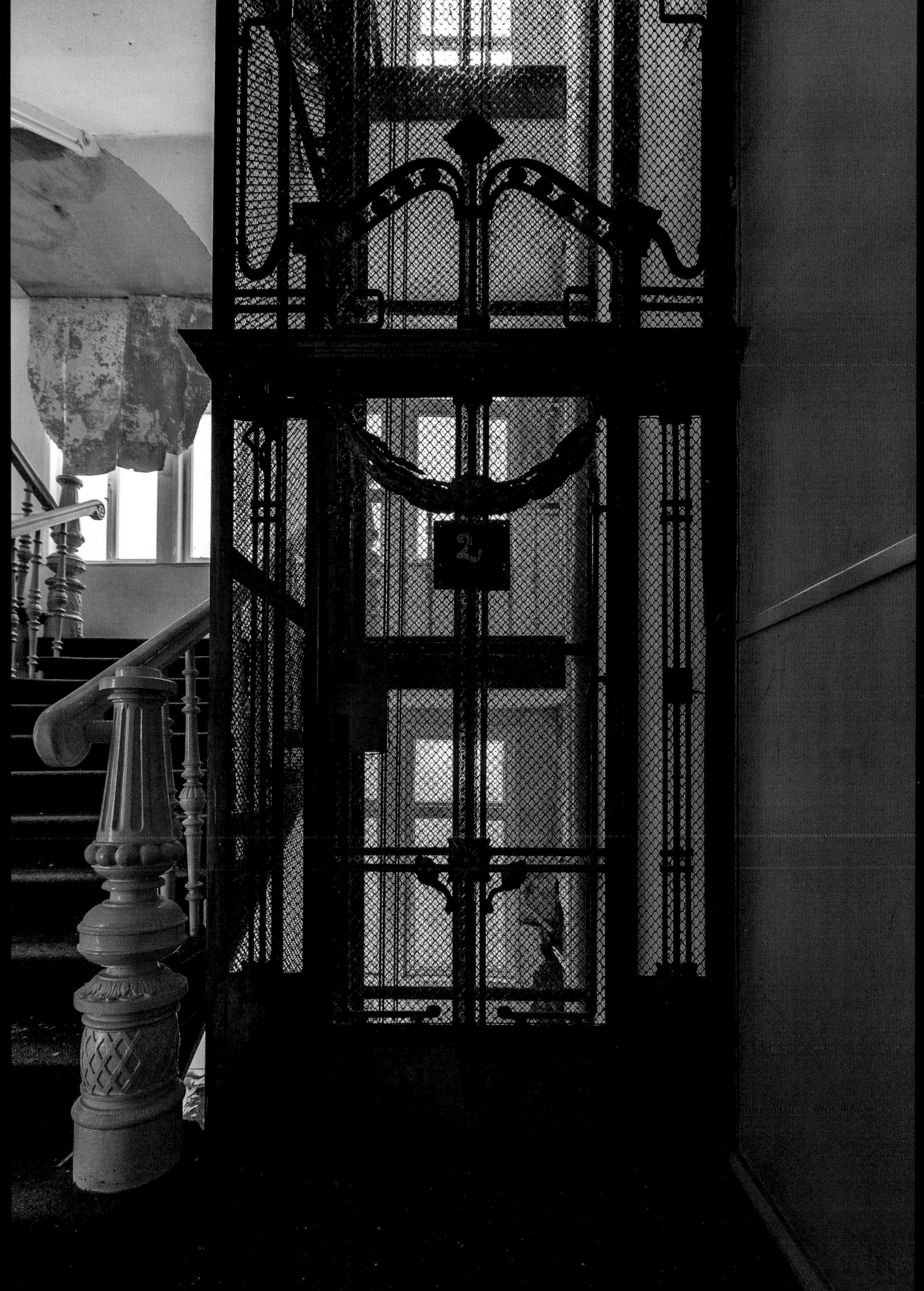
2

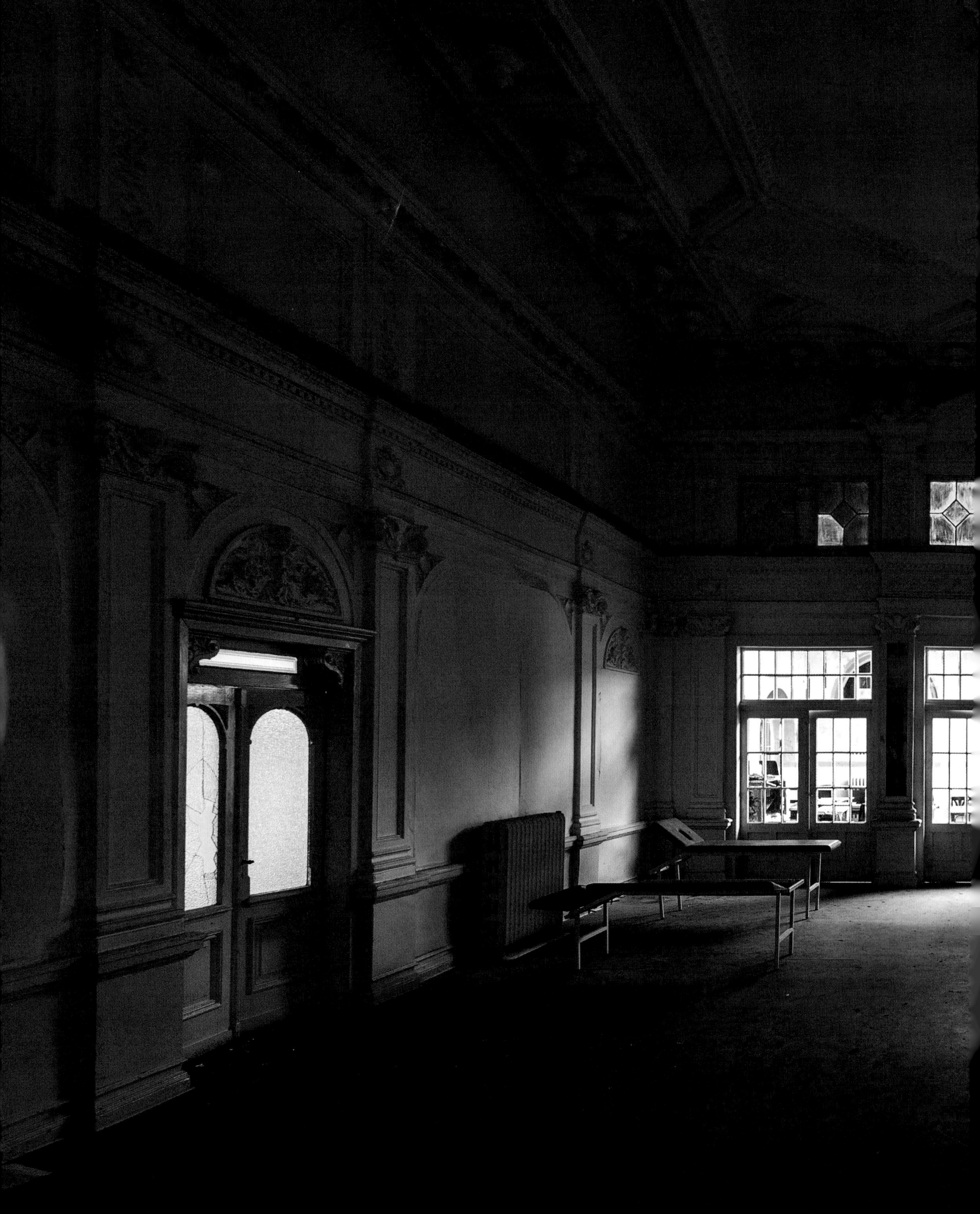

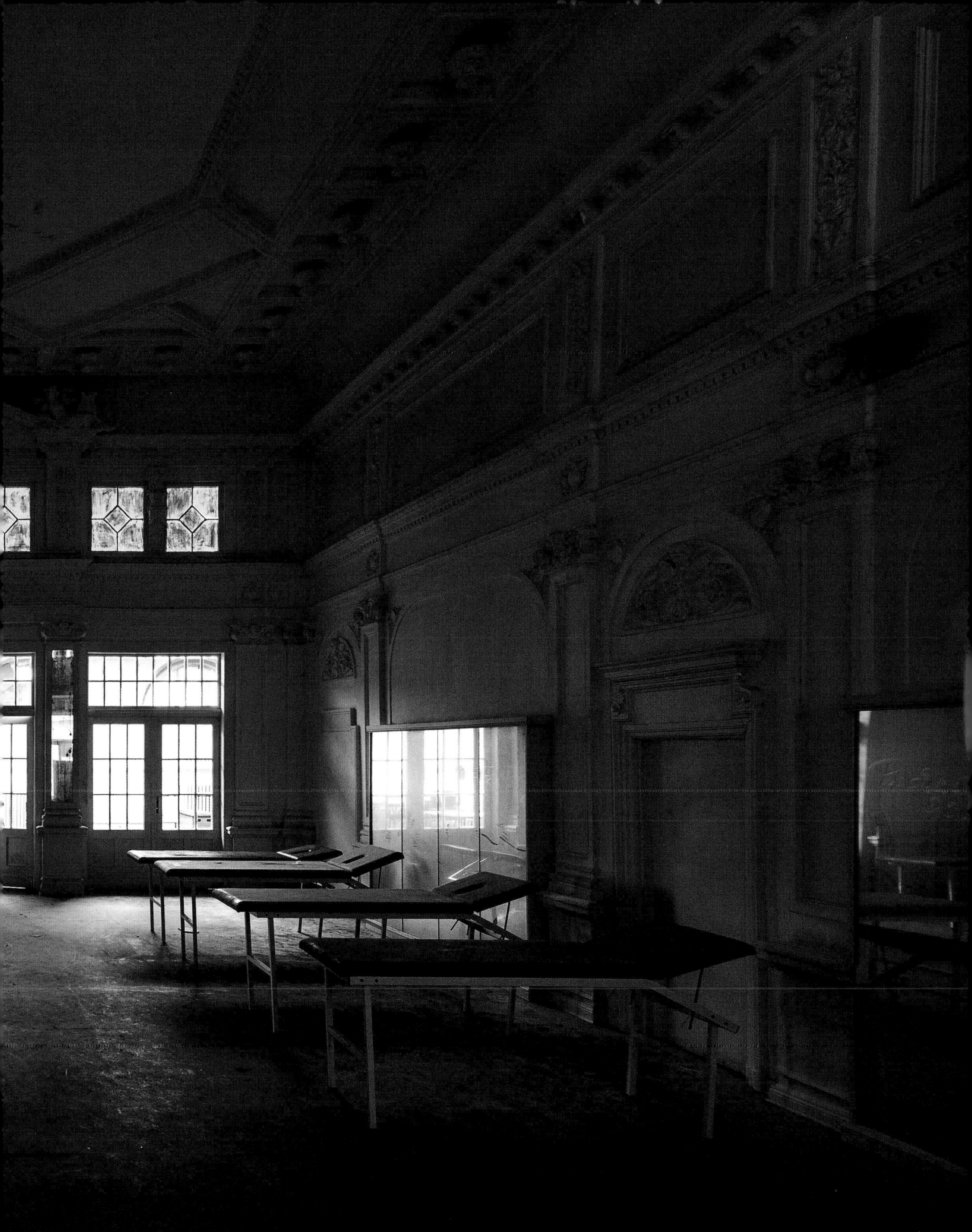

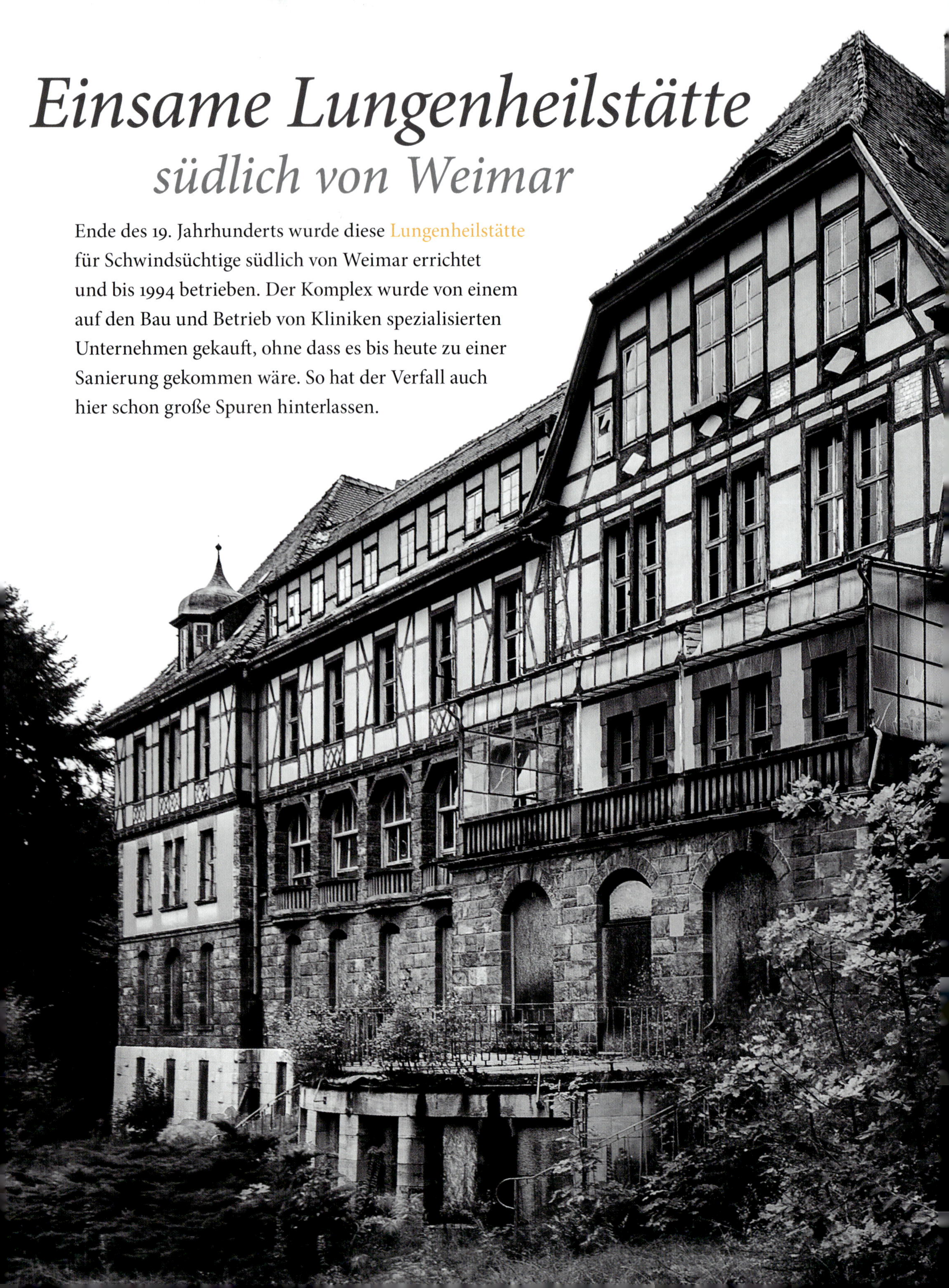

Einsame Lungenheilstätte *südlich von Weimar*

Ende des 19. Jahrhunderts wurde diese Lungenheilstätte für Schwindsüchtige südlich von Weimar errichtet und bis 1994 betrieben. Der Komplex wurde von einem auf den Bau und Betrieb von Kliniken spezialisierten Unternehmen gekauft, ohne dass es bis heute zu einer Sanierung gekommen wäre. So hat der Verfall auch hier schon große Spuren hinterlassen.

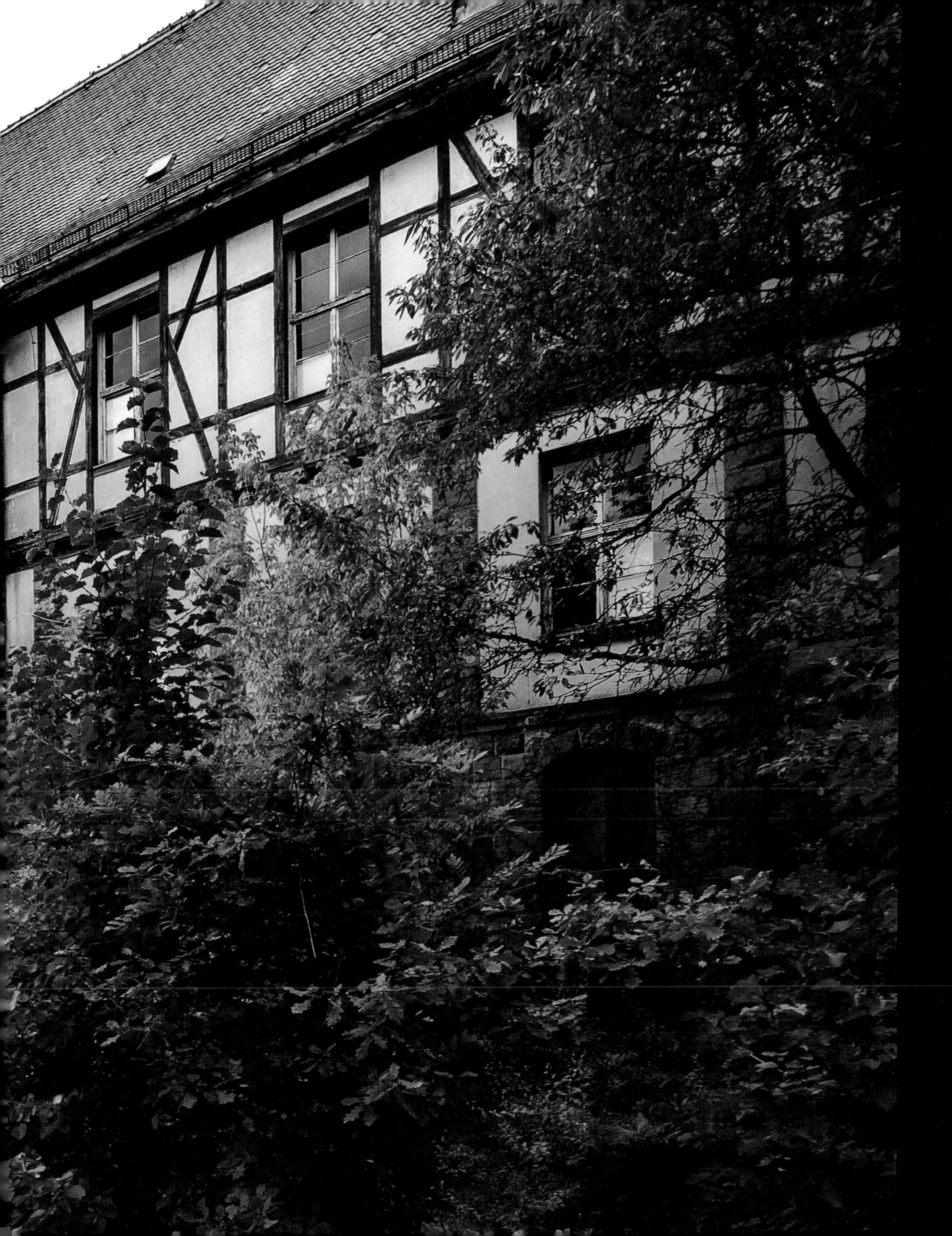

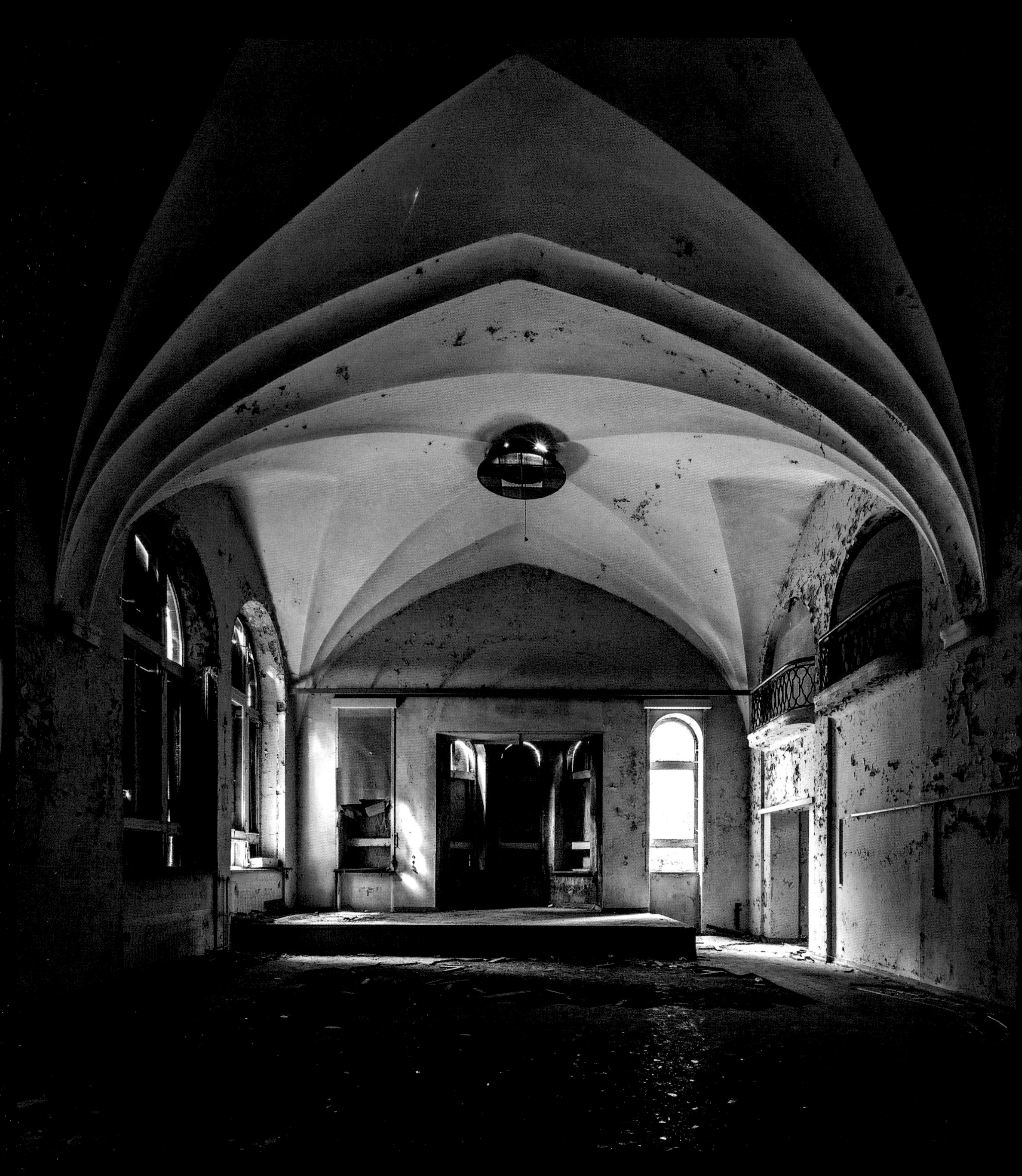

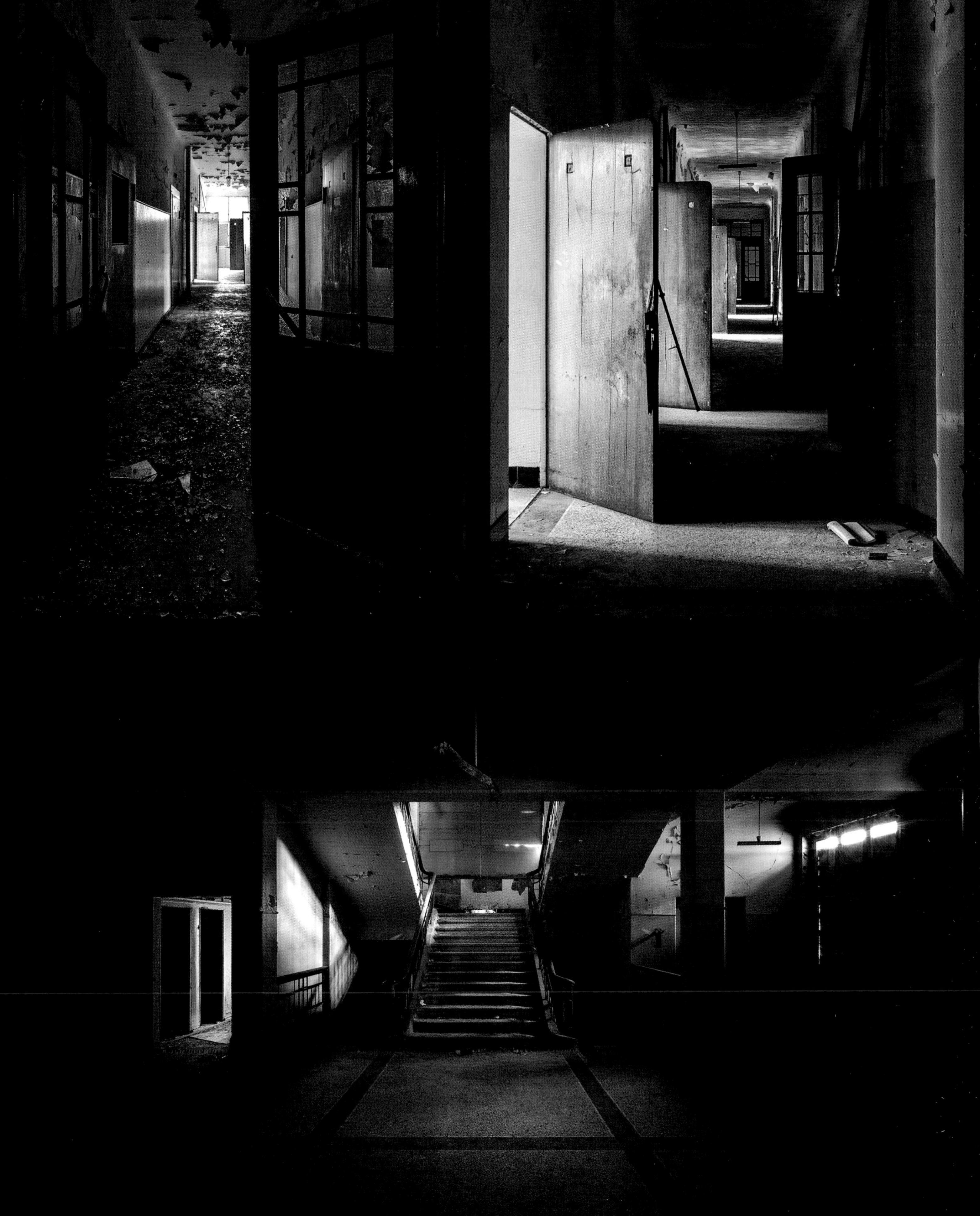

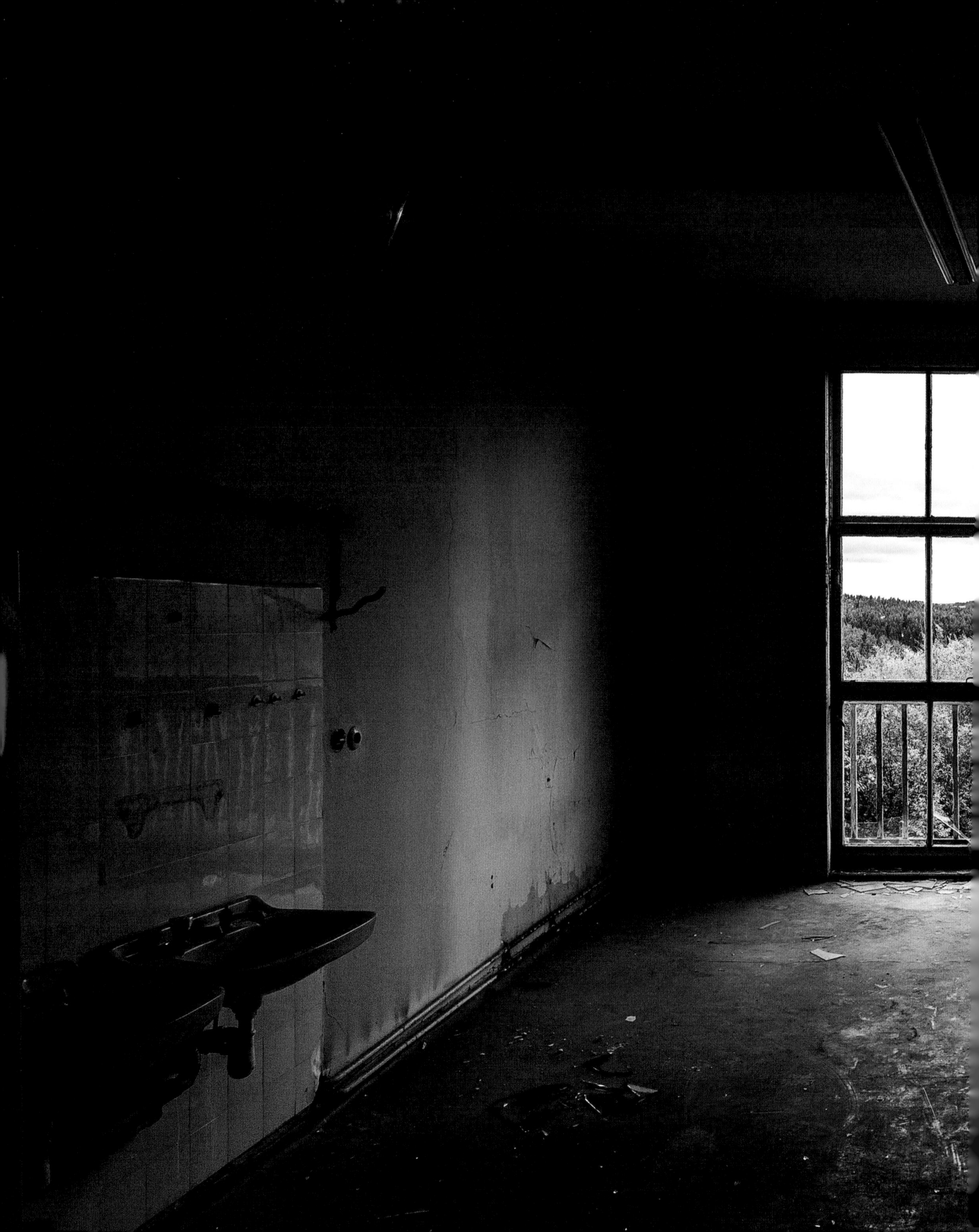

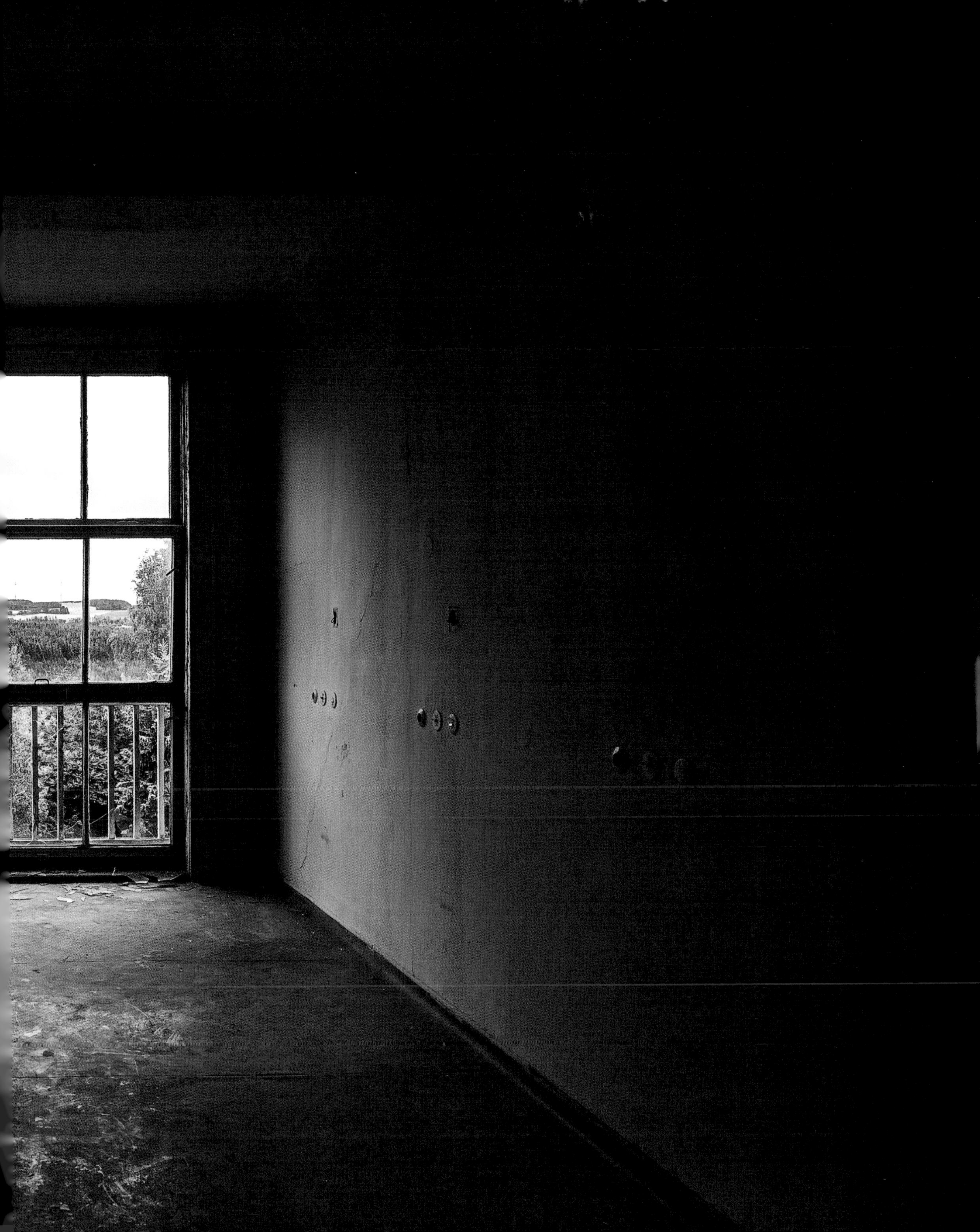

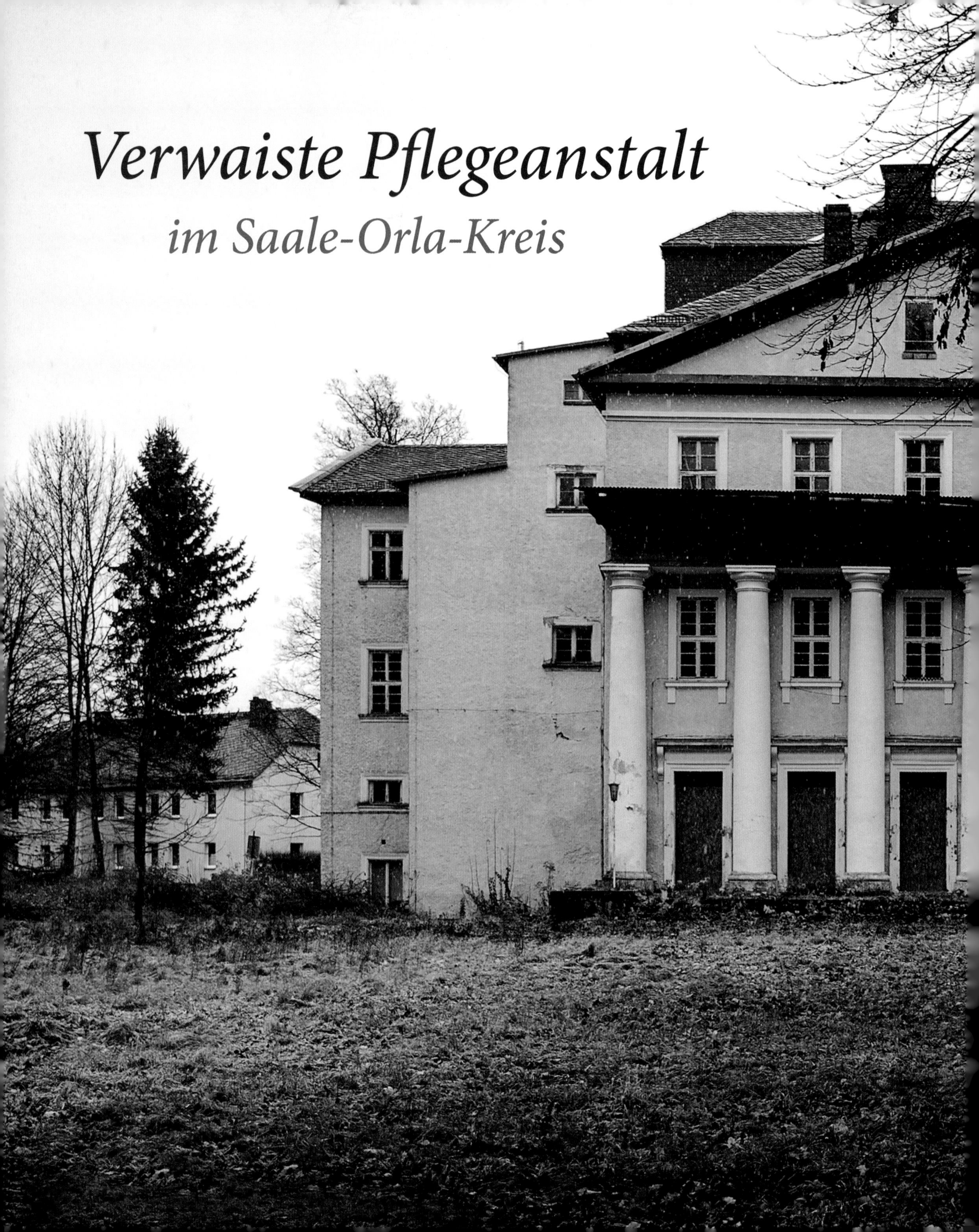
Verwaiste Pflegeanstalt
im Saale-Orla-Kreis

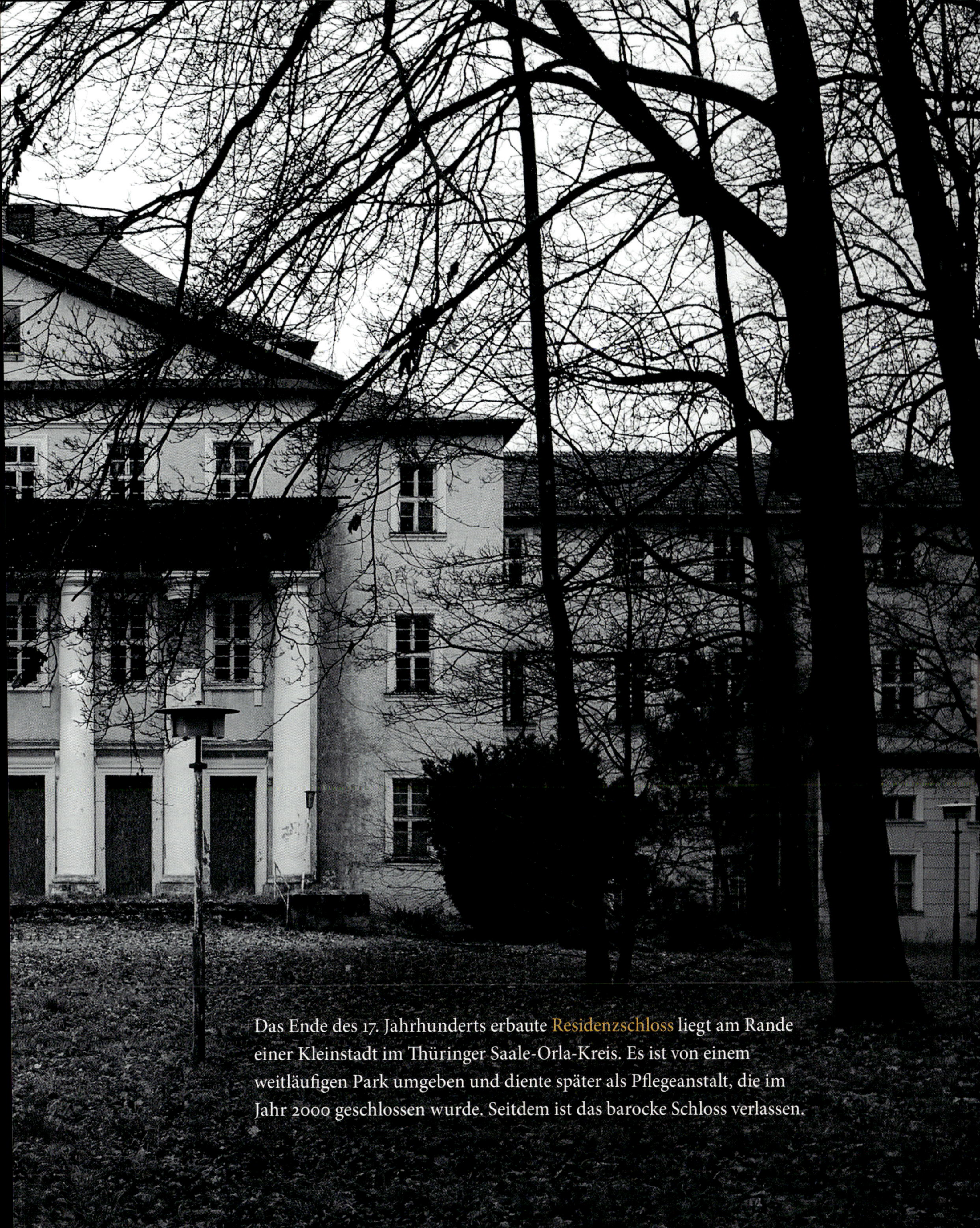

Das Ende des 17. Jahrhunderts erbaute Residenzschloss liegt am Rande einer Kleinstadt im Thüringer Saale-Orla-Kreis. Es ist von einem weitläufigen Park umgeben und diente später als Pflegeanstalt, die im Jahr 2000 geschlossen wurde. Seitdem ist das barocke Schloss verlassen.

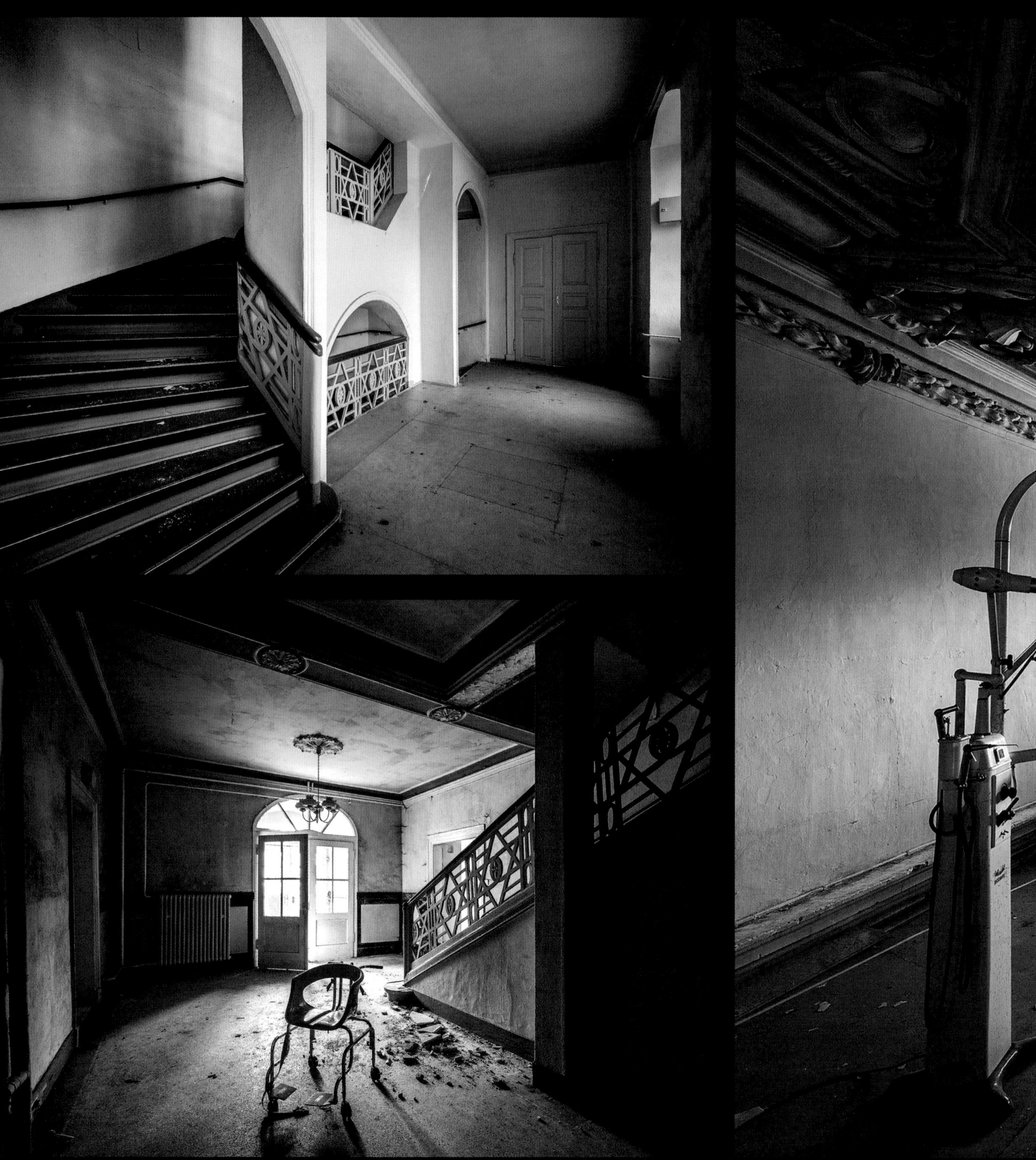

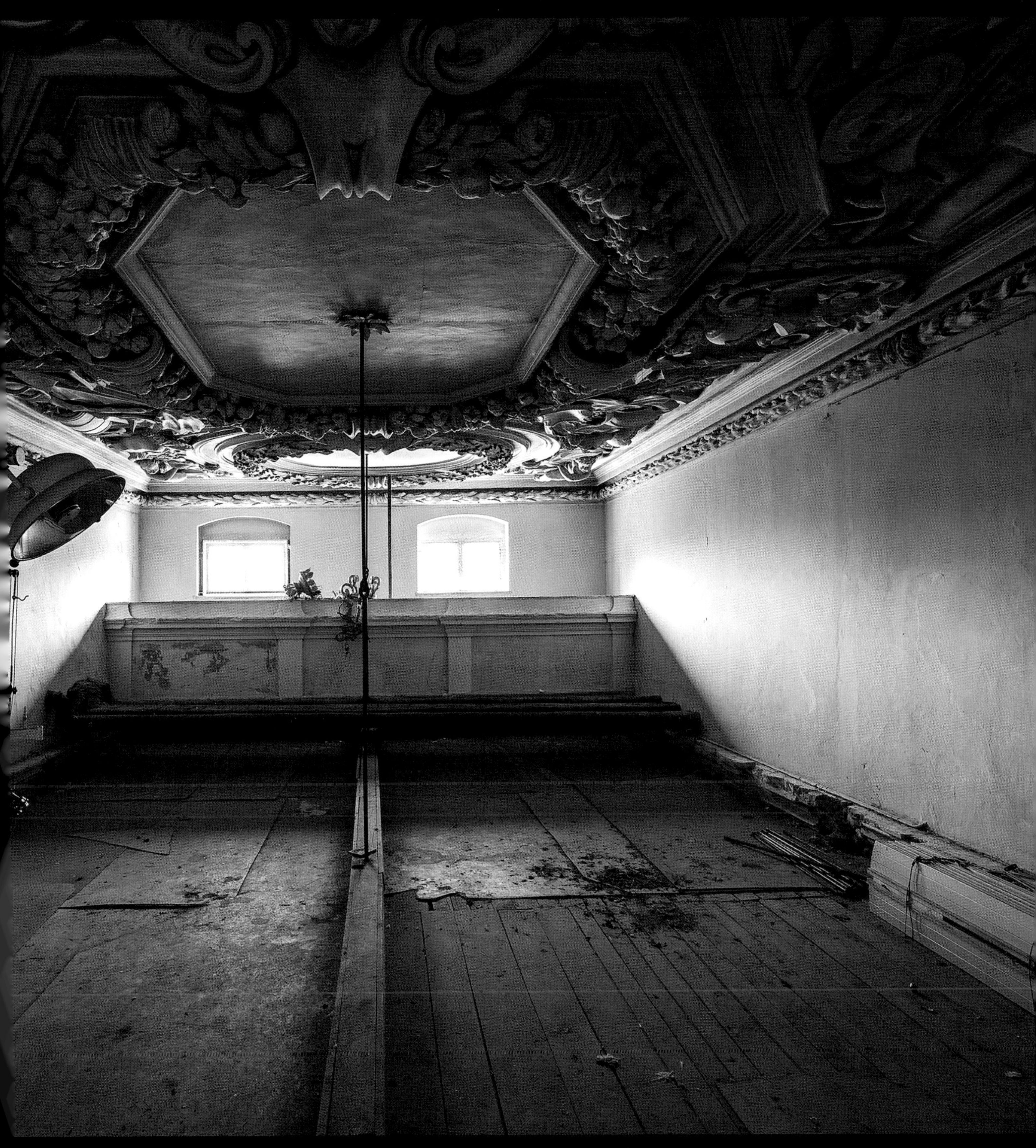

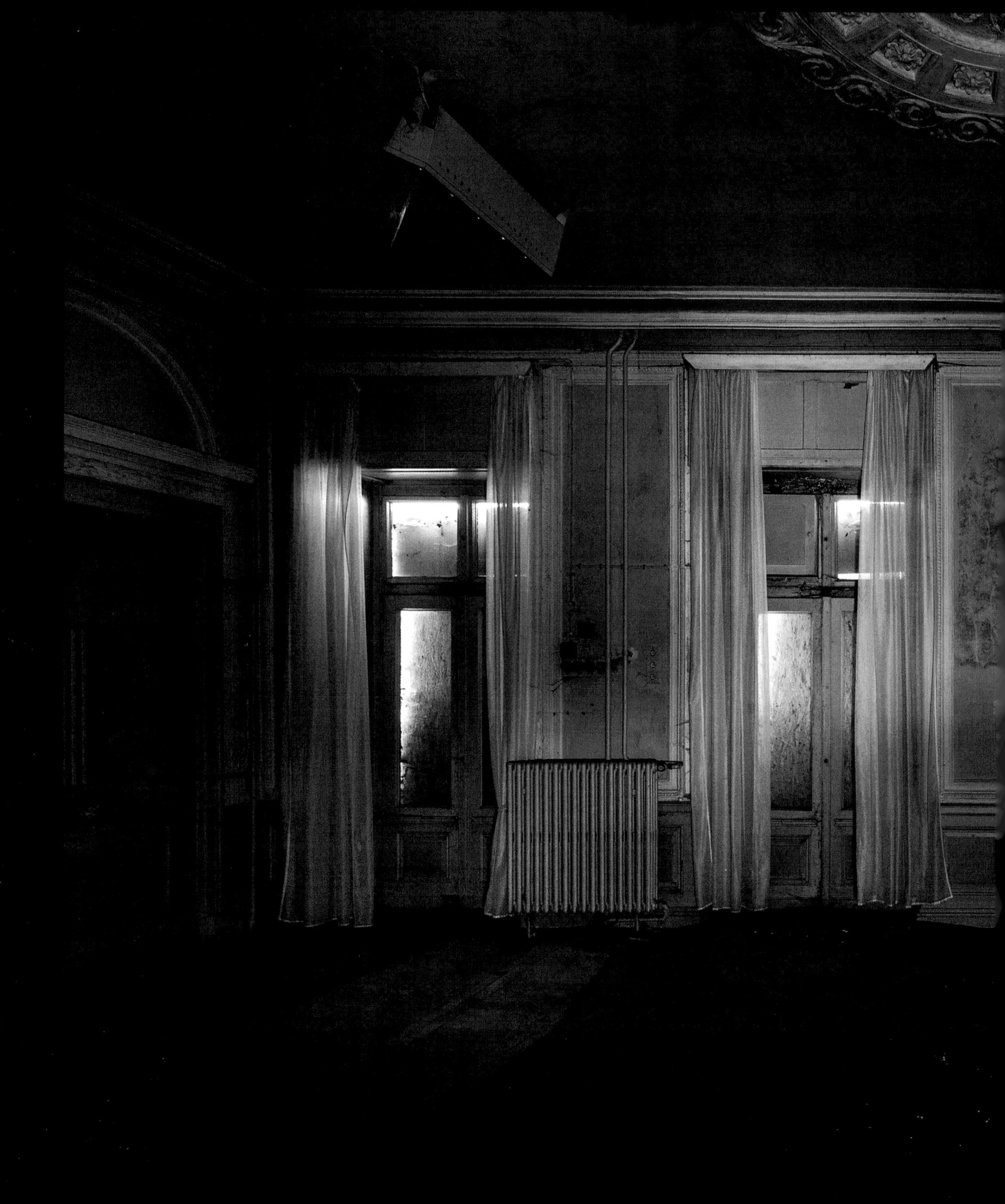

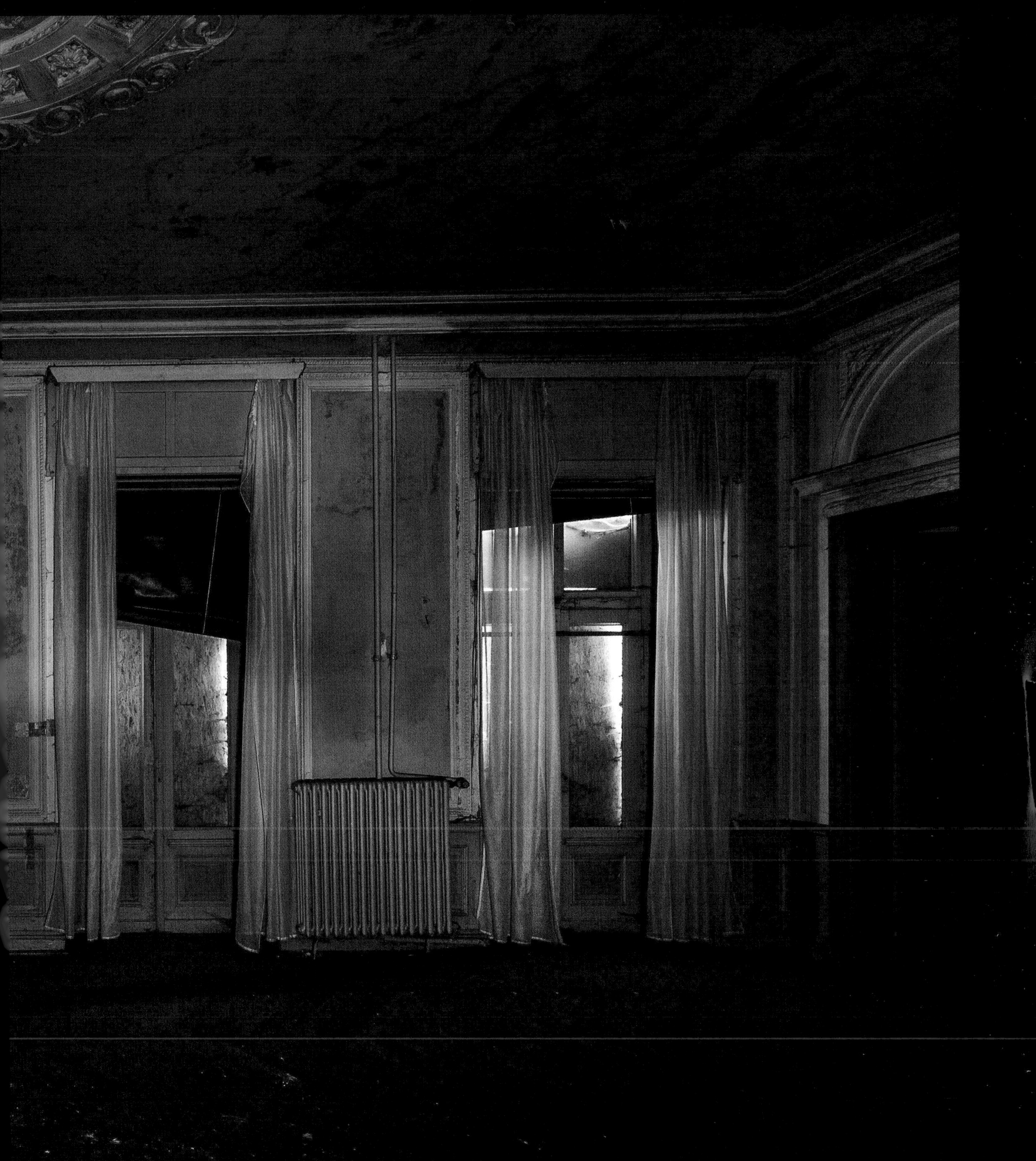

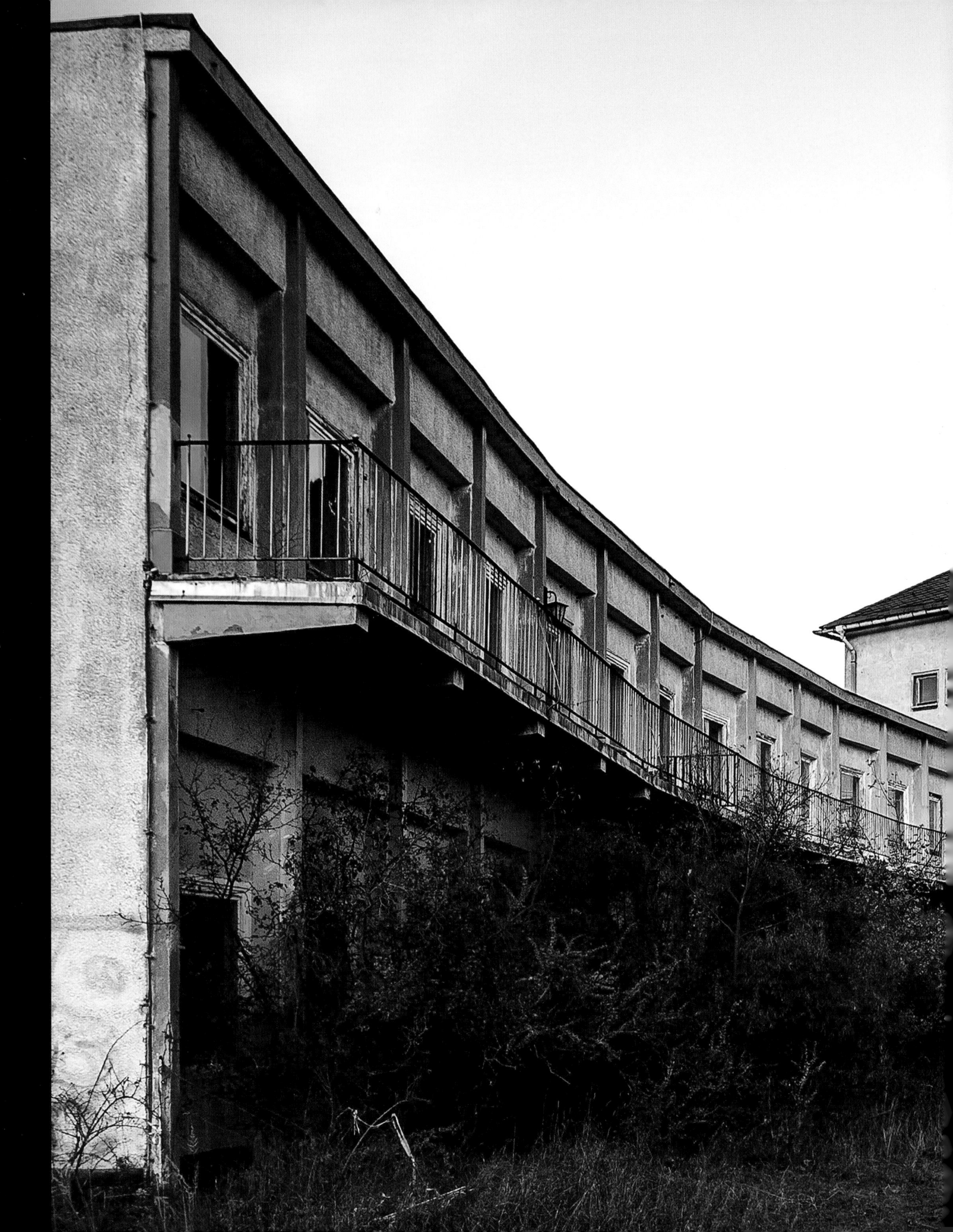

Stillgelegtes Sanatorium
im Landkreis Saalfeld-Rudolstadt

Dieses architektonisch sehr markante, in den 1960er-Jahren errichtete ehemalige Kneipp-Sanatorium in einem kleinen Ort im Landkreis Saalfeld-Rudolstadt war einst auf die Behandlung von Diabetikern spezialisiert und steht seit 1994 leer, ohne dass eine neue Nutzung in Sicht wäre.

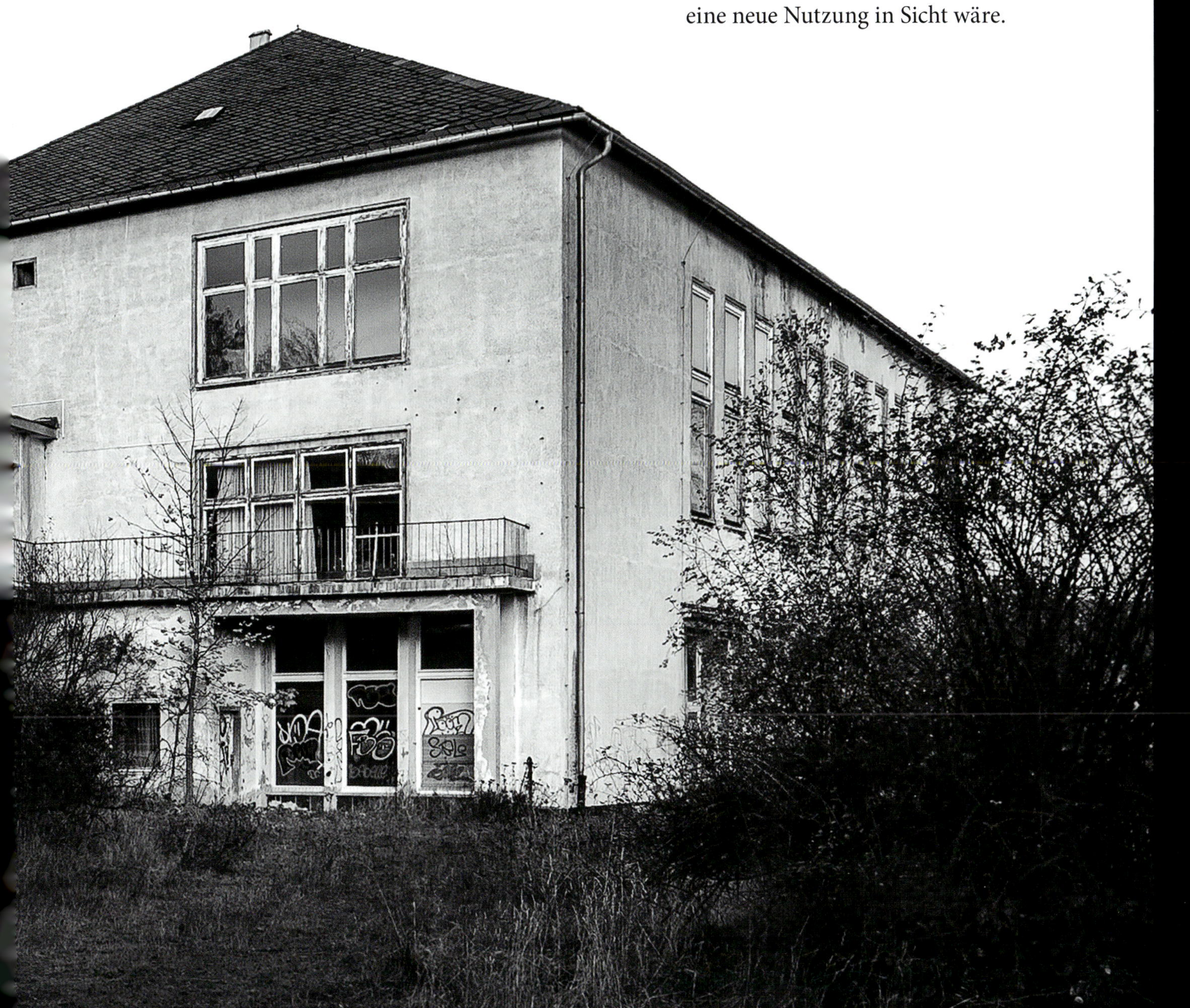

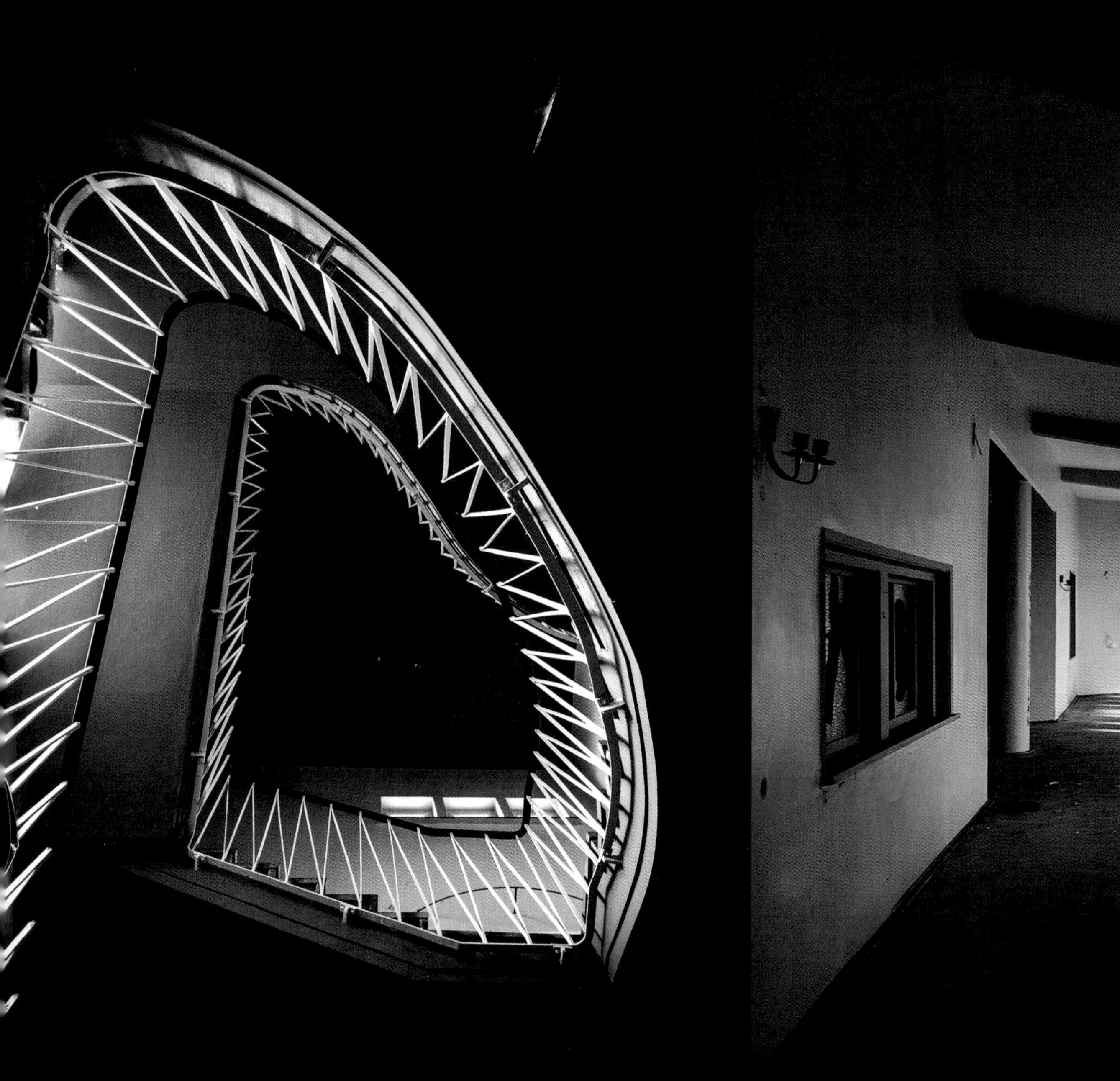

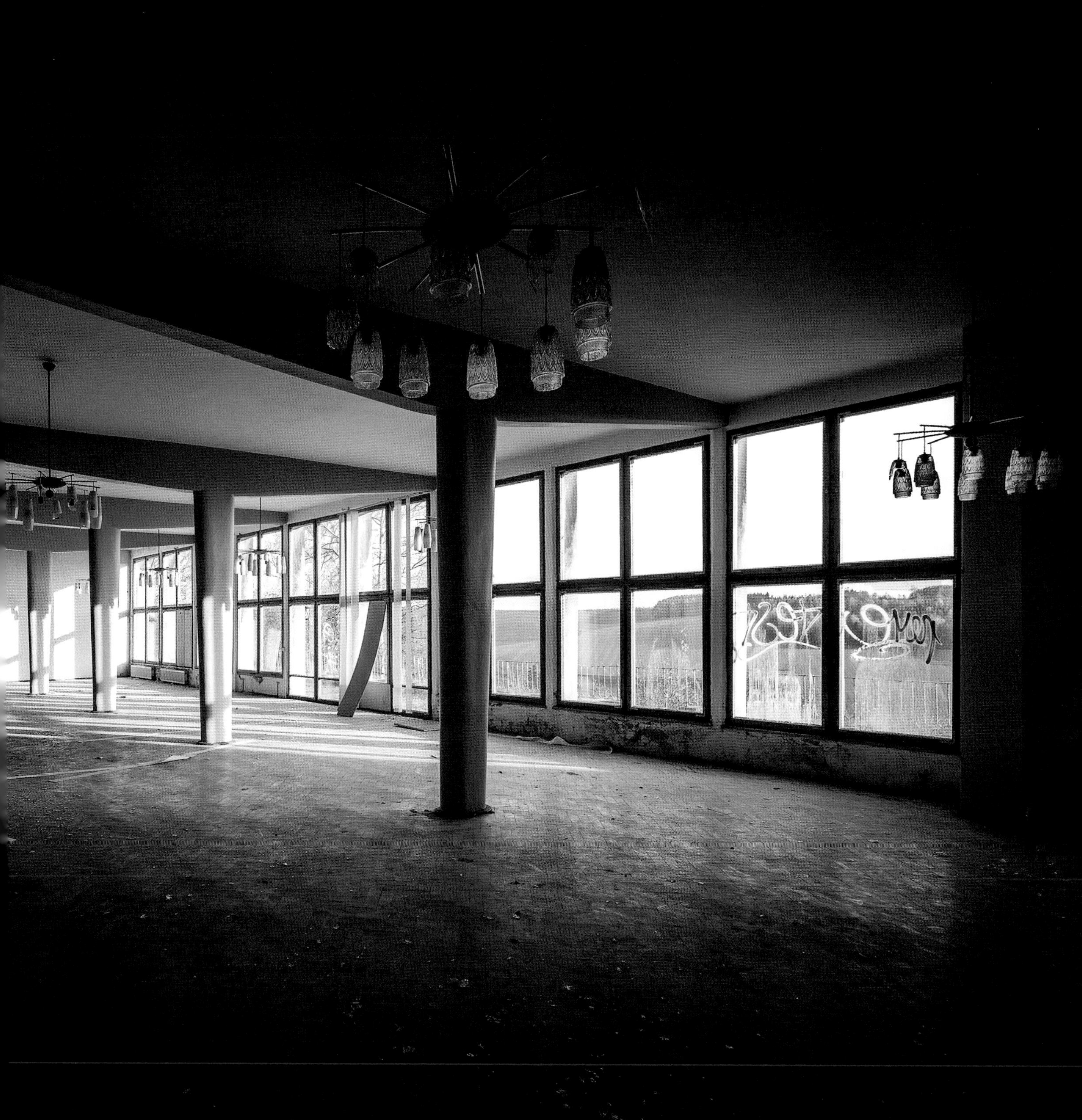

Kurhotels und -heime

Kaum etwas anderes kann den mondänen Glanz der Vergangenheit besser und authentischer wiedergeben als alte Luxus- und Kurhotels. Sie sind stumme Zeugen einer vergangenen Zeit, in der die gesellschaftliche Ständetrennung noch allgegenwärtig war und von allen Schichten wie gottgegeben akzeptiert wurde. Man hat damals unübersehbar gezeigt, was man hat. Honigdick hat man aufgetragen – in Ausdruck, Habitus und Erscheinung. Die Luxusherbergen boten den richtigen Rahmen. Man begab sich zur Kur, um sich der Leibesbeschwernisse des Überflusses zumindest temporär wieder zu entledigen.

Man traf seinesgleichen zur Sommerfrische und achtete peinlich darauf, dass nicht allzu viel Sonne die noble Blässe gefährdete. Man begegnete sich stets im Ornat der Oberschicht und vergaß nie die höfliche Etikette. Wenn jedoch die Abendglocken läuteten und die festlichen Räume in das Glanzlicht schwerer Lüster getaucht wurden, war man sich einig, auszuleben, was man konnte. Bis spät in die Nacht ließ man sich fallen in die Annehmlichkeiten des allgegenwärtigen Luxus.

Die „alten Kästen" wirken heute wie Stuckpaläste aus einem Mystery-Thriller.

Ein Grund für den Niedergang einiger der alten Grand Hotels ist der Wandel in unserer Gesellschaft – sie werden zunehmend zu ihrem eigenen Anachronismus. Die Society der Belle Époque existiert so nicht mehr. Die „alten Kästen" wirken heute wie Stuckpaläste aus einem Mystery-Thriller. Sie haben ihren Überlebenskampf gegen die „Hiltons" und „Holiday Inns" verloren, da sie die zeitgerechte Verbindung von Tradition und modernem Komfort nicht vollzogen haben. So bleiben sie aus ihrer Zeit gefallenes Strandgut der Architekturgeschichte.

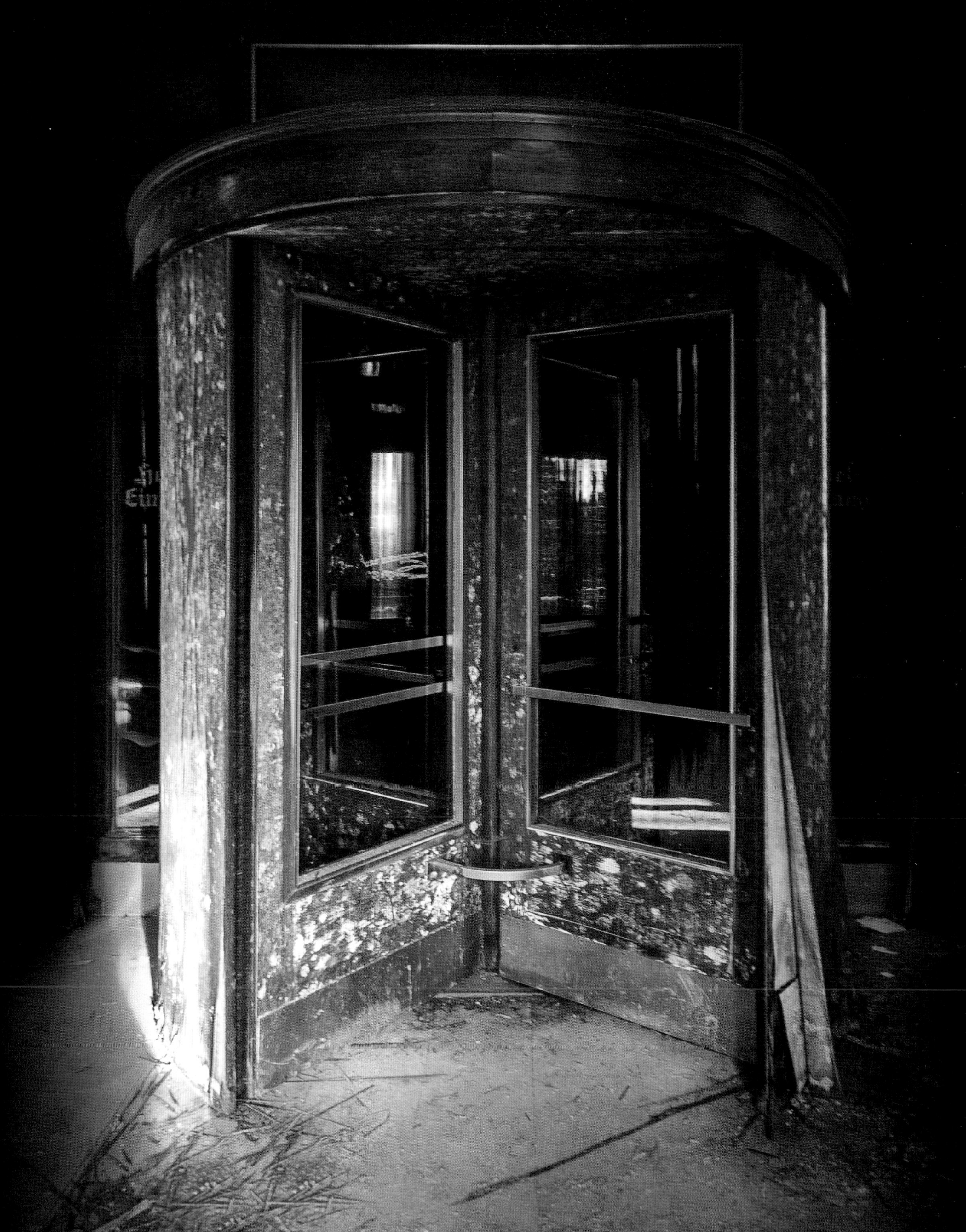

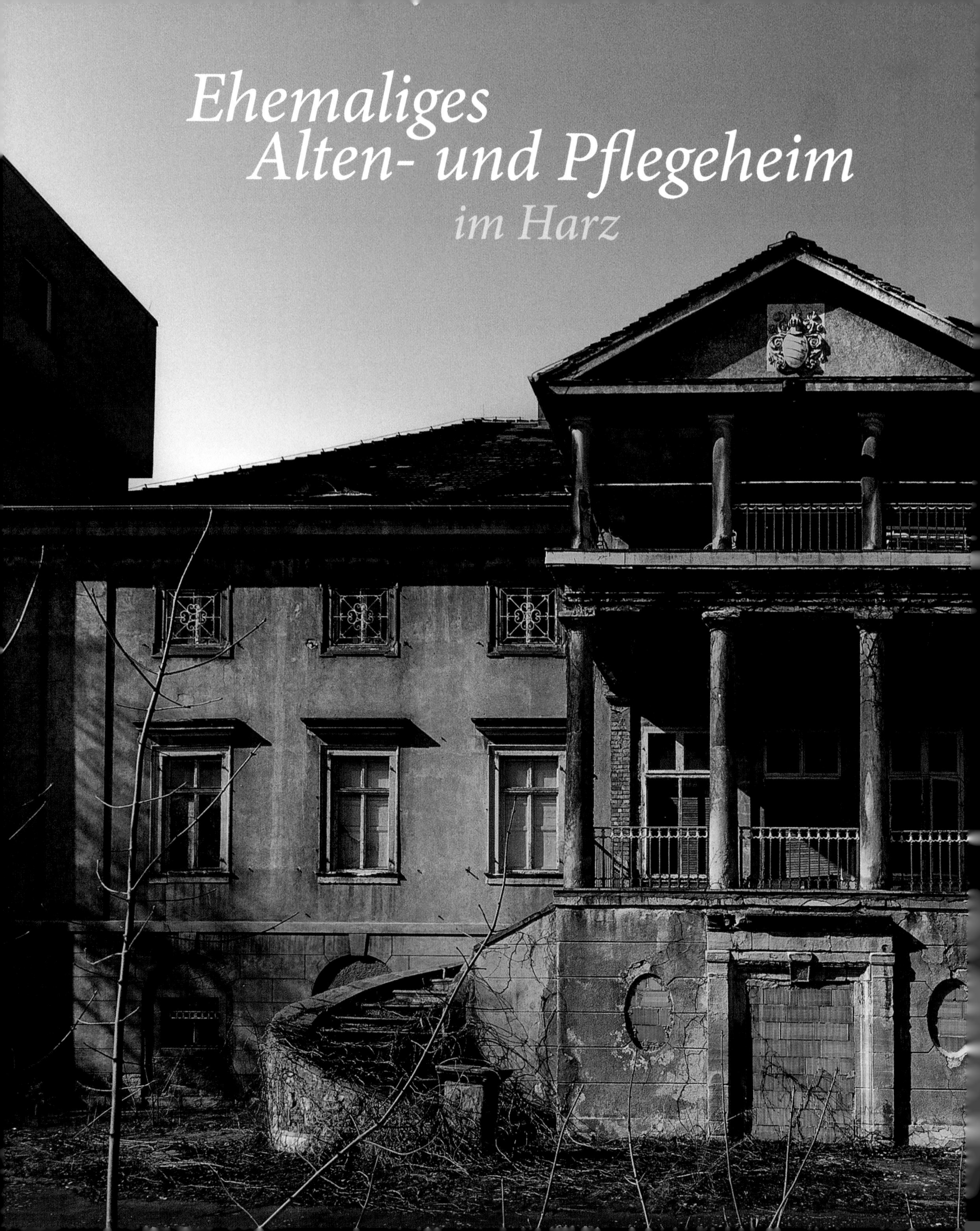
Ehemaliges
Alten- und Pflegeheim
im Harz

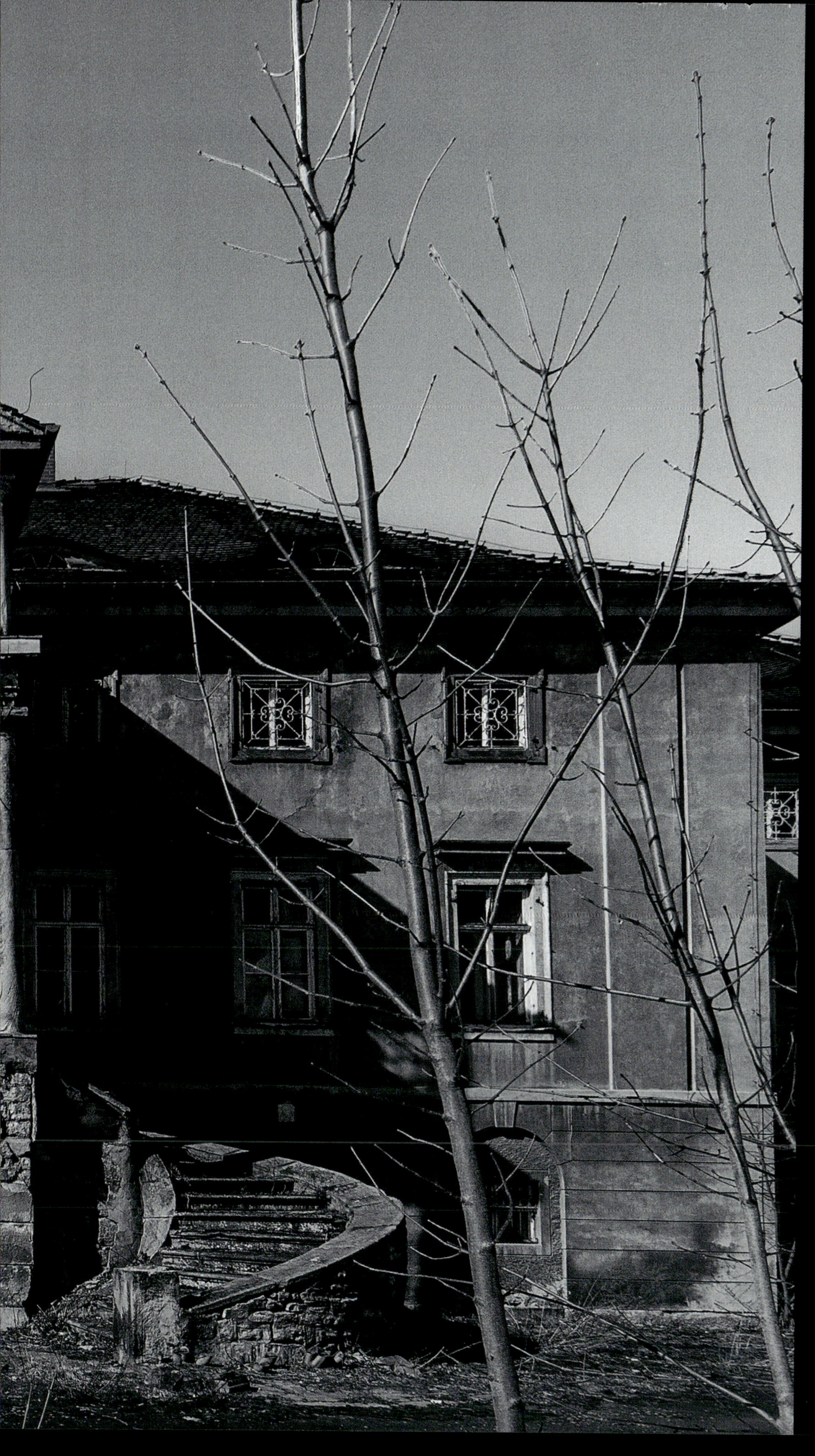

Das Anfang des 19. Jahrhunderts erbaute Schloss, das zuletzt als Alten- und Pflegeheim genutzt wurde, liegt, umgeben von einer Schlossmauer, inmitten eines verwilderten kleinen Parks in einem Ort im Mansfelder Seekreis (Harz). Der jahrelange Leerstand setzt dem Gebäude unübersehbar zu.

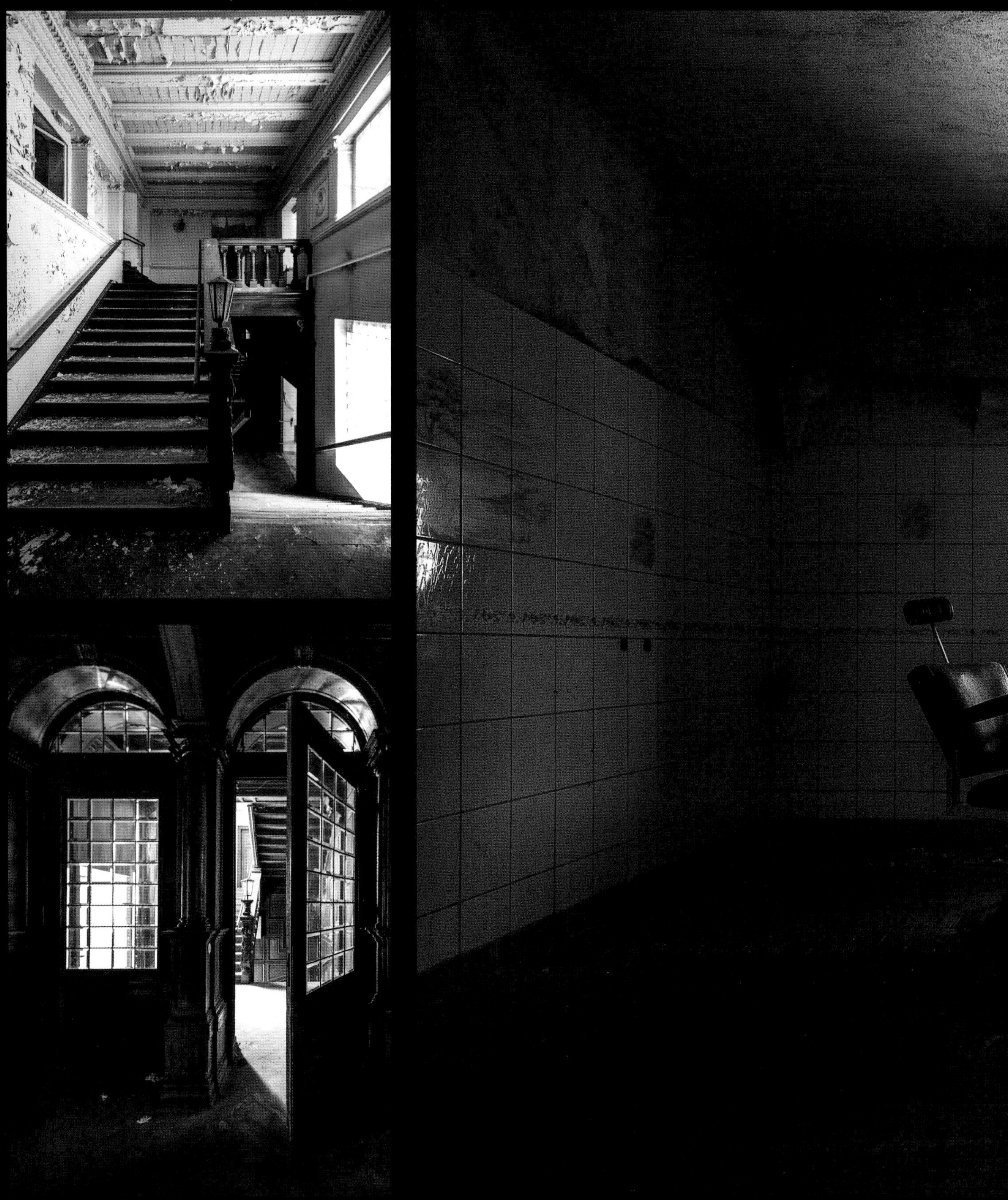

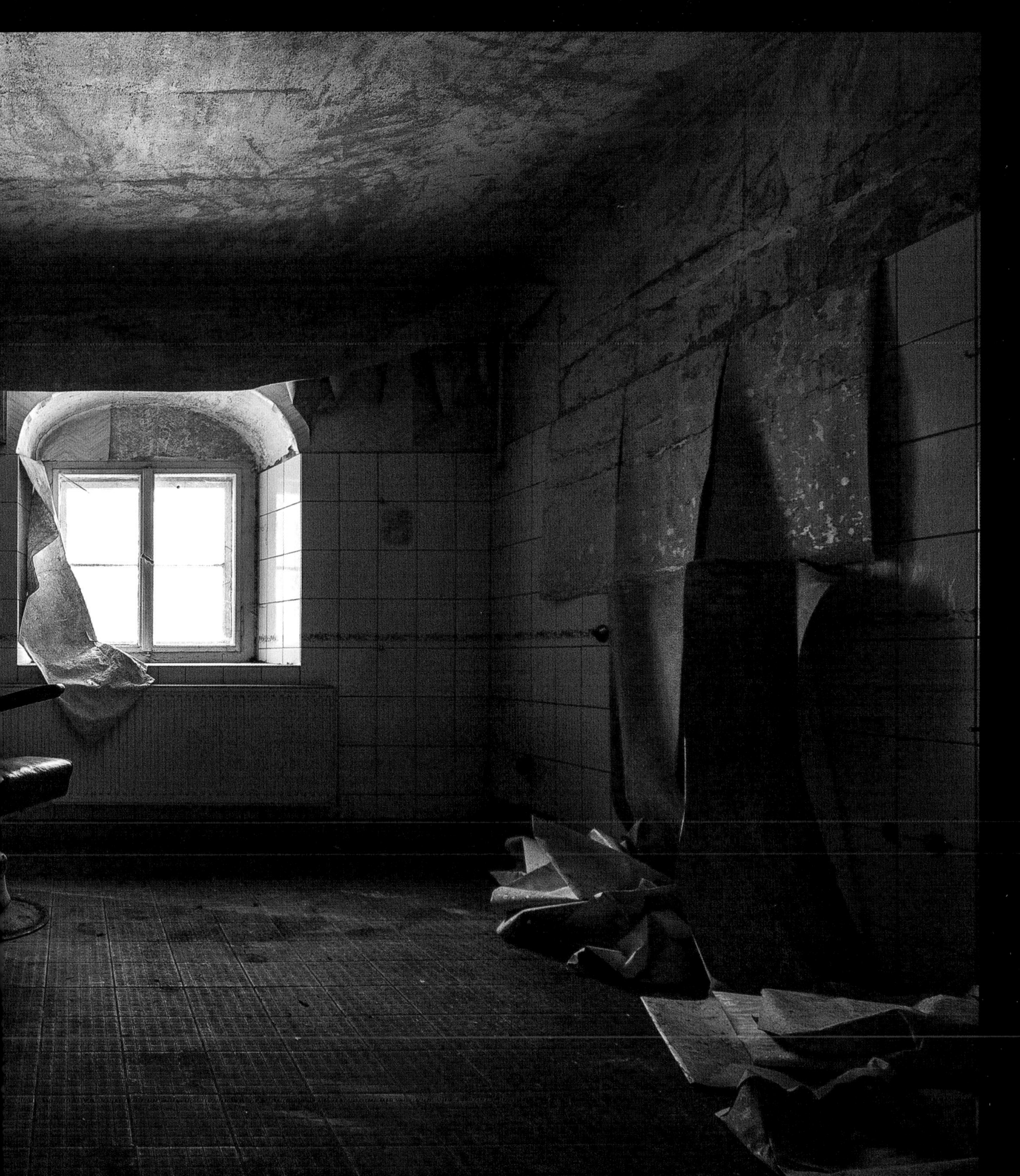

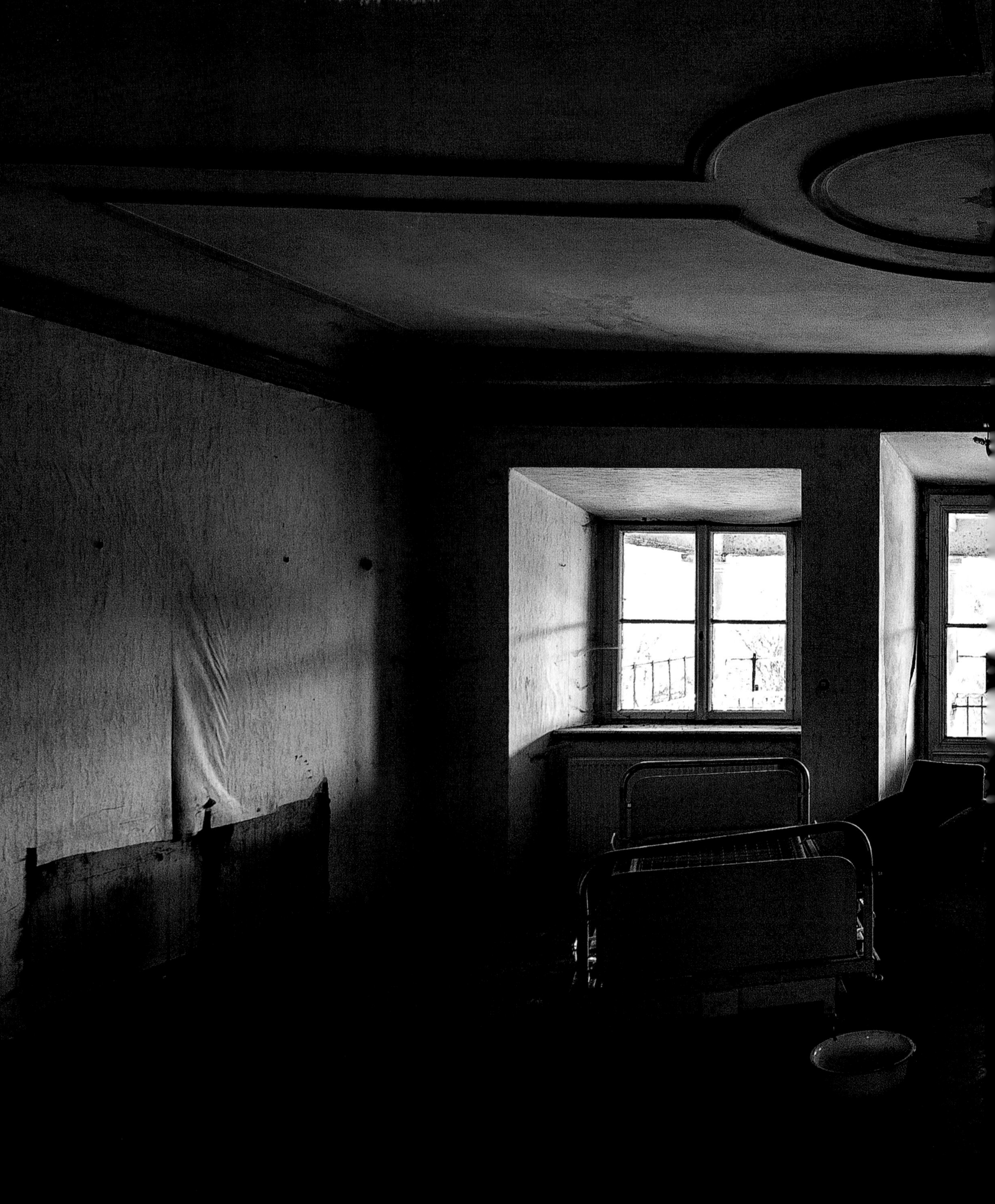

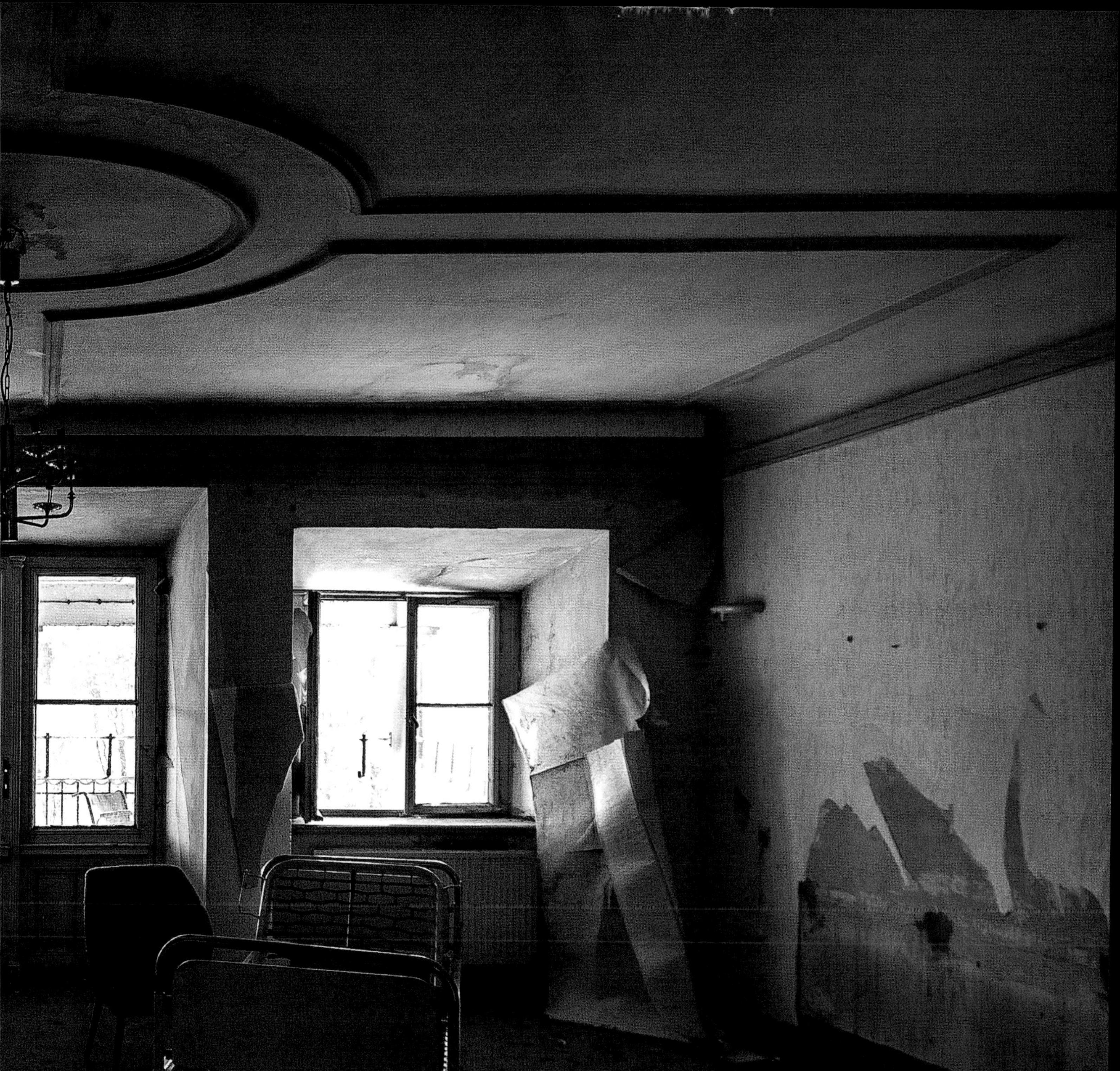

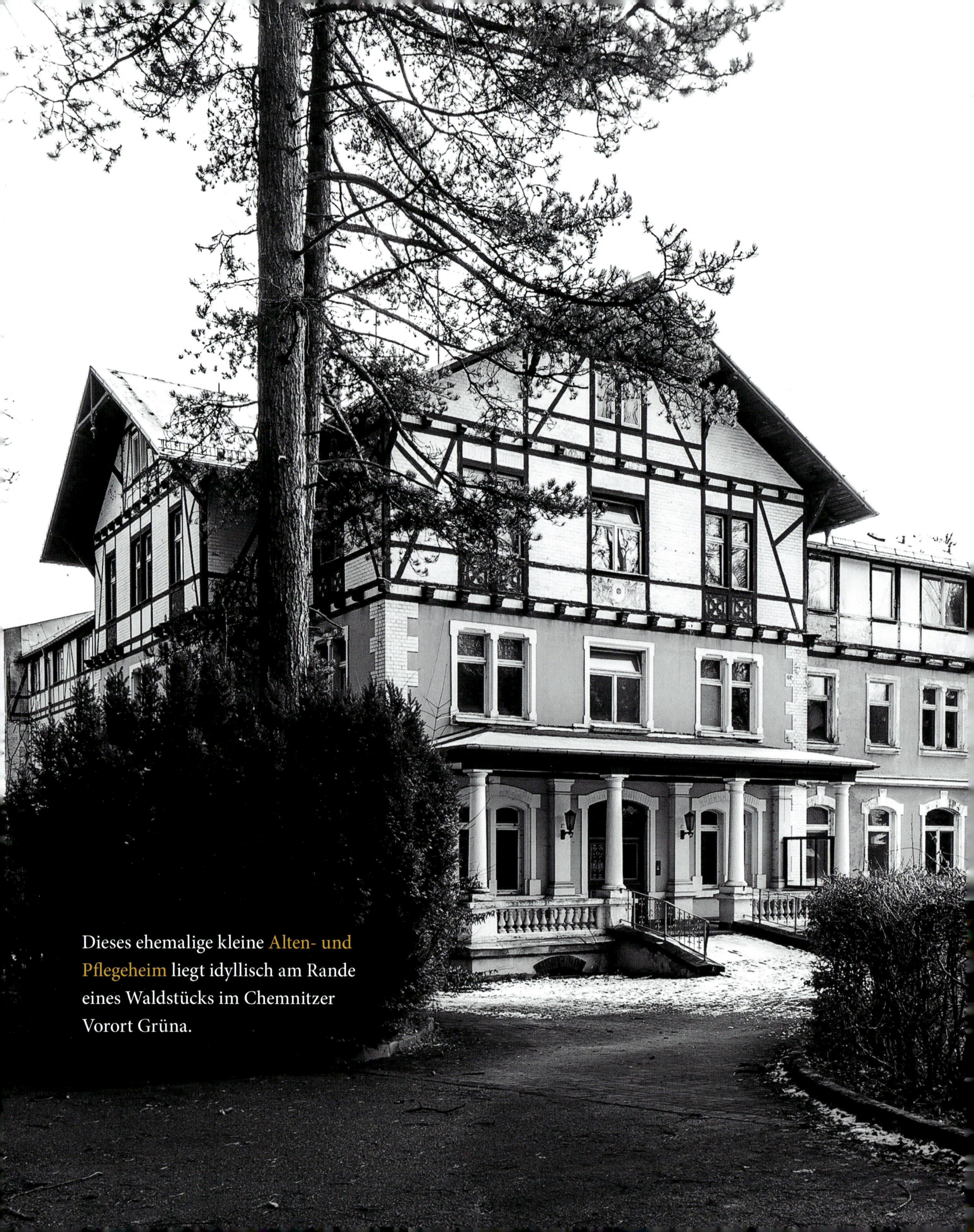

Dieses ehemalige kleine Alten- und Pflegeheim liegt idyllisch am Rande eines Waldstücks im Chemnitzer Vorort Grüna.

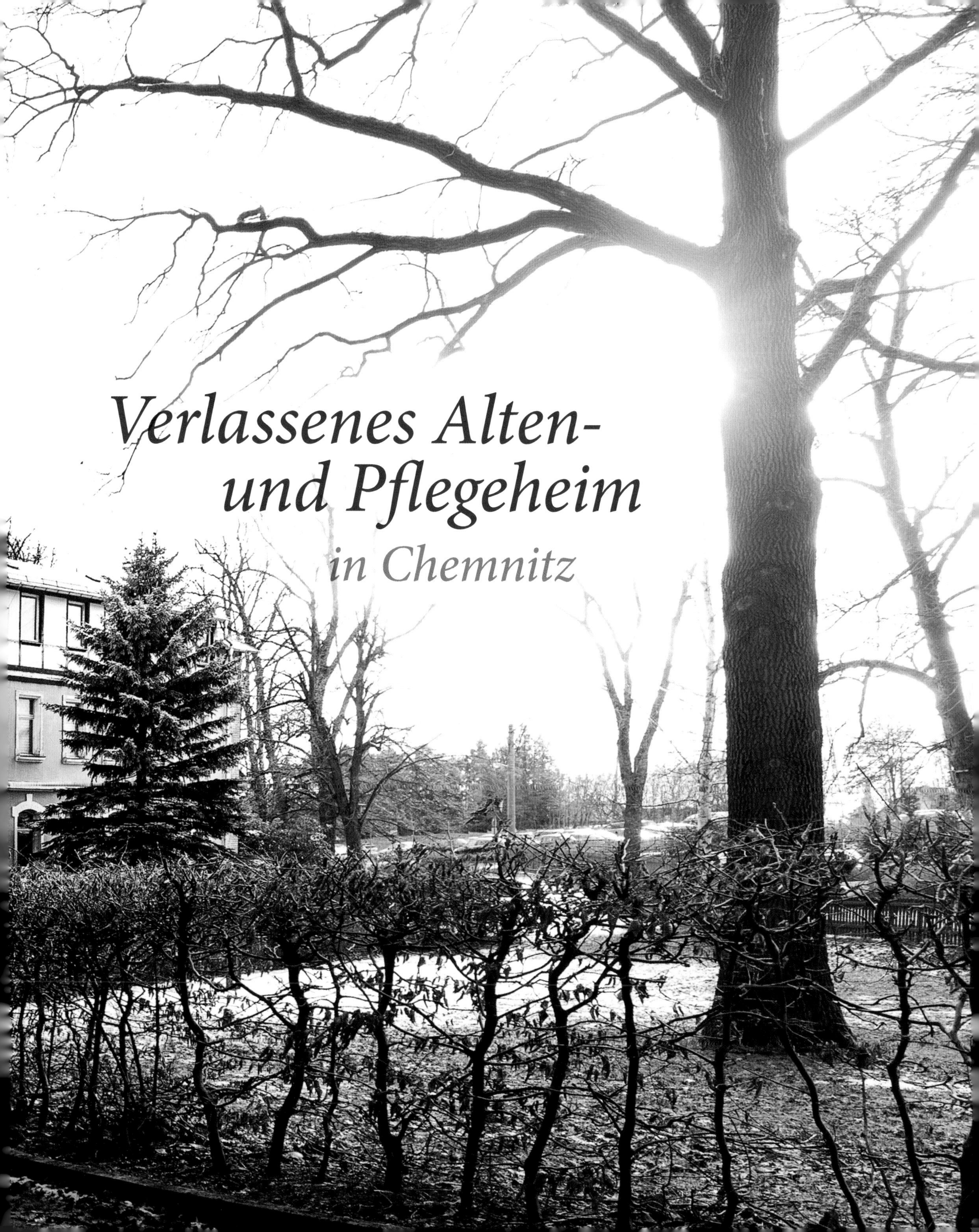

Verlassenes Alten- und Pflegeheim in Chemnitz

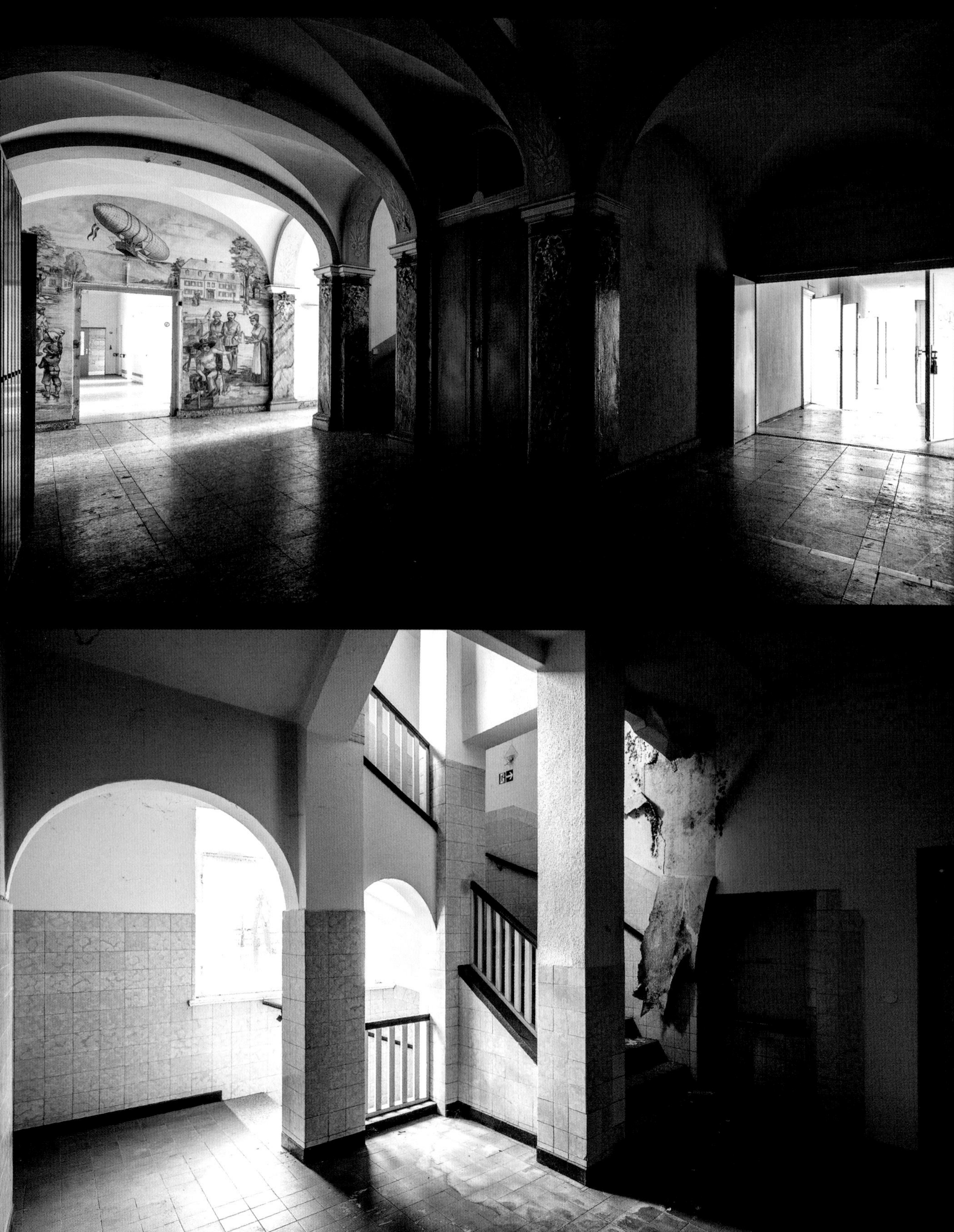

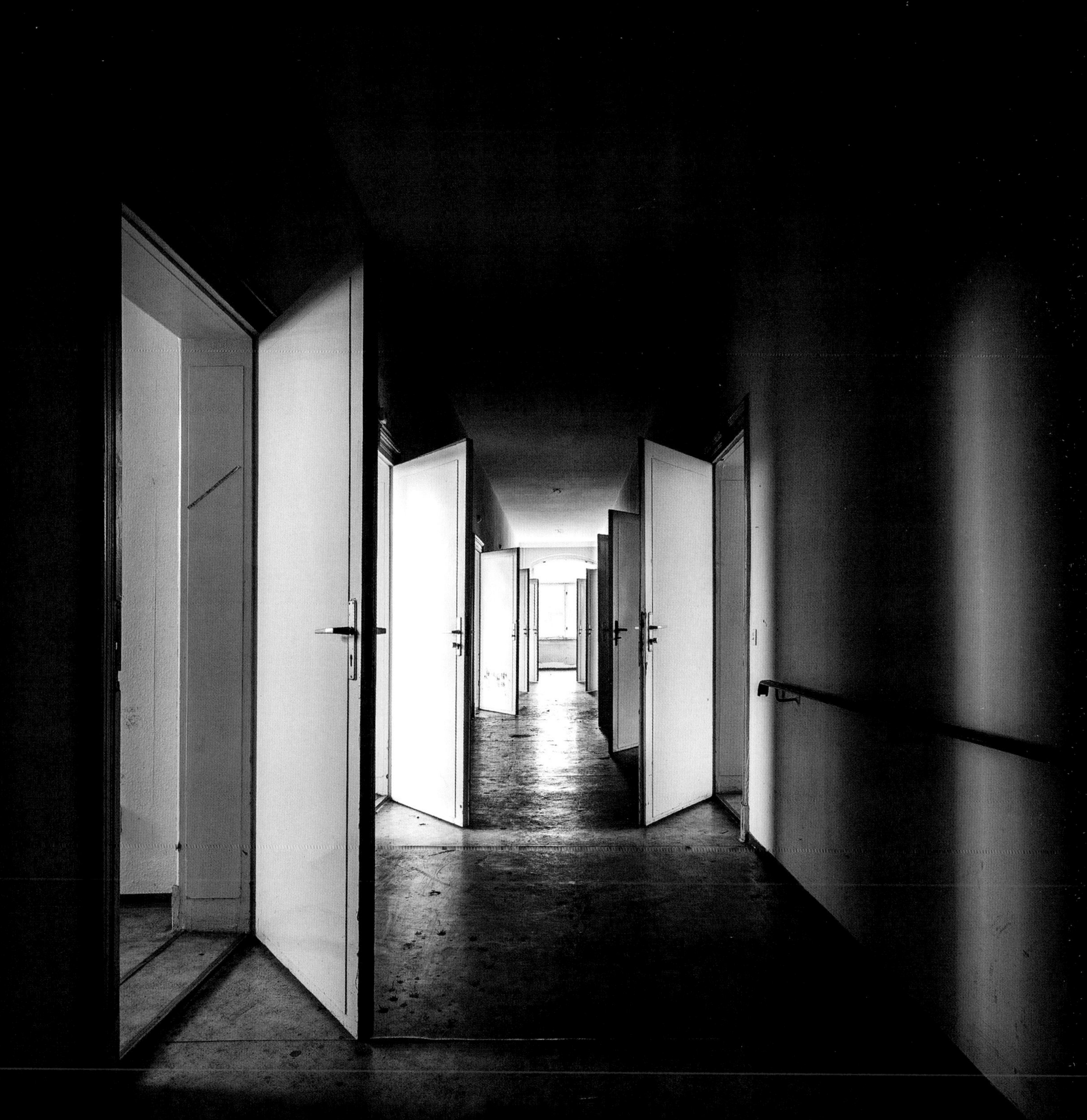

Früheres Genesungsheim
bei Magdeburg

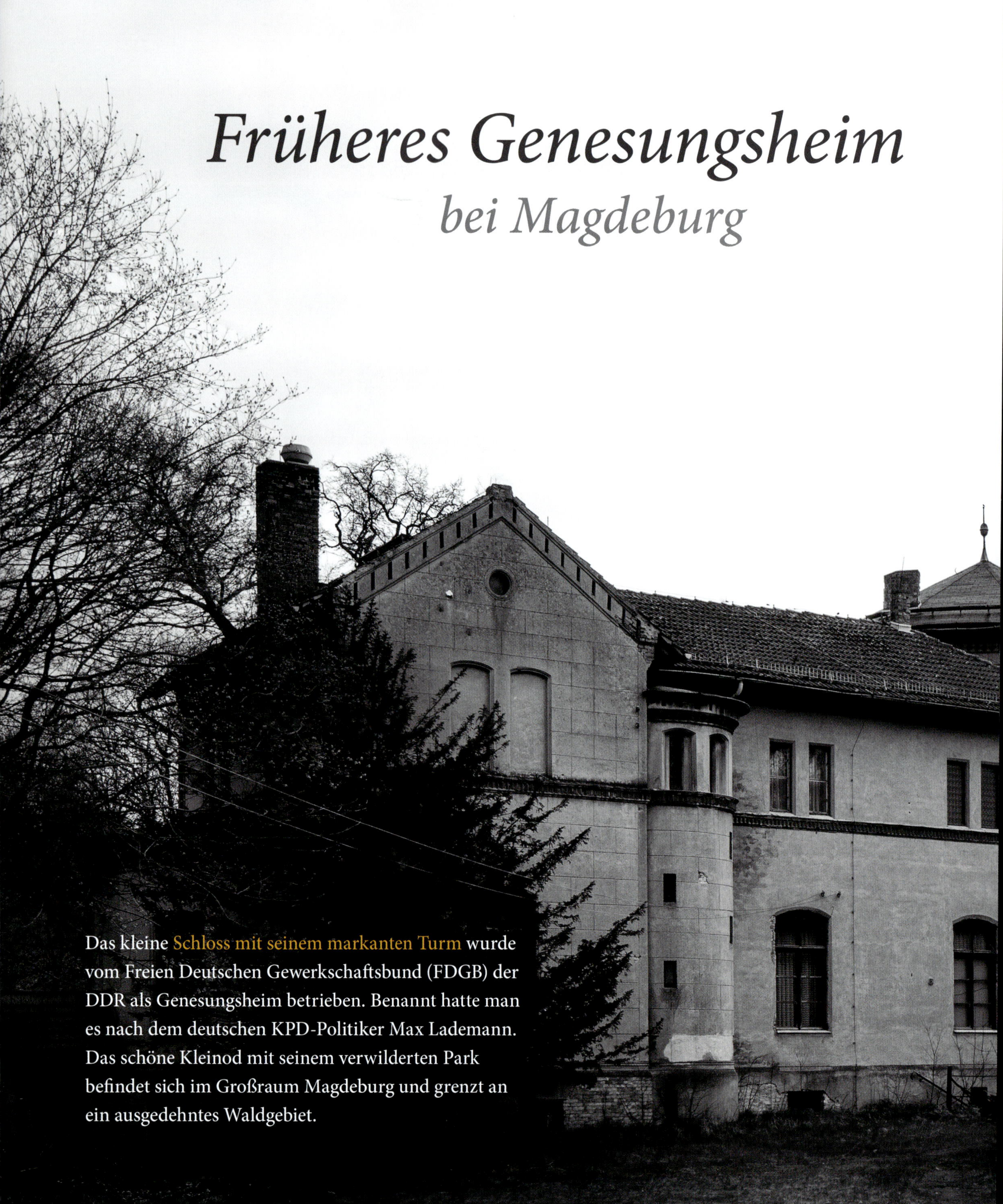

Das kleine Schloss mit seinem markanten Turm wurde vom Freien Deutschen Gewerkschaftsbund (FDGB) der DDR als Genesungsheim betrieben. Benannt hatte man es nach dem deutschen KPD-Politiker Max Lademann. Das schöne Kleinod mit seinem verwilderten Park befindet sich im Großraum Magdeburg und grenzt an ein ausgedehntes Waldgebiet.

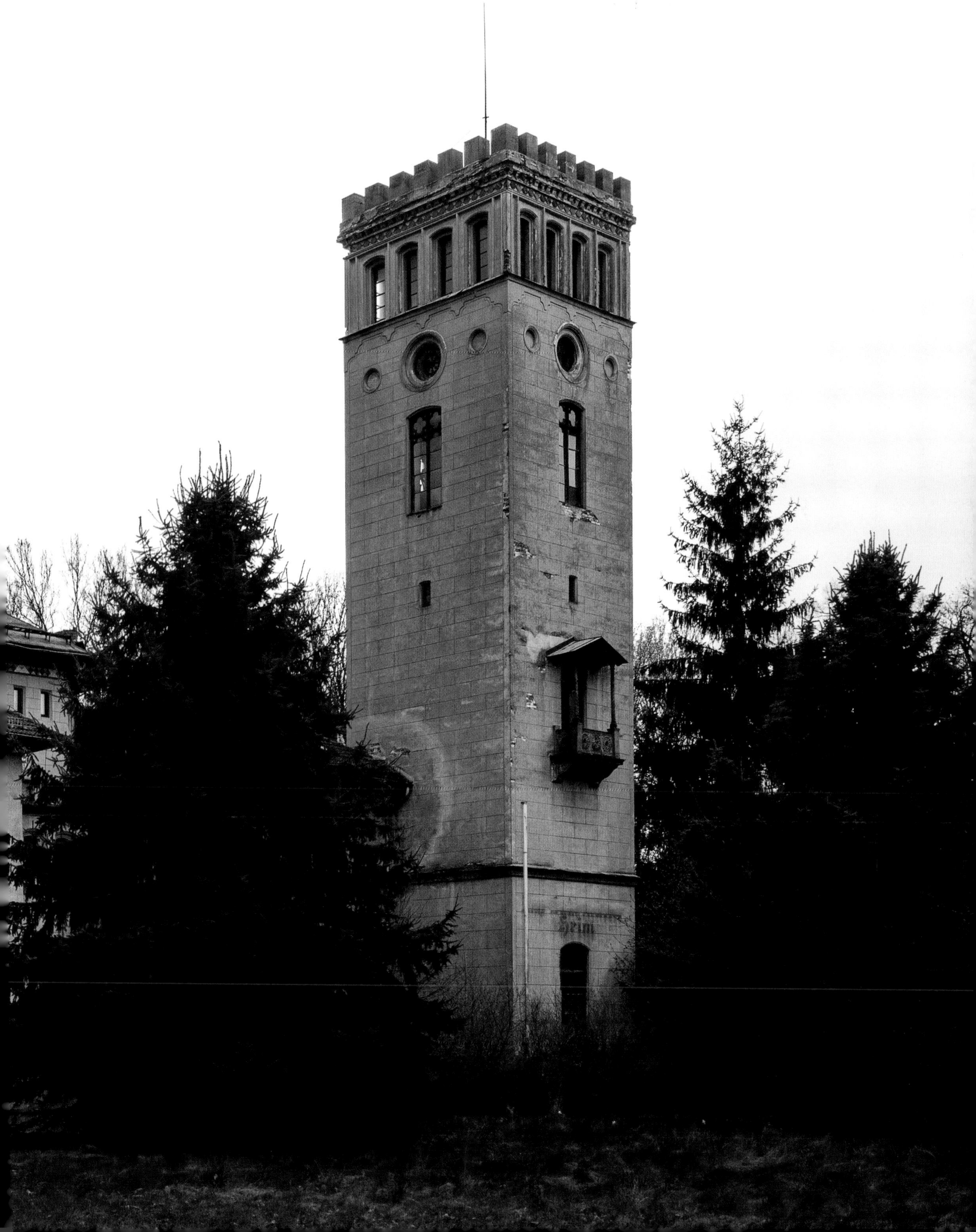

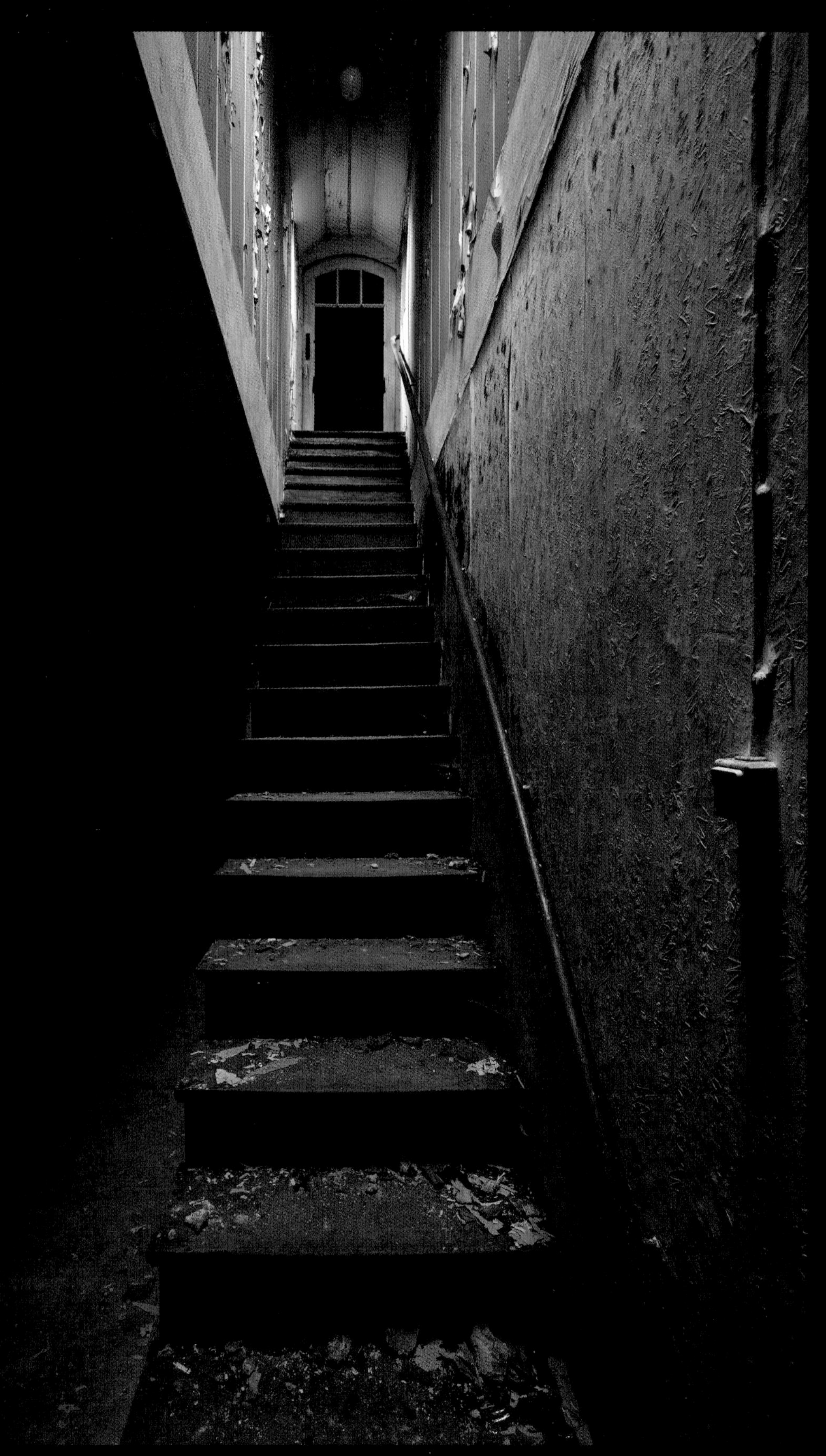

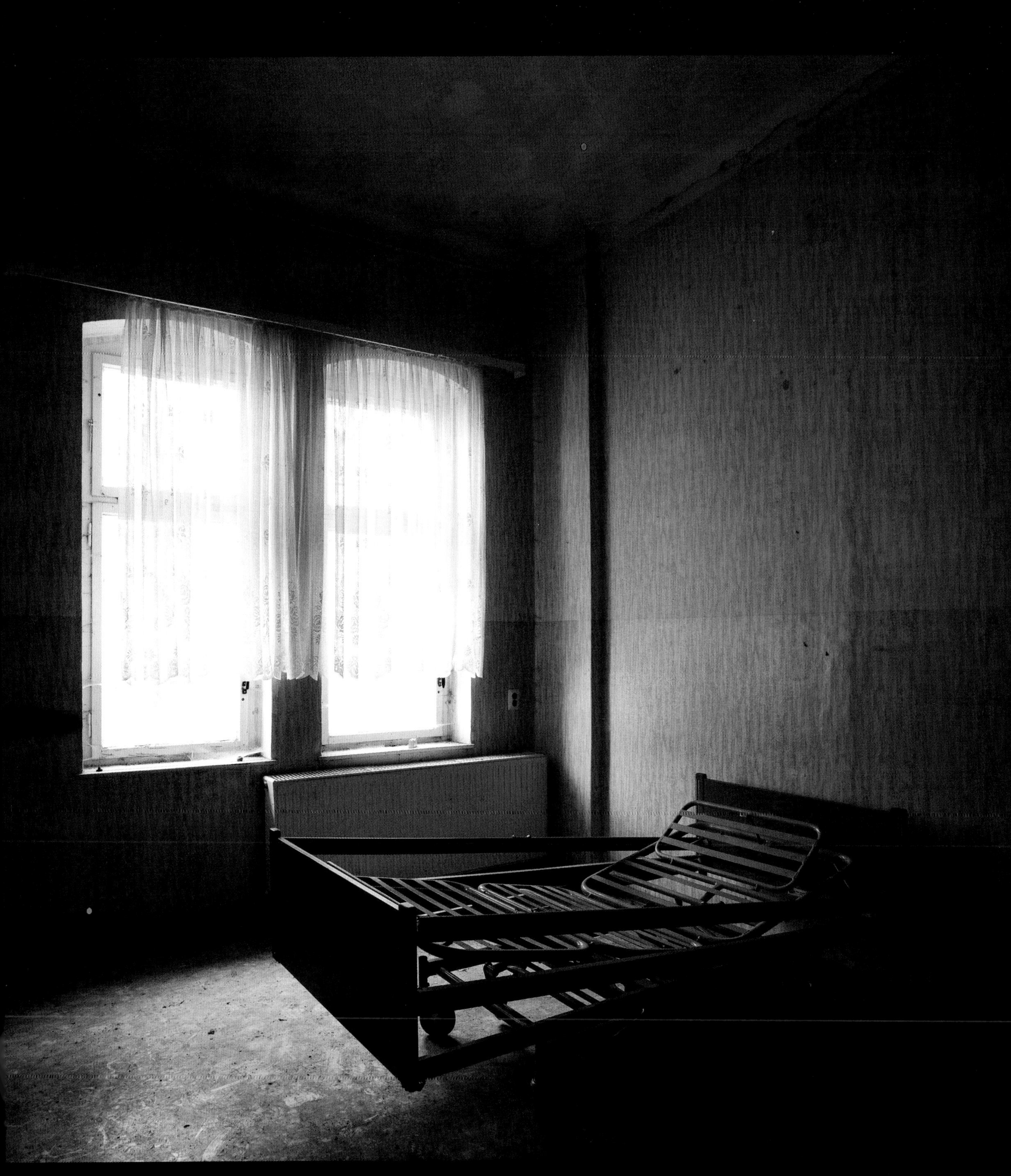

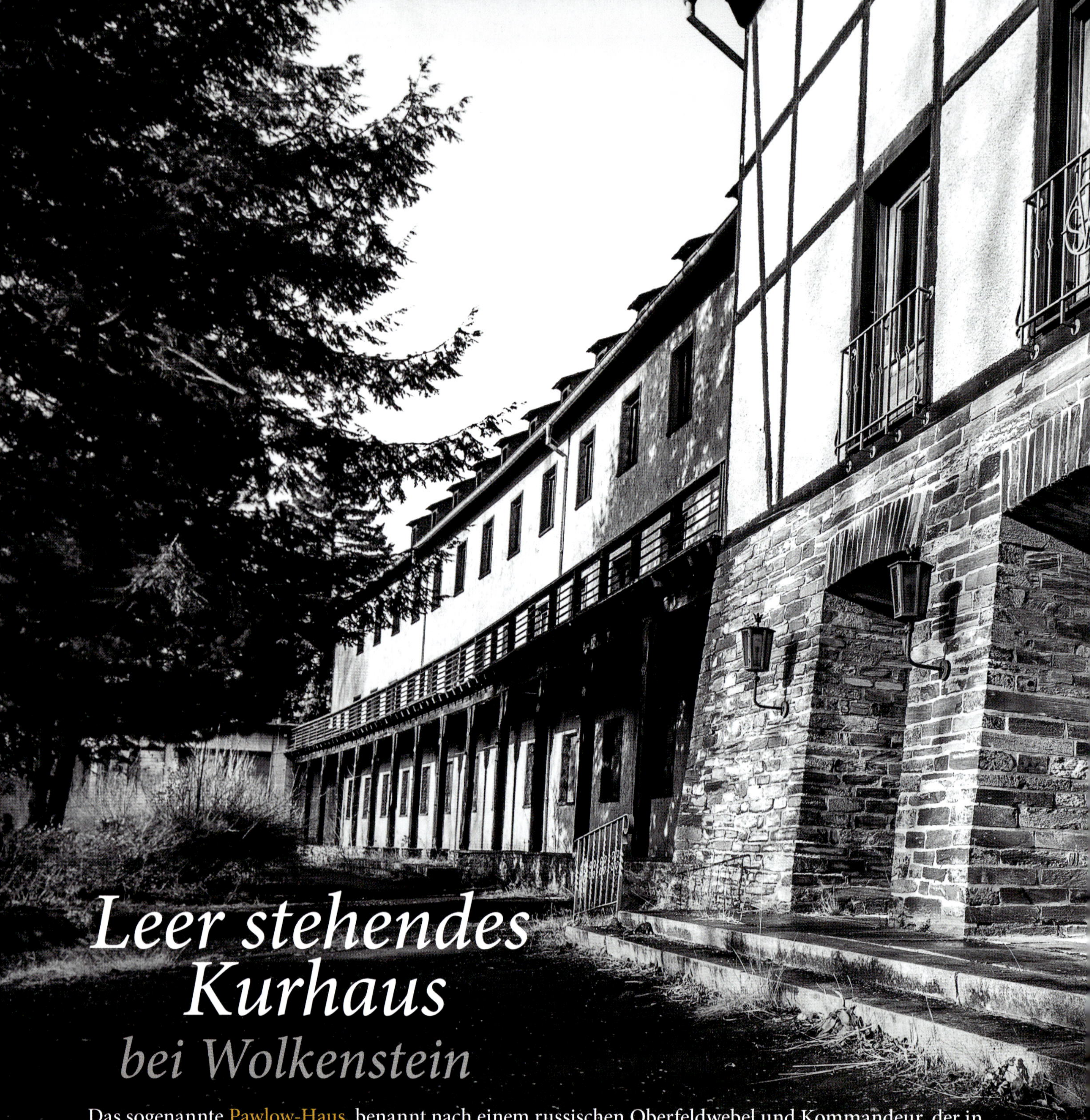

Leer stehendes Kurhaus

bei Wolkenstein

Das sogenannte Pawlow-Haus, benannt nach einem russischen Oberfeldwebel und Kommandeur, der in Stalingrad kämpfte und dort ein gleichnamiges Gebäude gegen die Wehrmacht verteidigte, wurde Mitte der 1950er-Jahre in Warmbad bei Wolkenstein errichtet, als der Ort im Wesentlichen nur aus einem Bergarbeitersanatorium bestand. Es liegt erhaben über der heute weitläufigen Kurparkanlage. Der mehr als zehnjährige Leerstand hat bereits deutliche Spuren hinterlassen.

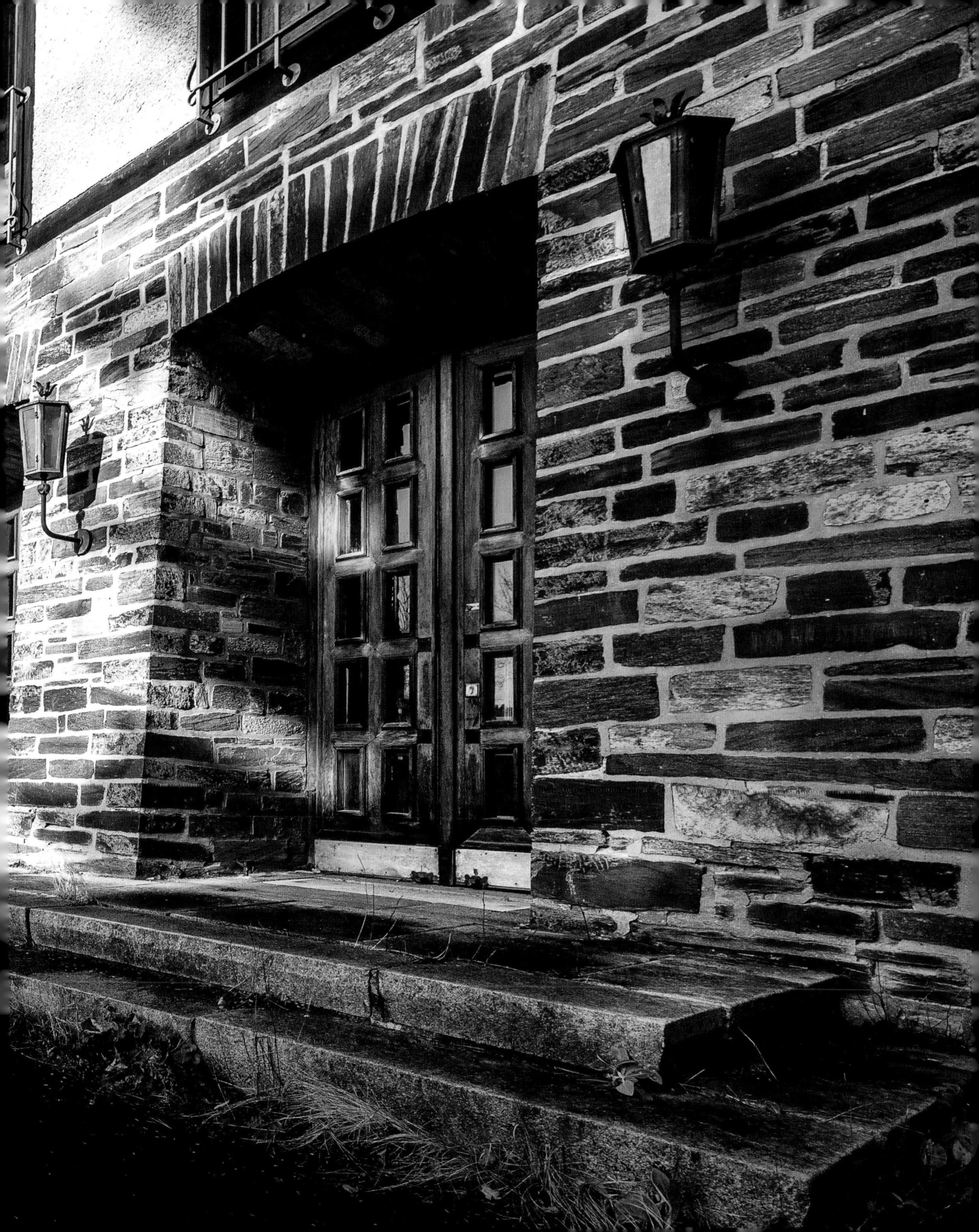

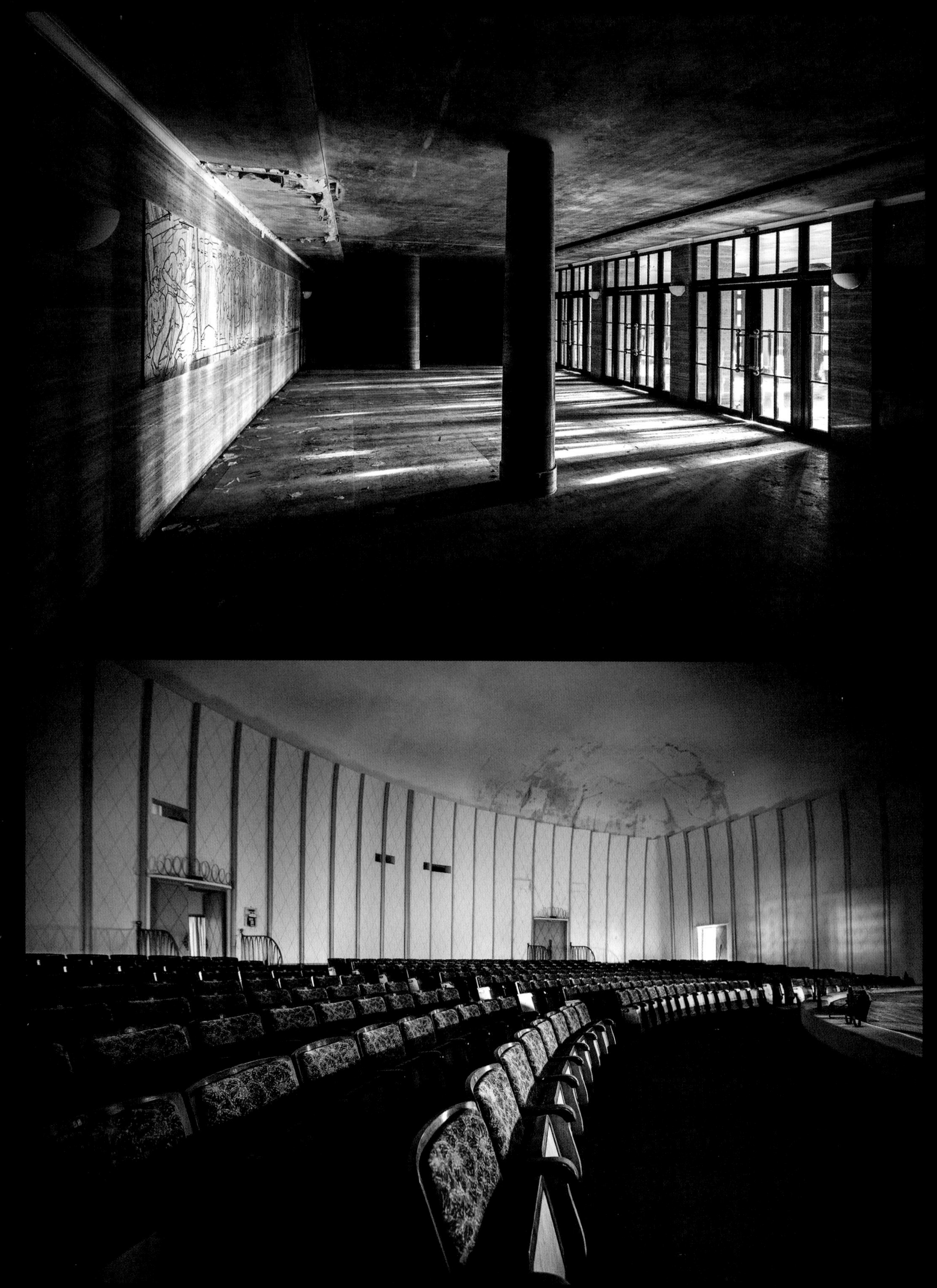

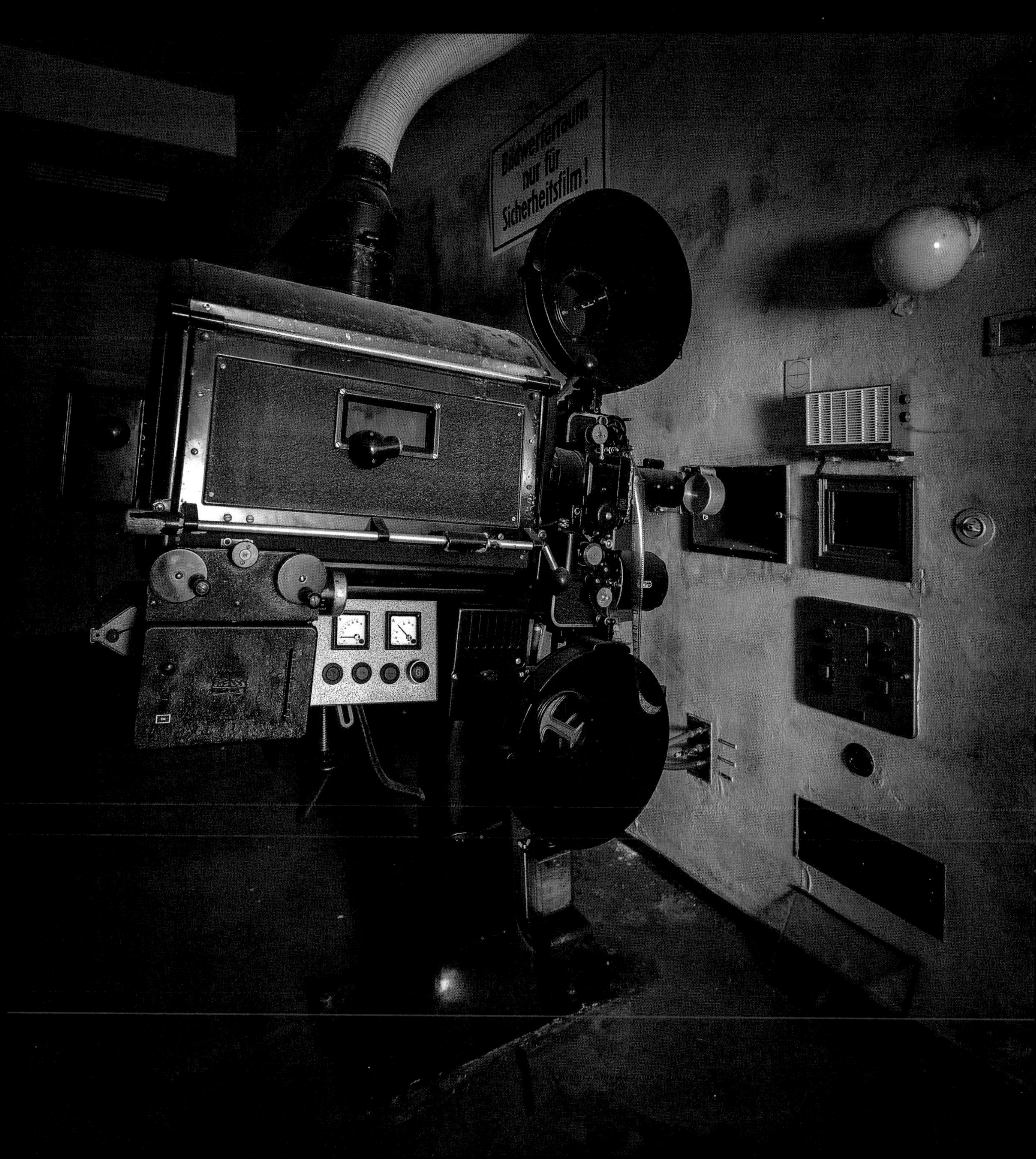
Bildwerferraum
nur für
Sicherheitsfilm!

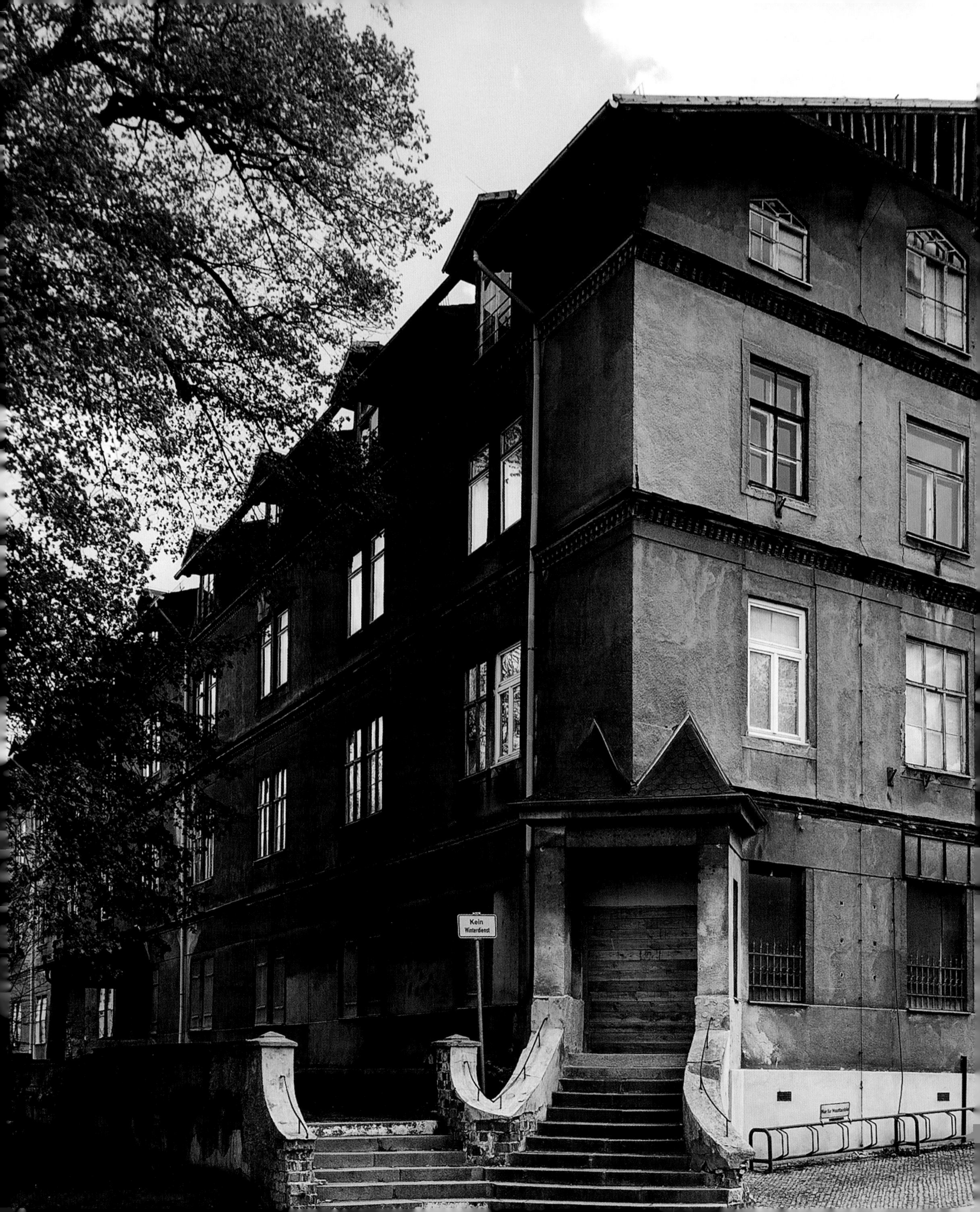
Kein
Winterdienst

Ehemaliges Luxushotel
südlich von Quedlinburg

Dieses 1863 eröffnete Kurhotel erfüllte einst höchste Ansprüche für seine ebenso anspruchsvollen wie illustren Gäste – unter ihnen war sogar Theodor Fontane. Es liegt im Zentrum eines kleinen Erholungsortes südlich von Quedlinburg, steht seit 2003 leer und verfällt.

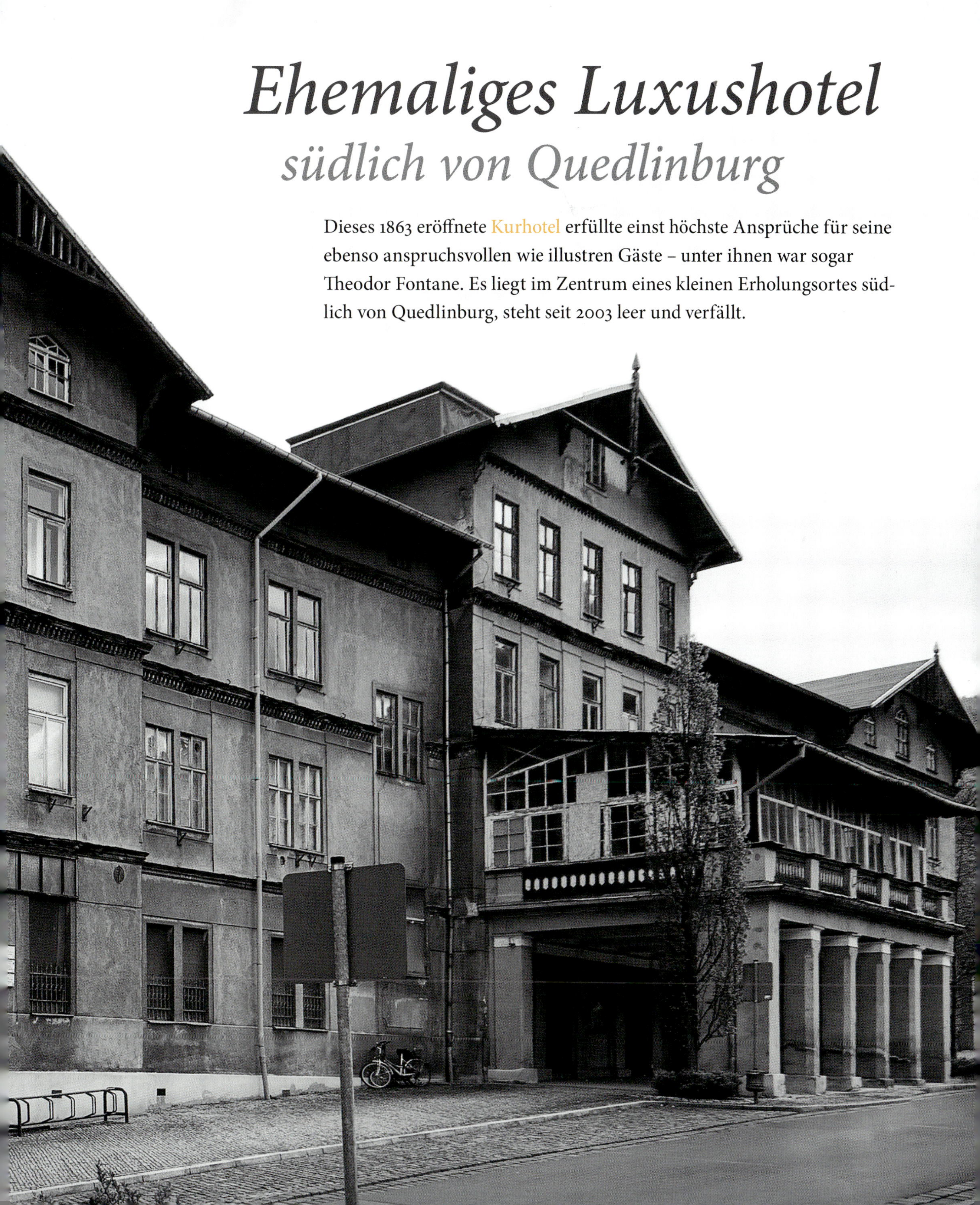

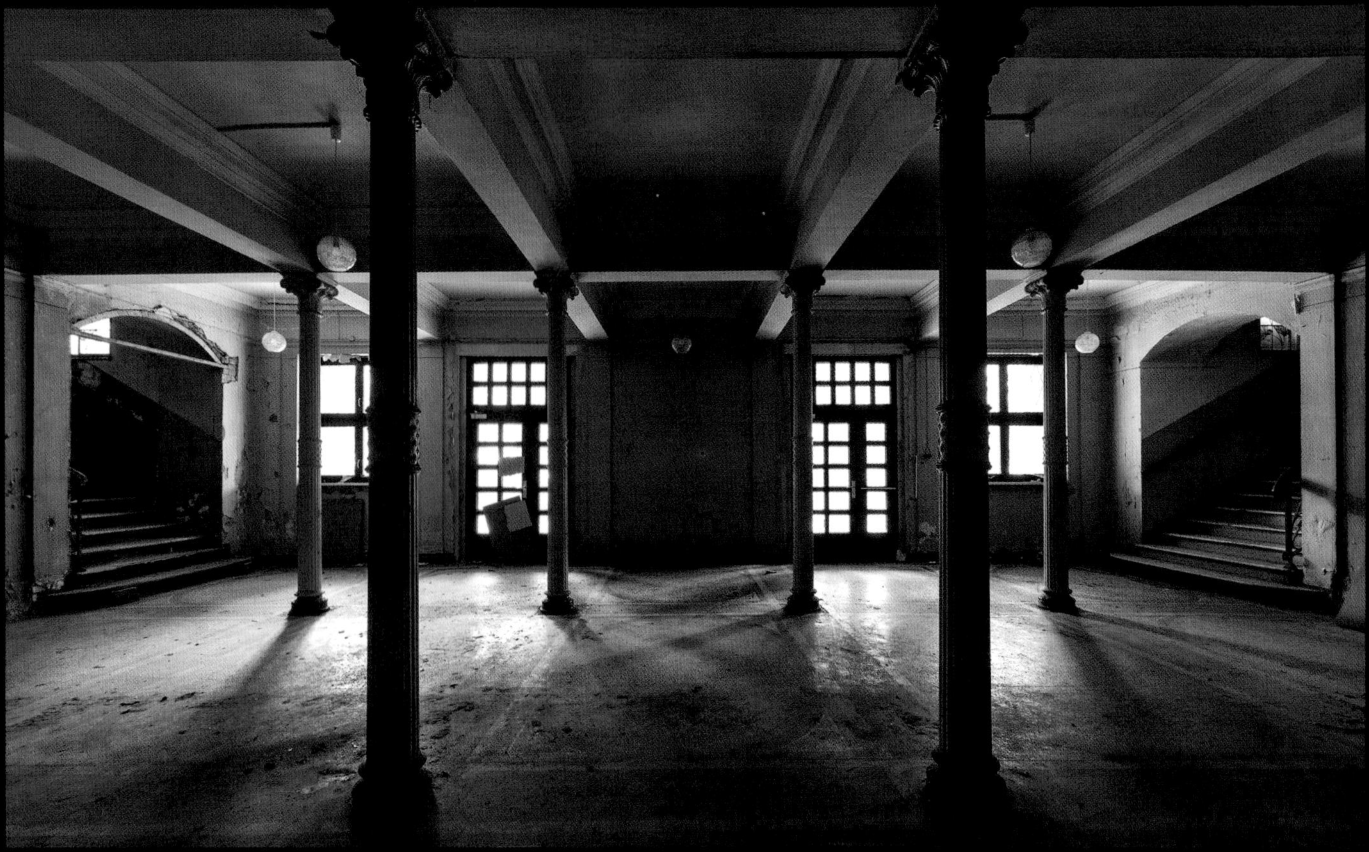

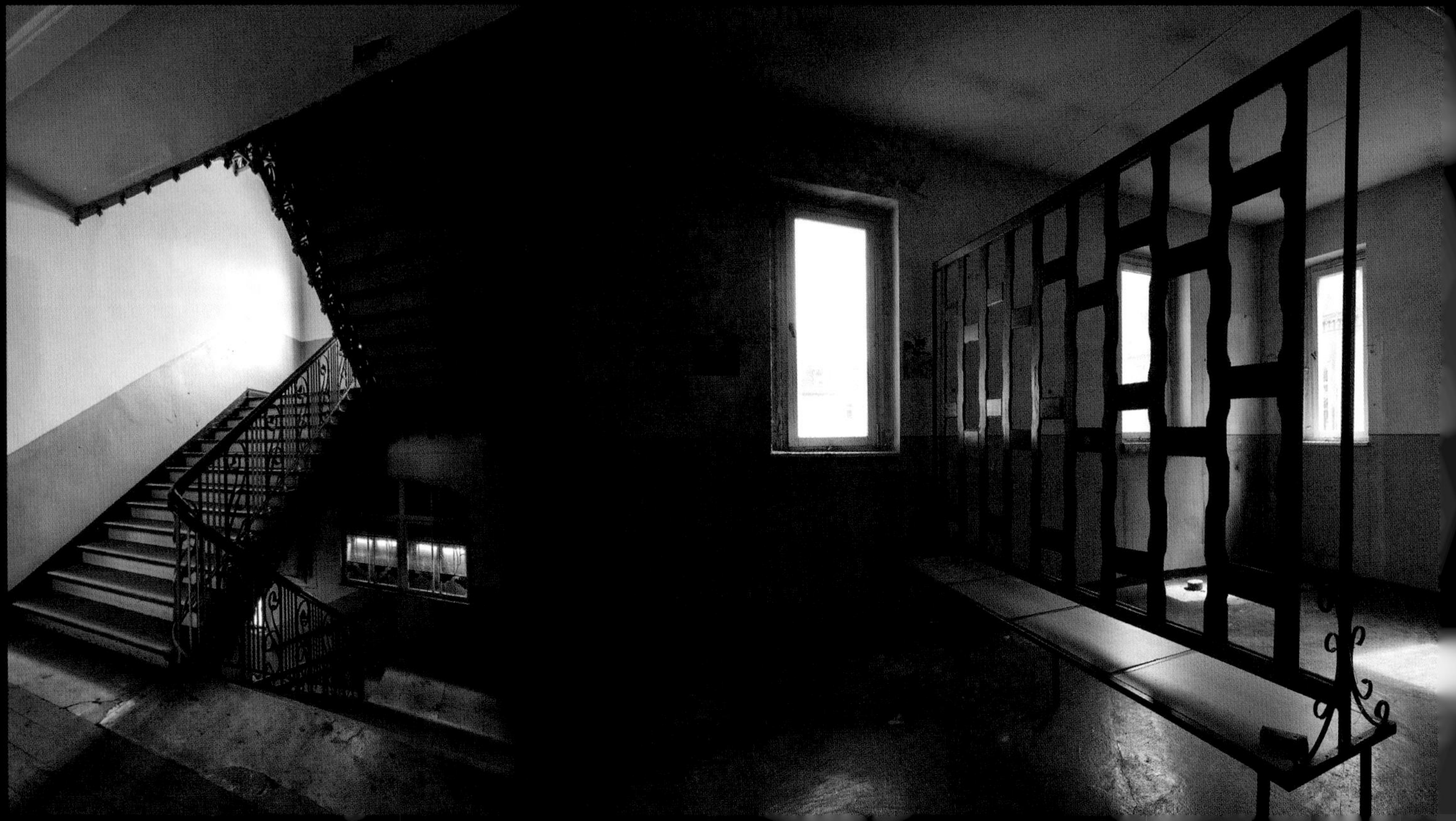

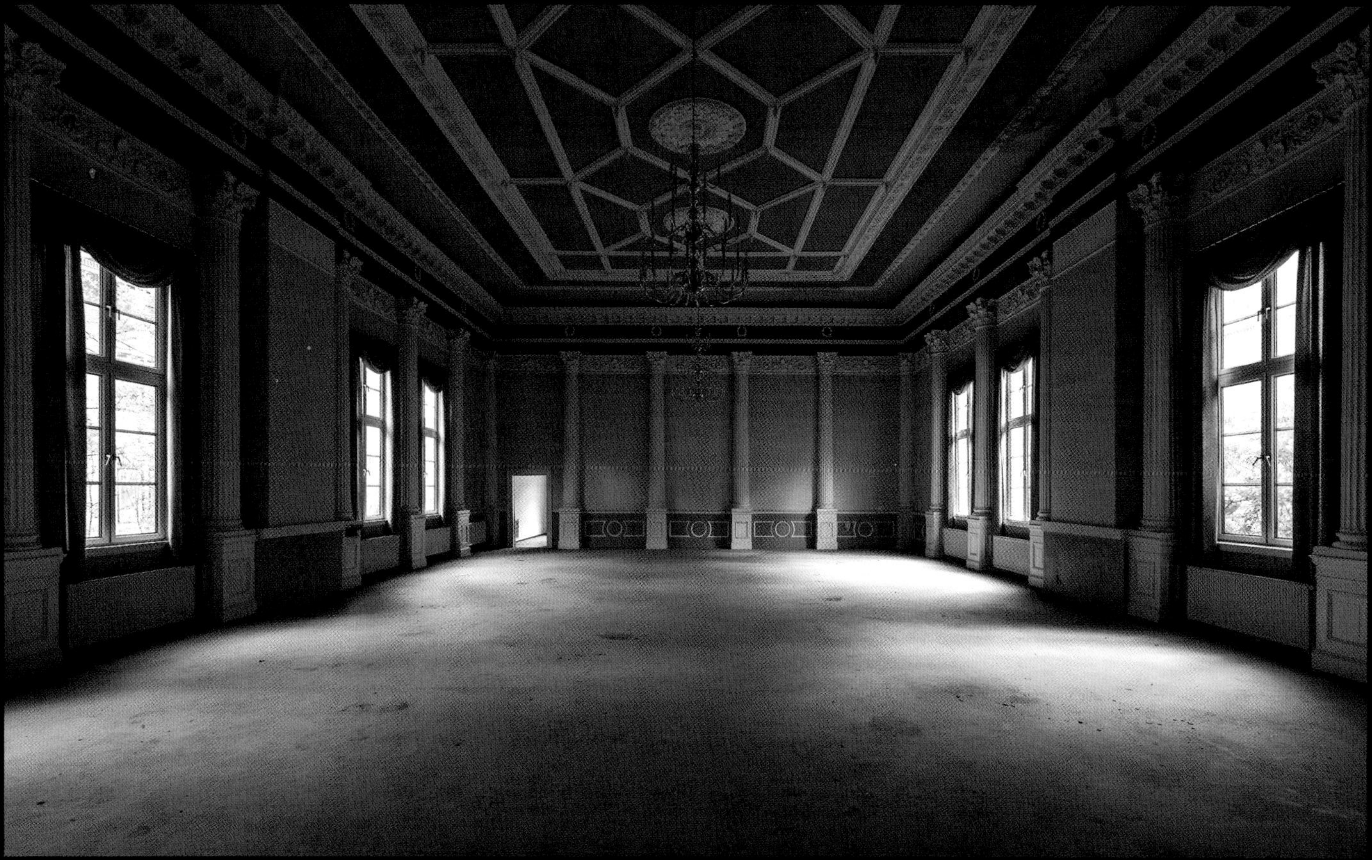

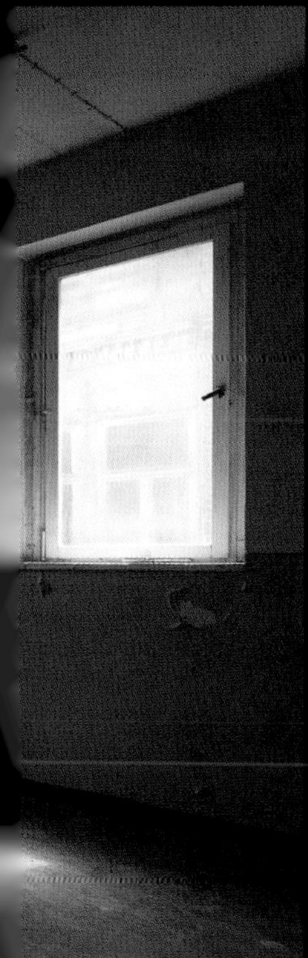

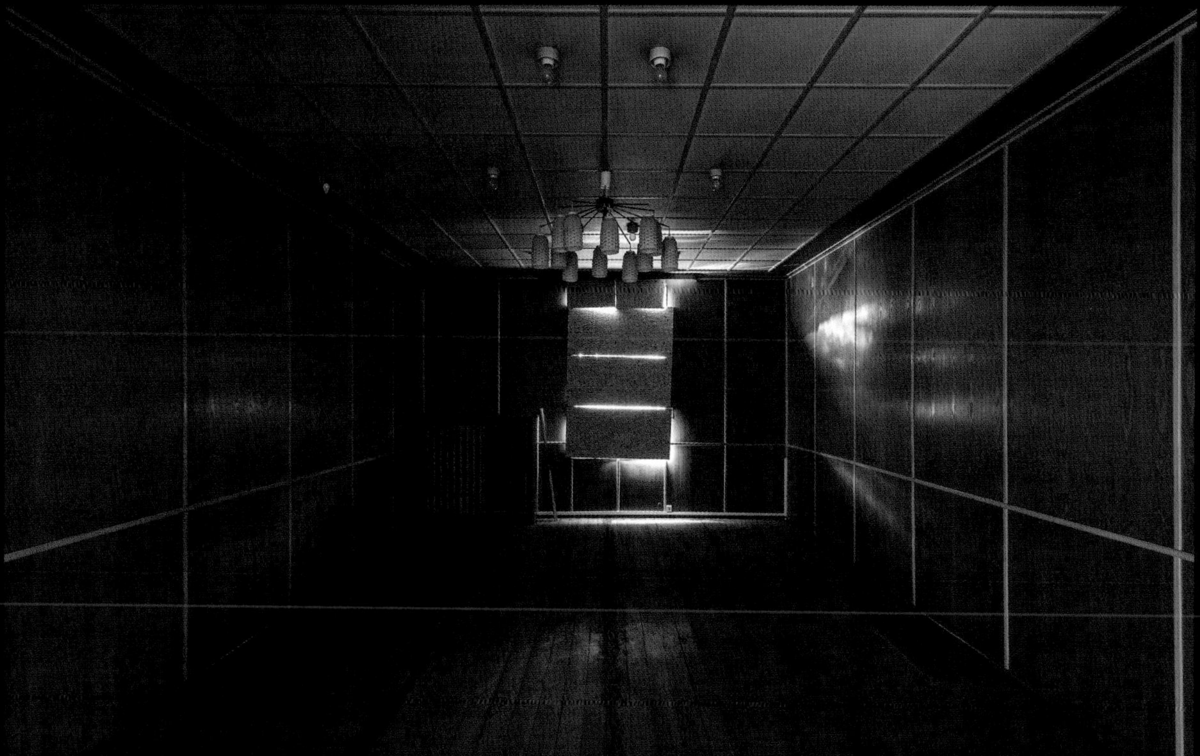

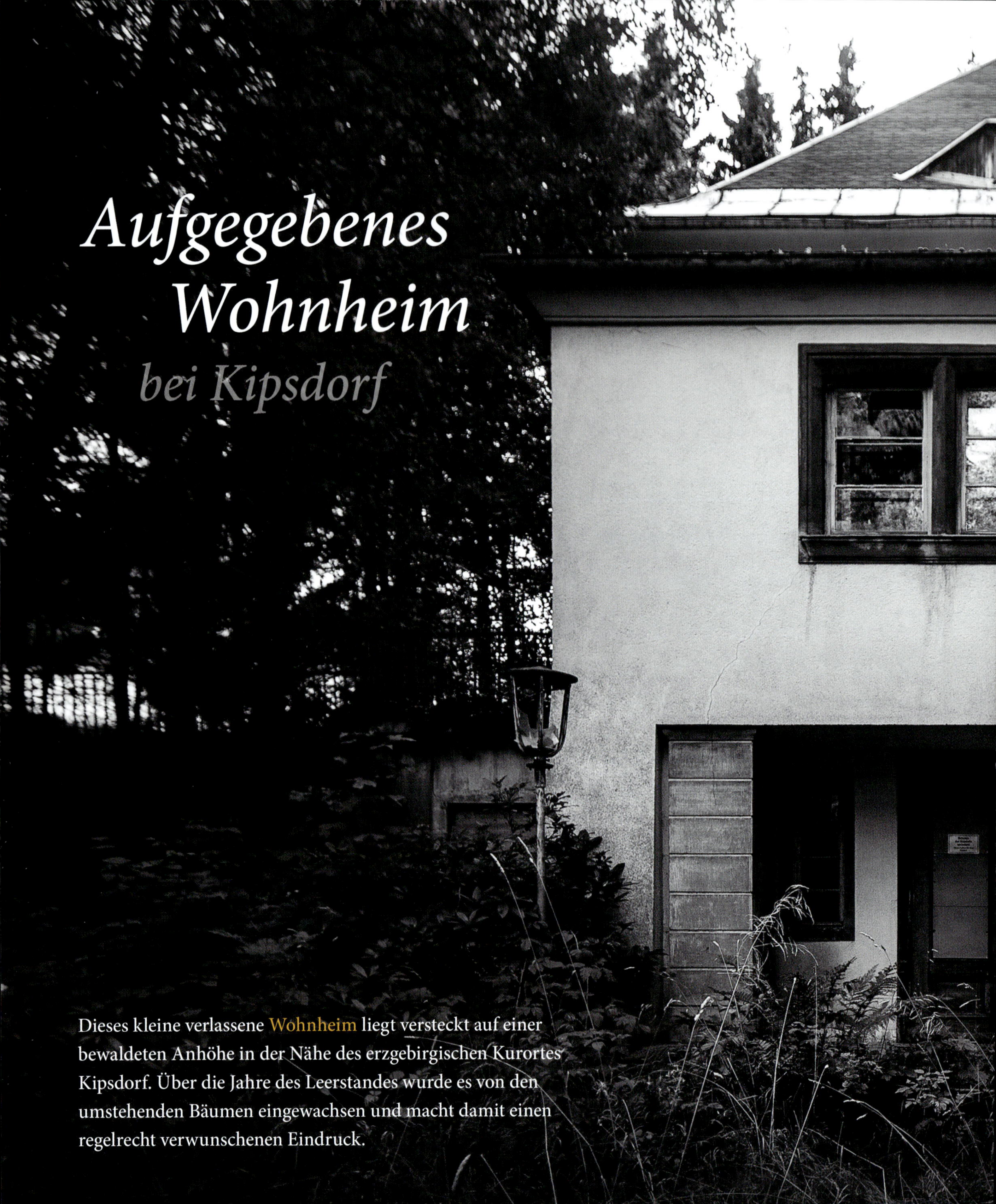

Aufgegebenes Wohnheim

bei Kipsdorf

Dieses kleine verlassene Wohnheim liegt versteckt auf einer bewaldeten Anhöhe in der Nähe des erzgebirgischen Kurortes Kipsdorf. Über die Jahre des Leerstandes wurde es von den umstehenden Bäumen eingewachsen und macht damit einen regelrecht verwunschenen Eindruck.

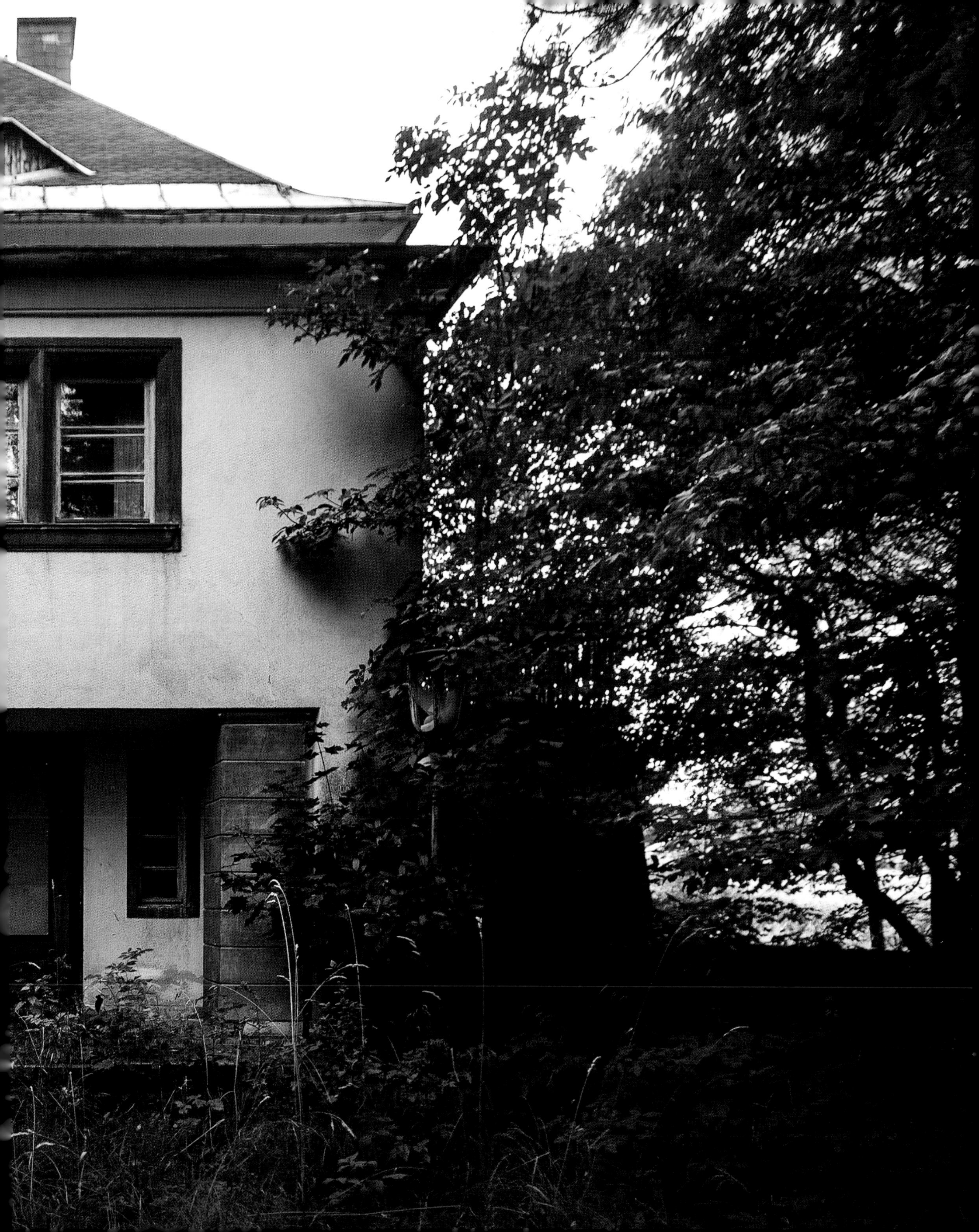

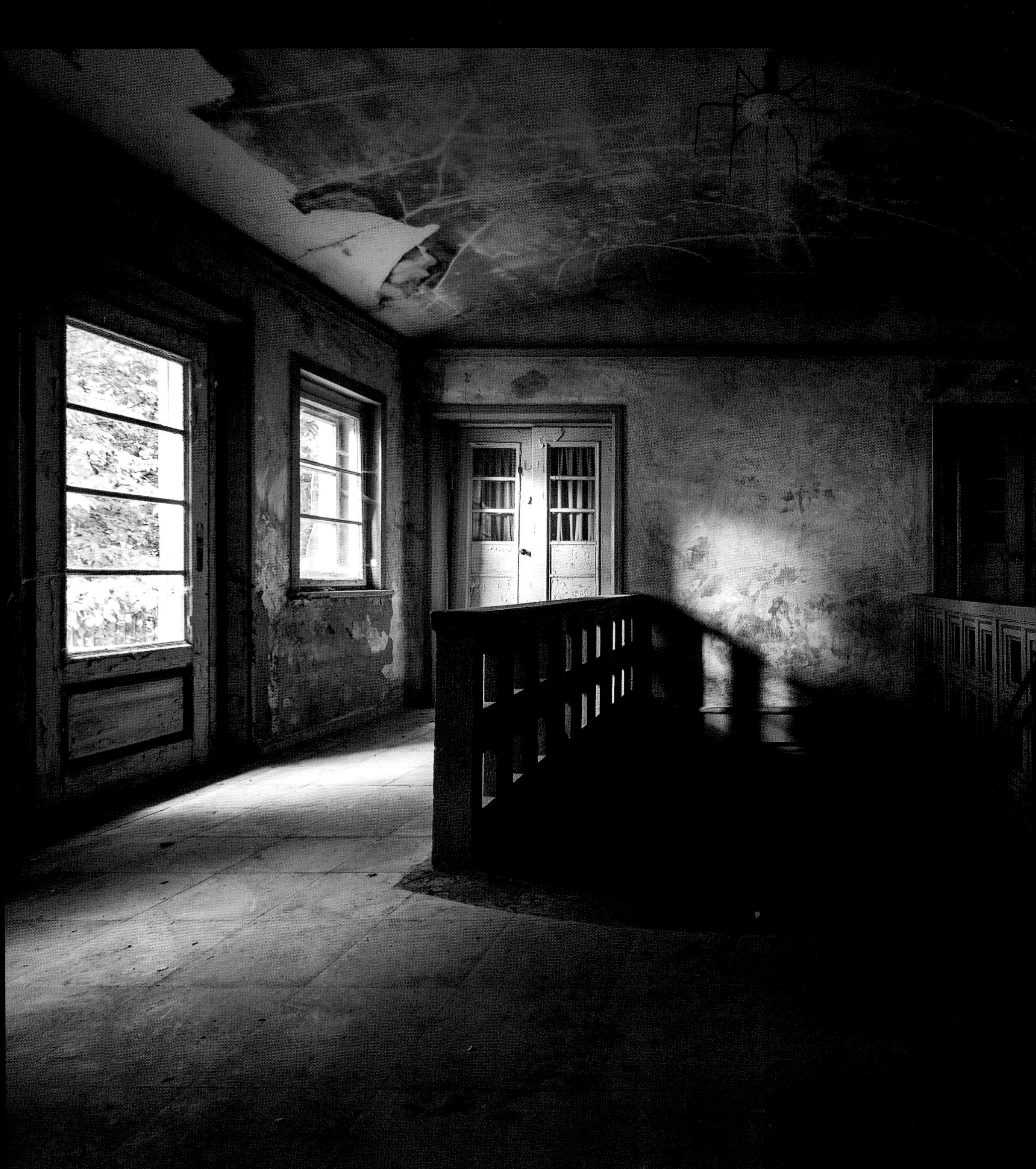

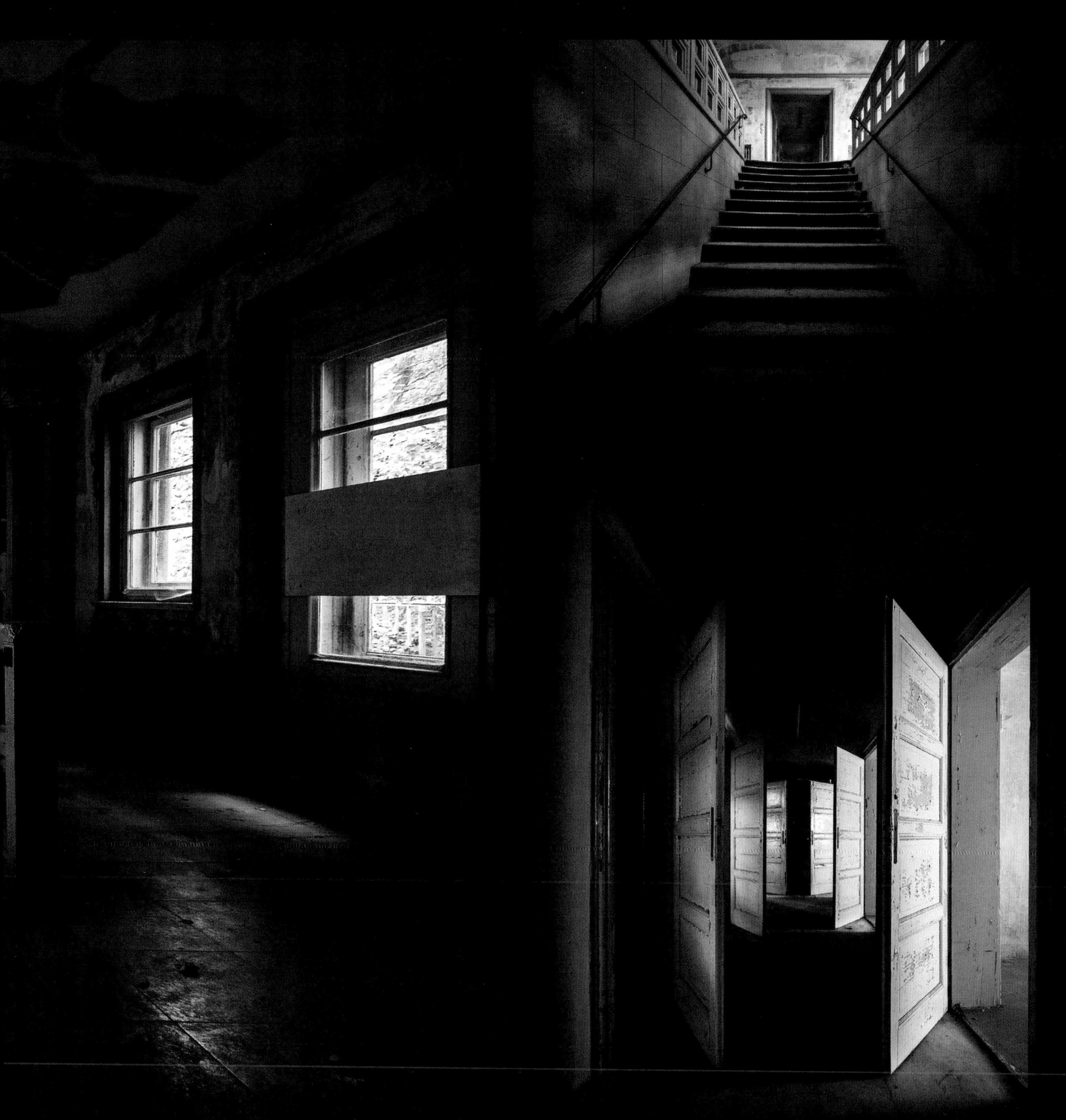

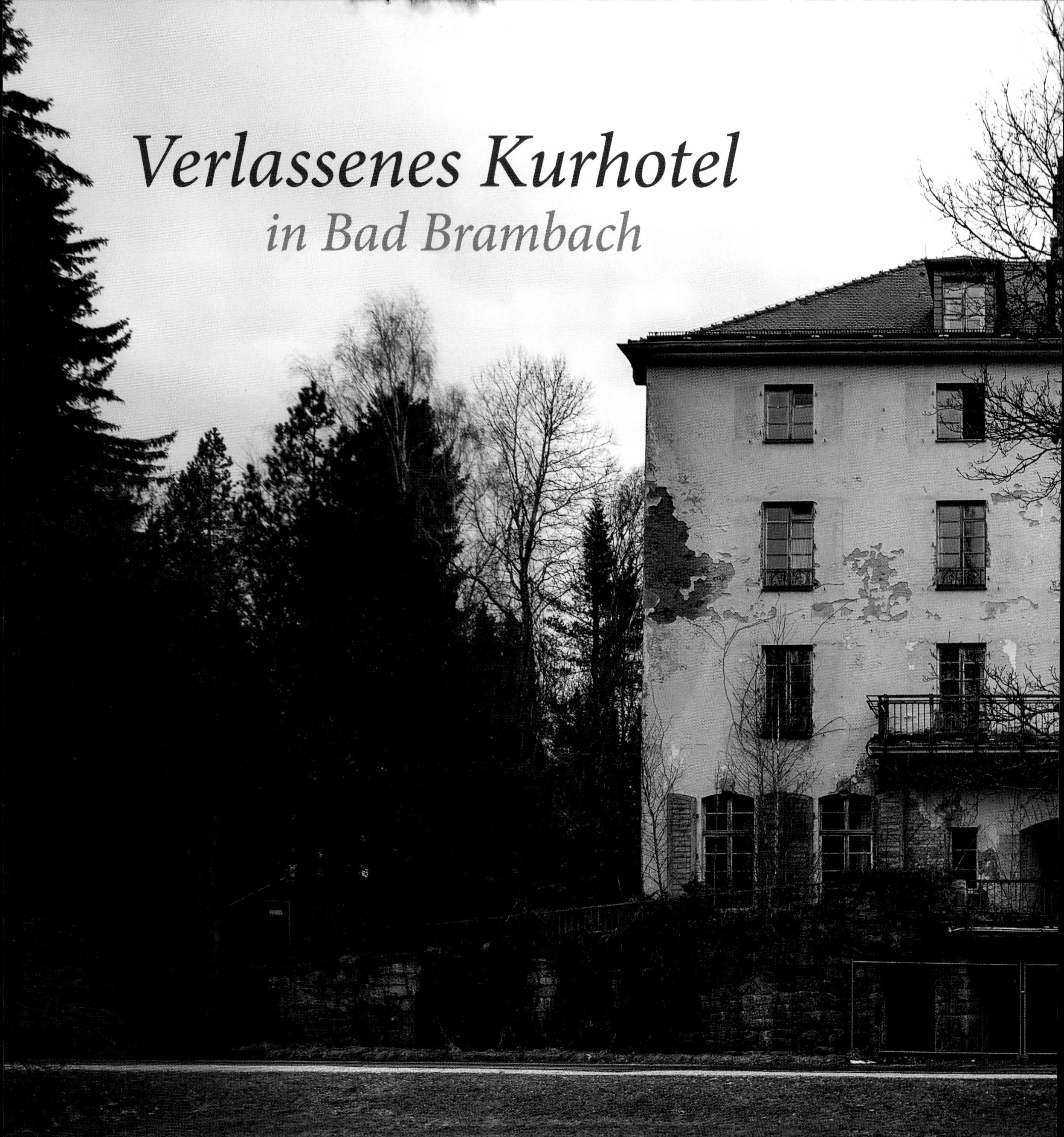

Verlassenes Kurhotel
in Bad Brambach

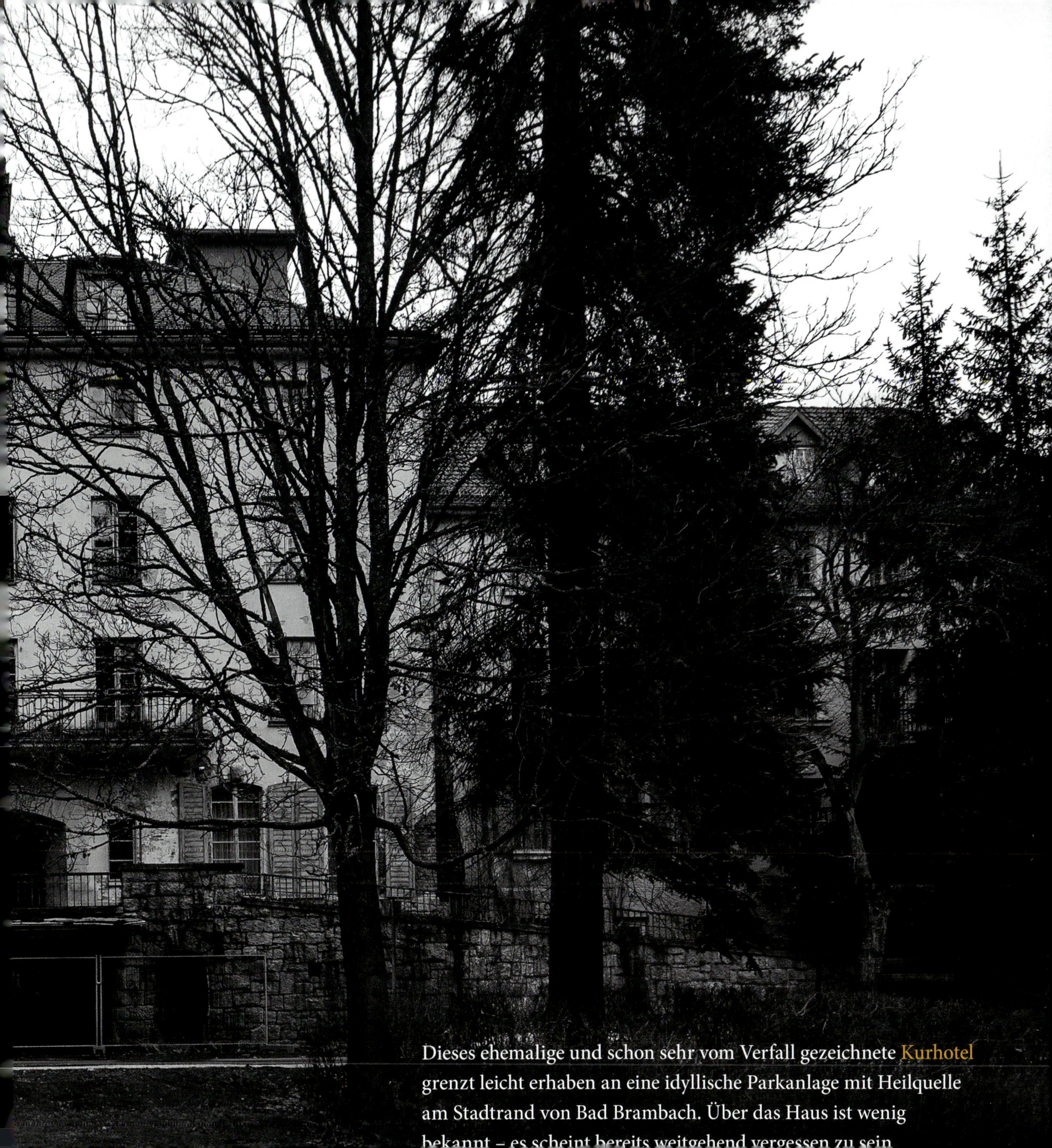

Dieses ehemalige und schon sehr vom Verfall gezeichnete Kurhotel grenzt leicht erhaben an eine idyllische Parkanlage mit Heilquelle am Stadtrand von Bad Brambach. Über das Haus ist wenig bekannt – es scheint bereits weitgehend vergessen zu sein.

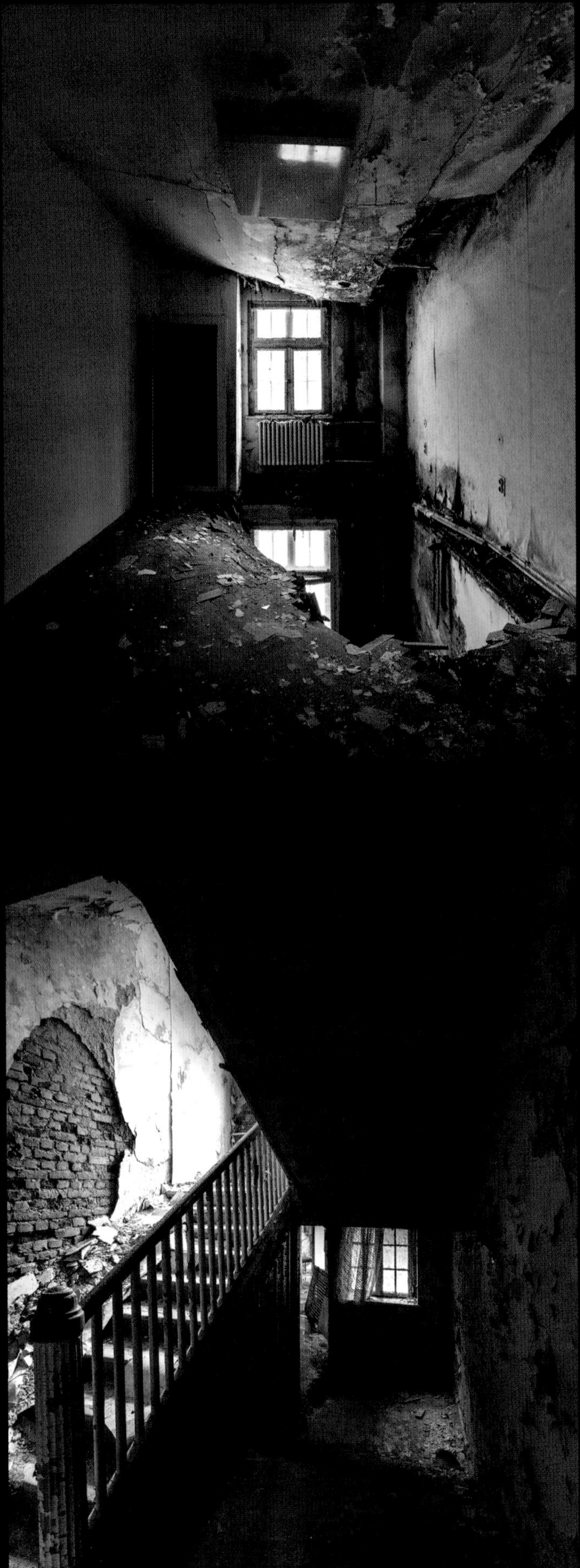

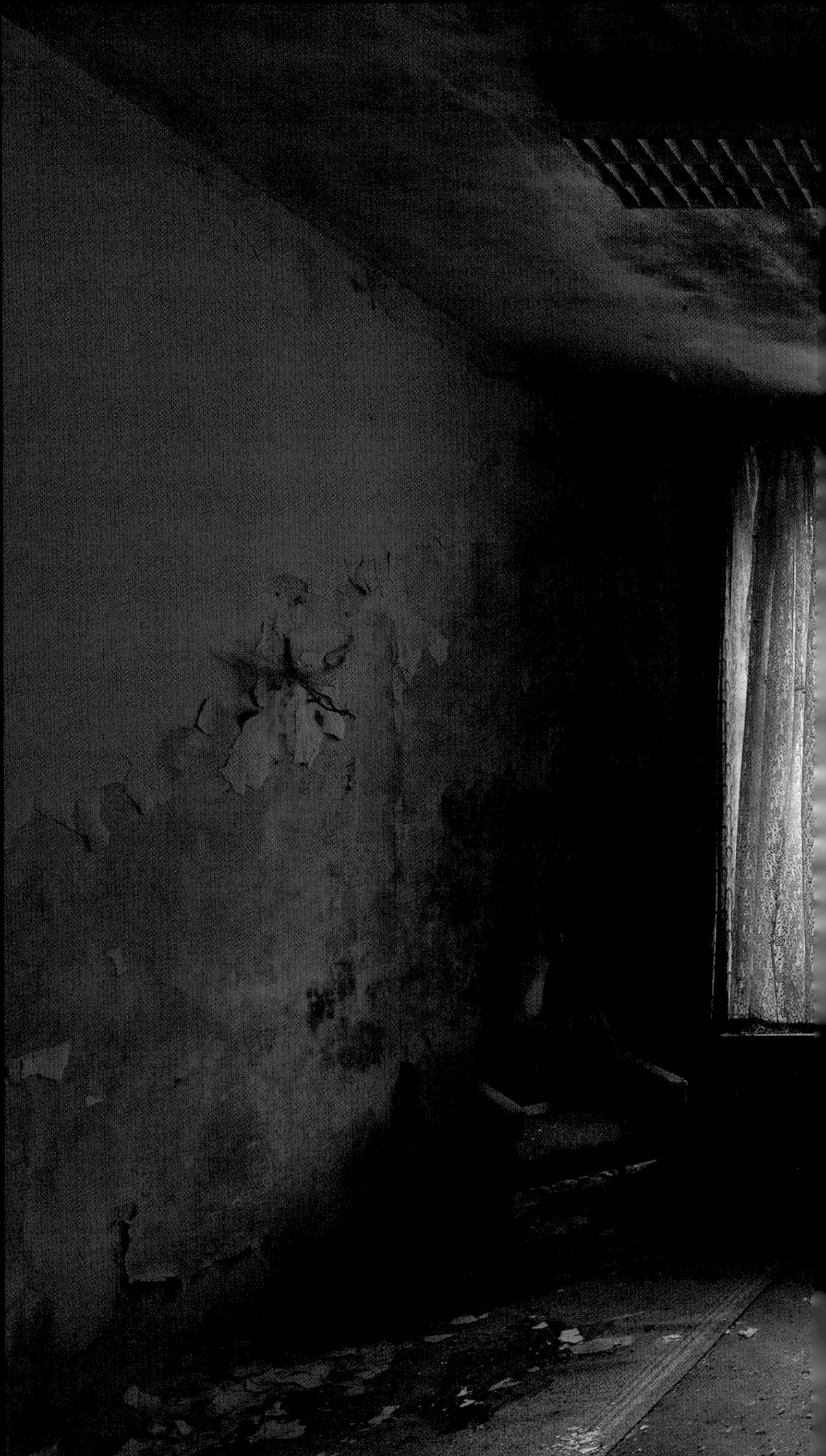

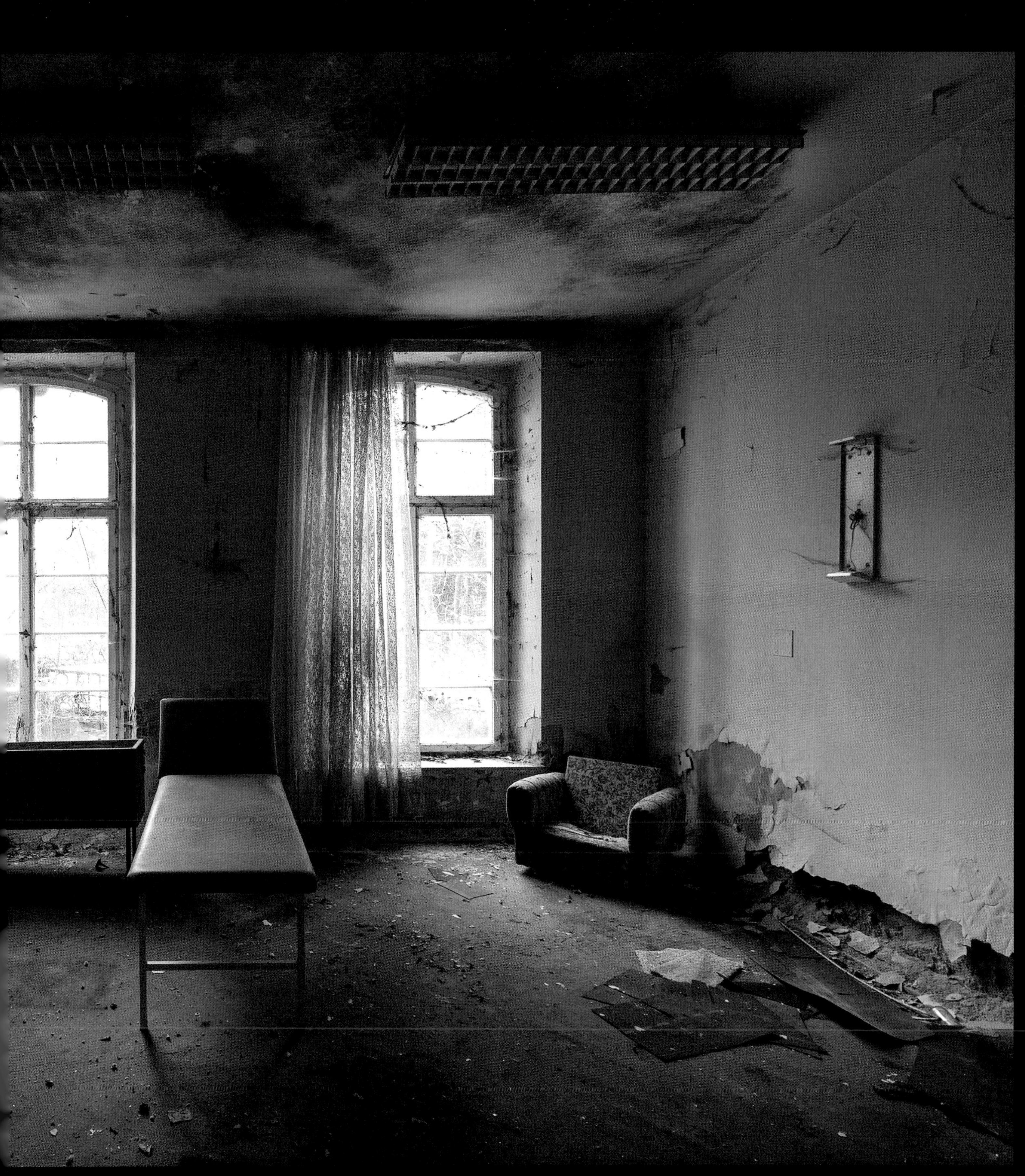

Verwaistes Kurhotel
in Eisenach

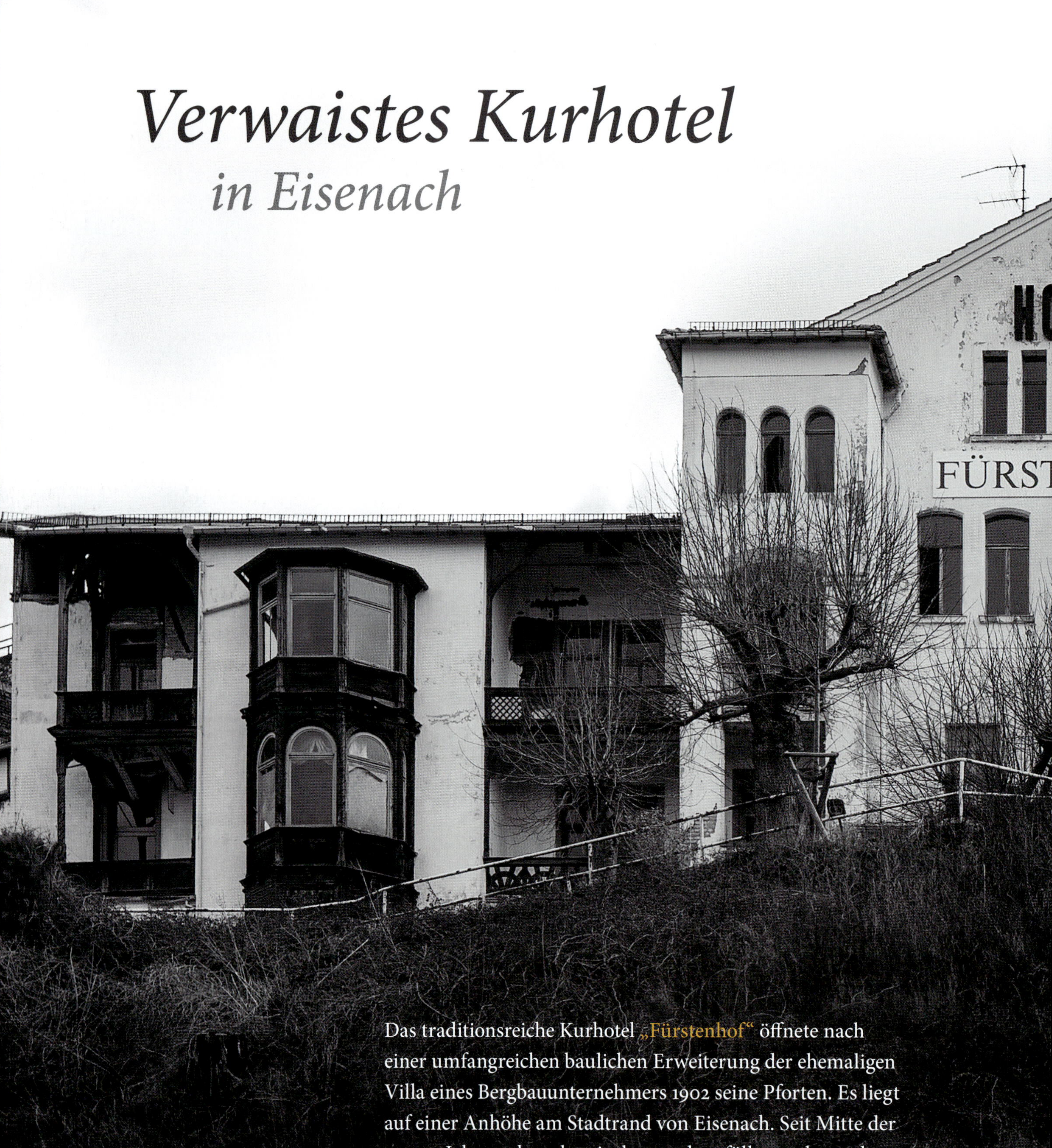

Das traditionsreiche Kurhotel „Fürstenhof" öffnete nach einer umfangreichen baulichen Erweiterung der ehemaligen Villa eines Bergbauunternehmers 1902 seine Pforten. Es liegt auf einer Anhöhe am Stadtrand von Eisenach. Seit Mitte der 1990er-Jahre steht es bereits leer und verfällt zunehmend.

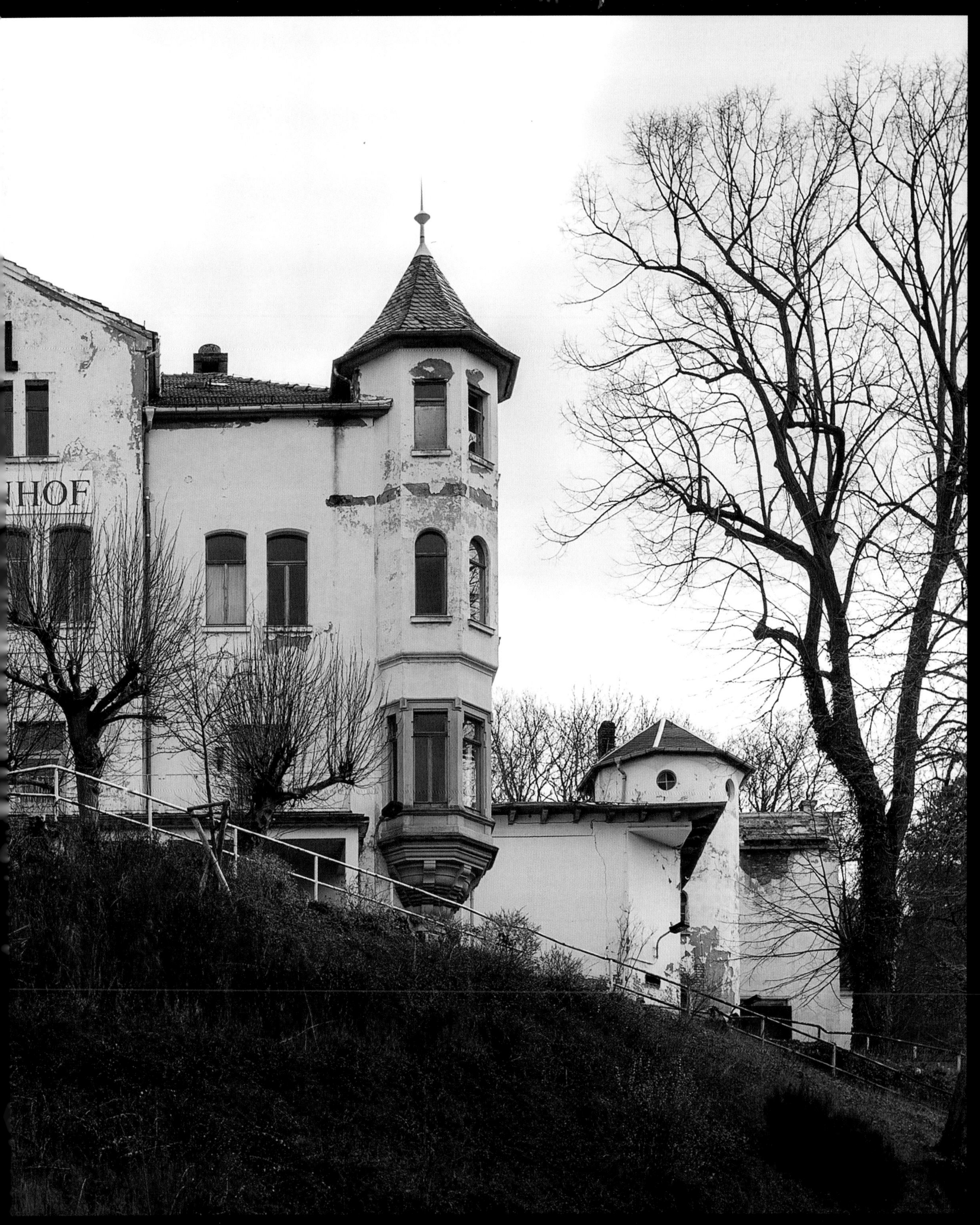
HOF

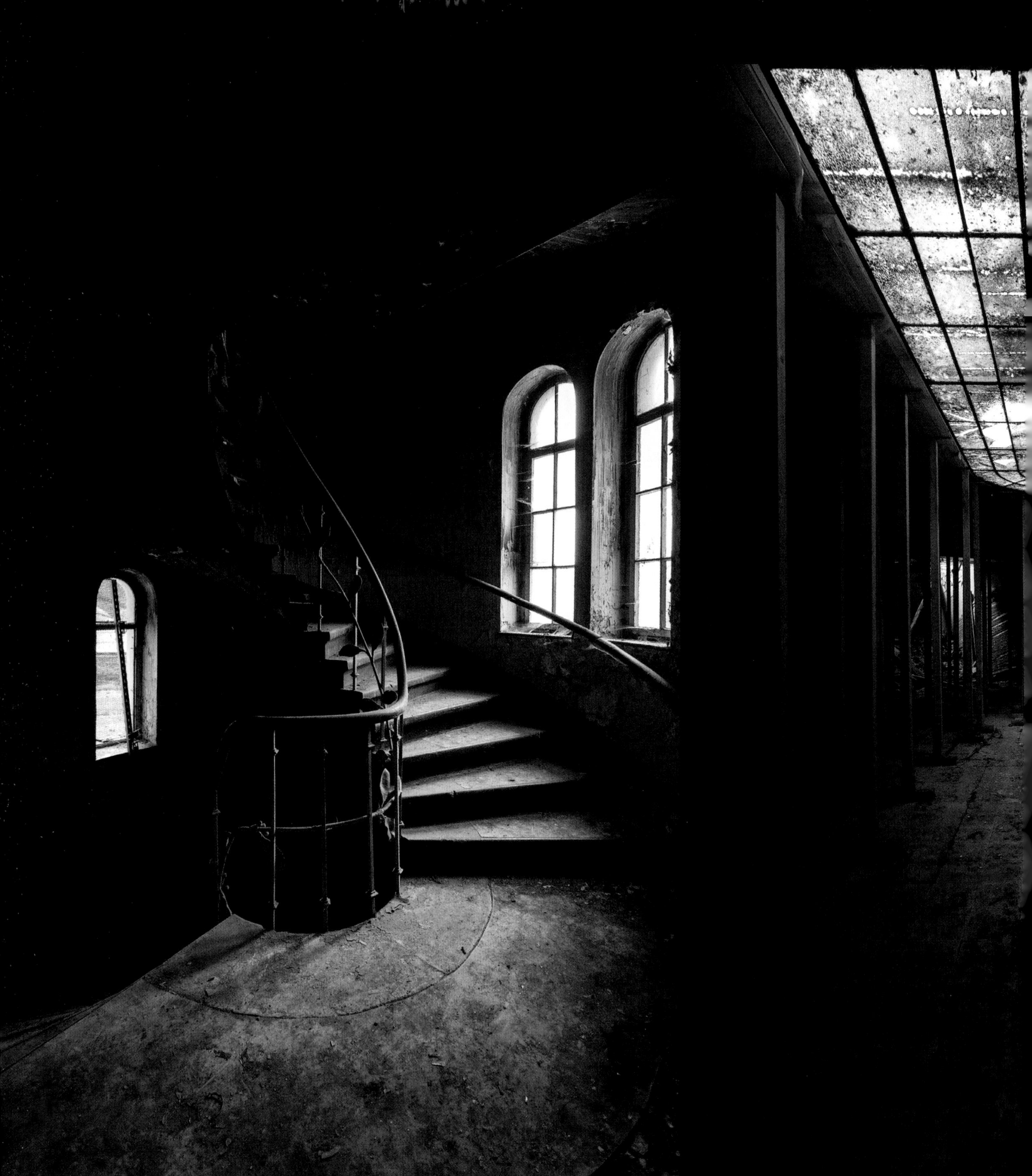

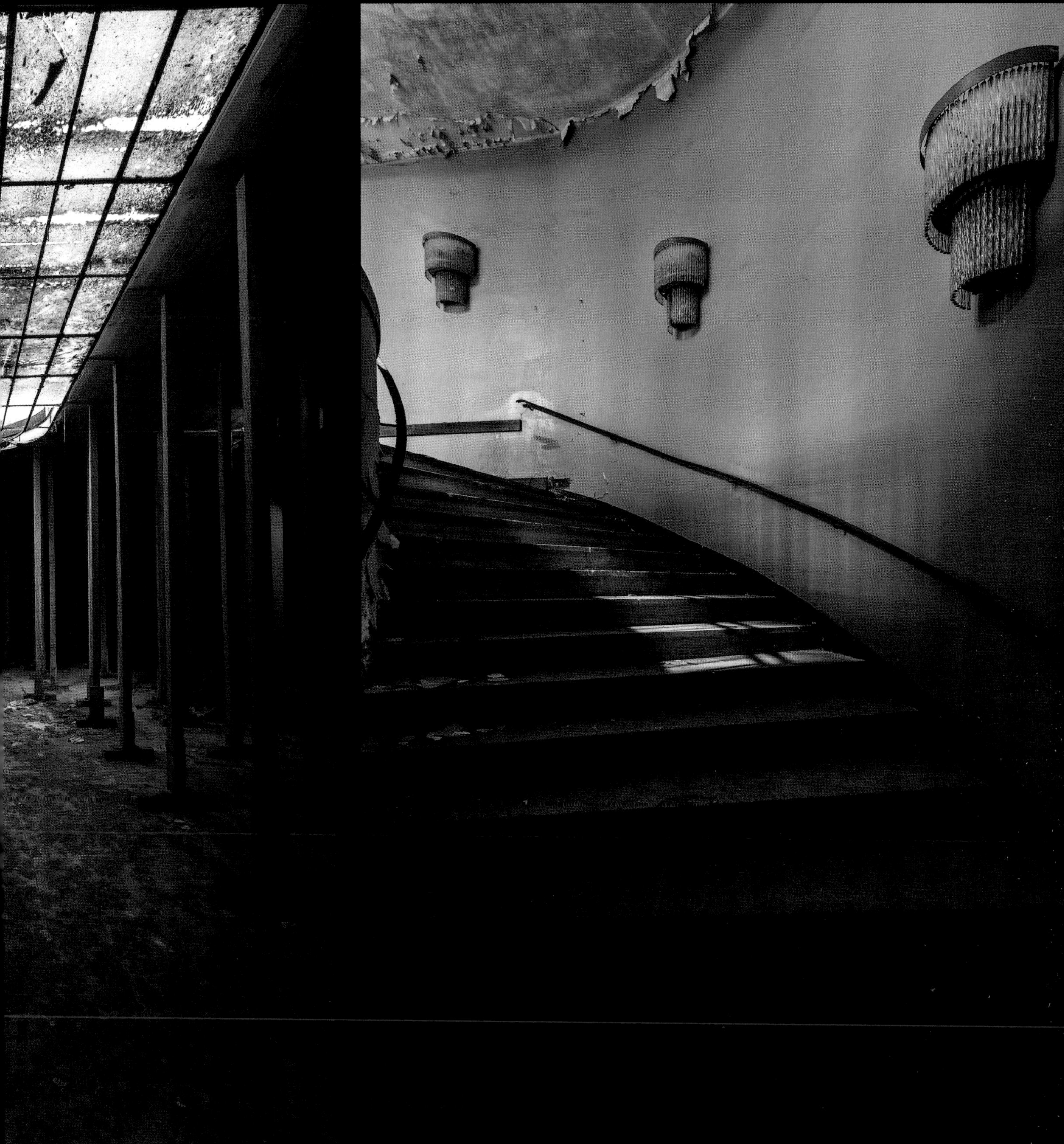

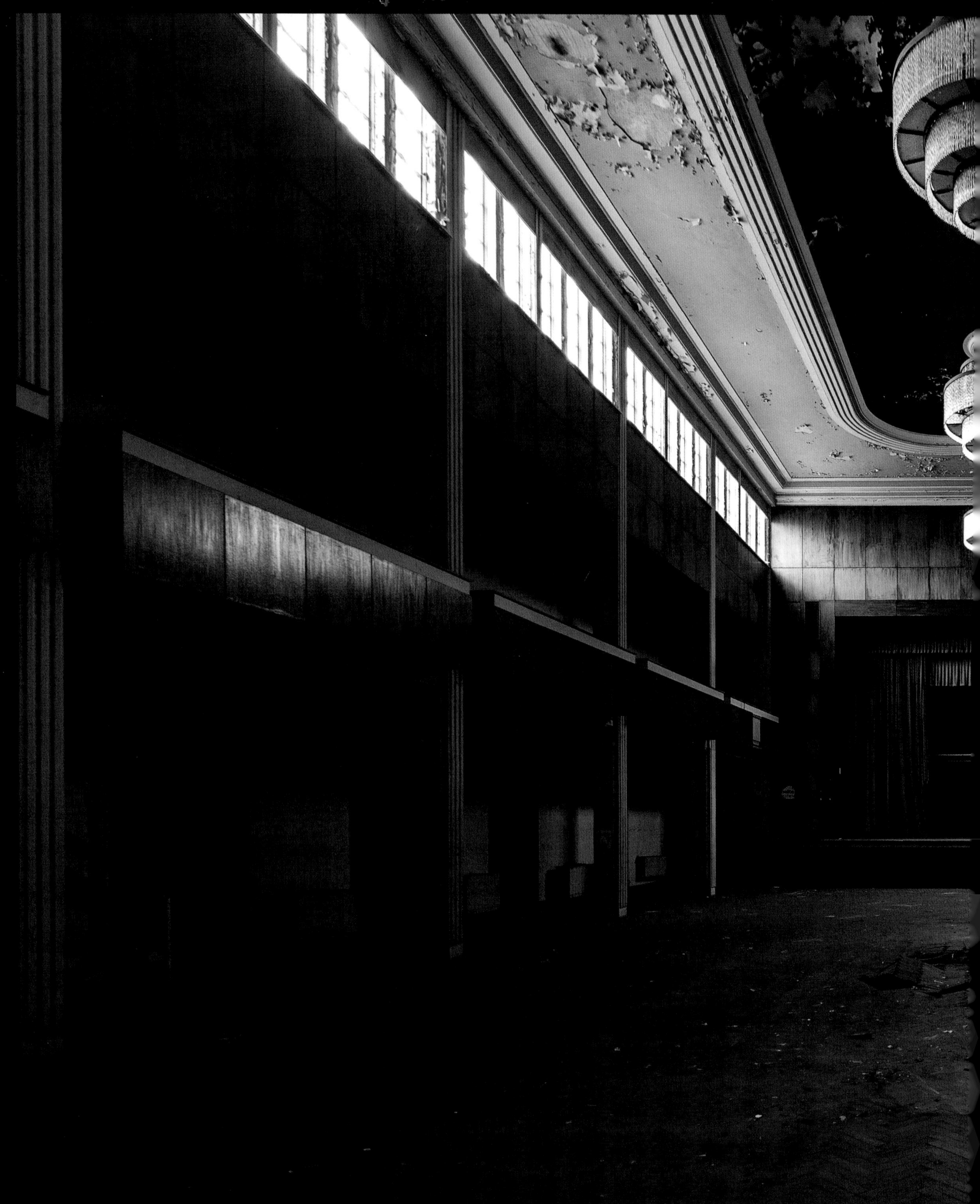

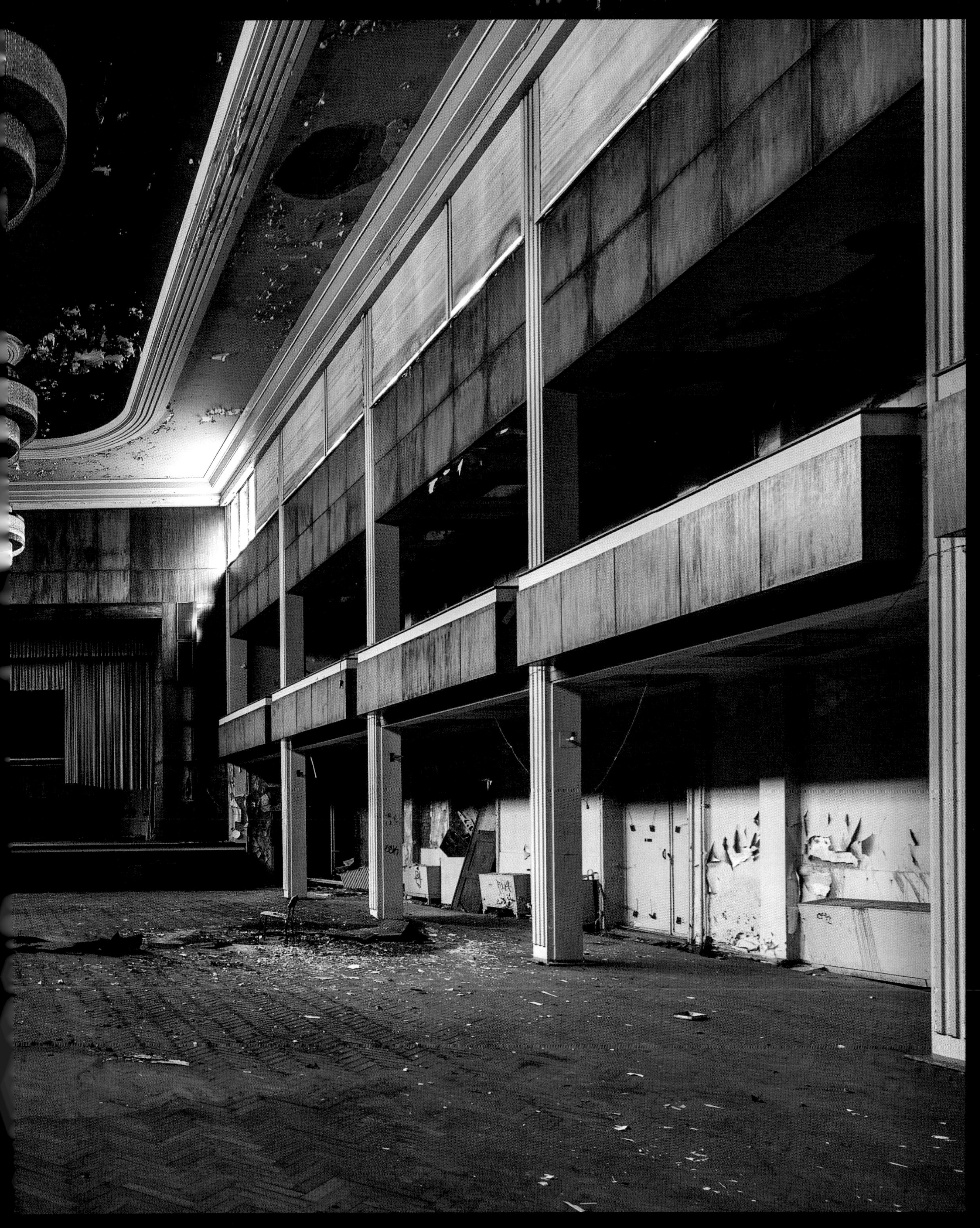

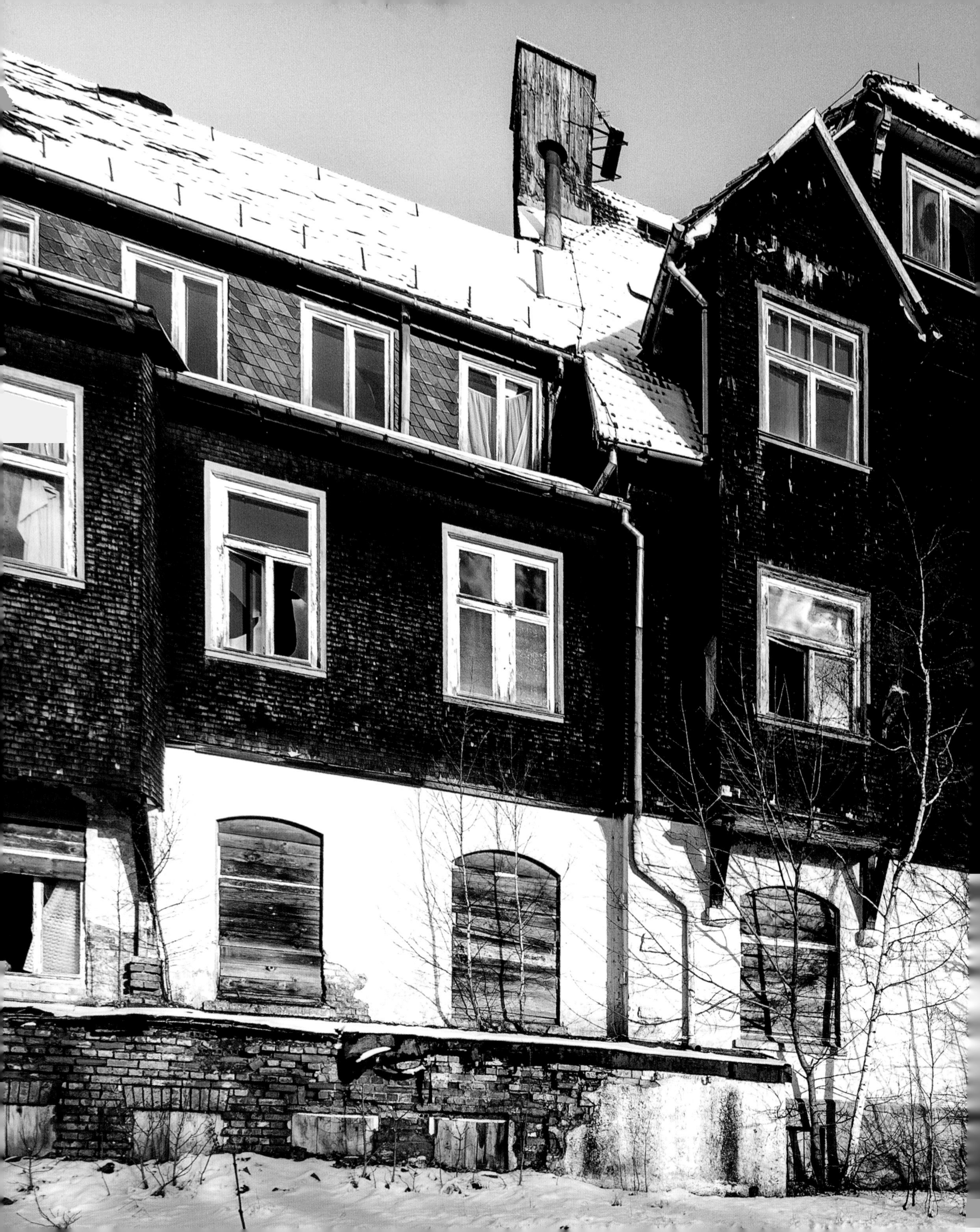

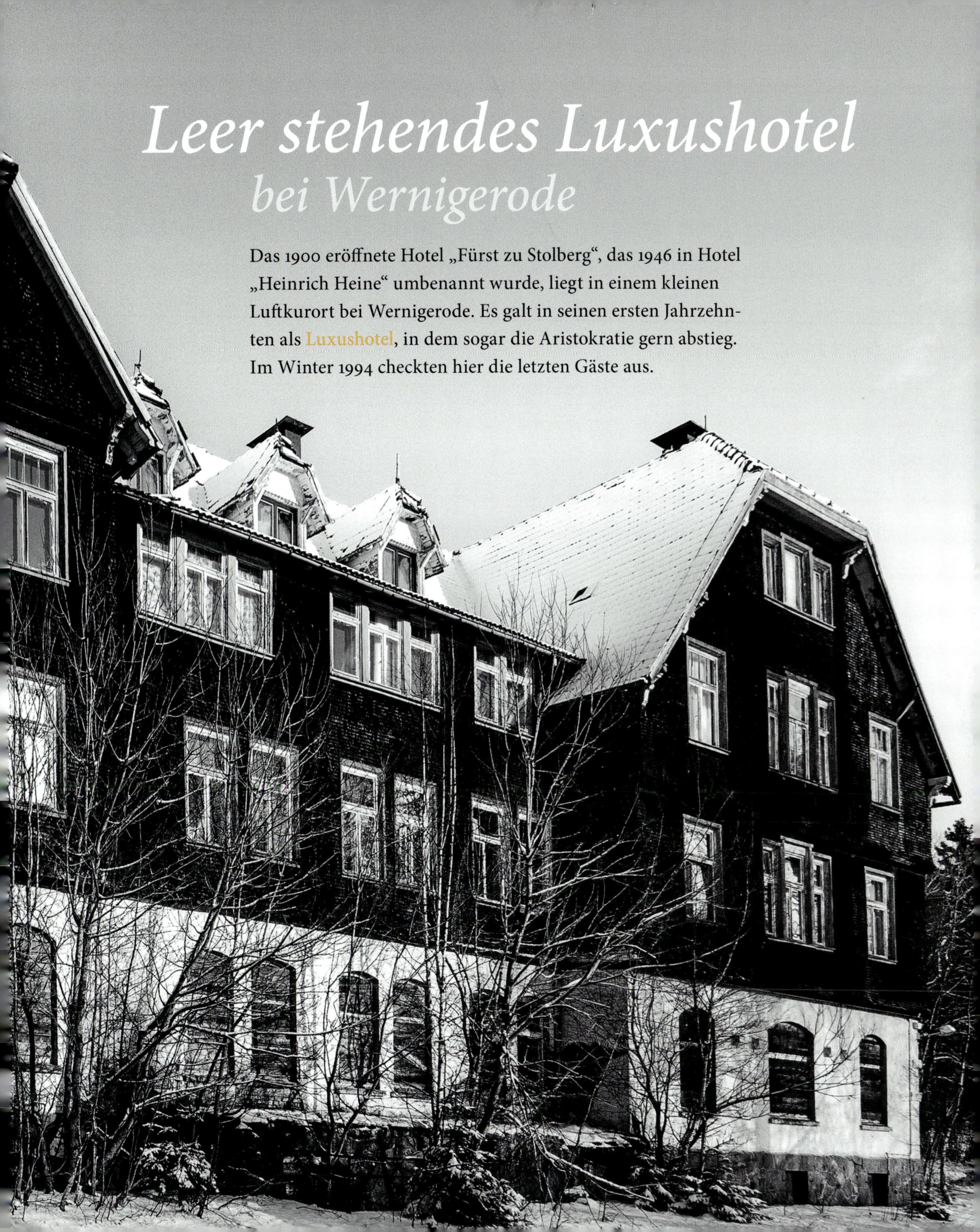

Leer stehendes Luxushotel

bei Wernigerode

Das 1900 eröffnete Hotel „Fürst zu Stolberg“, das 1946 in Hotel „Heinrich Heine“ umbenannt wurde, liegt in einem kleinen Luftkurort bei Wernigerode. Es galt in seinen ersten Jahrzehnten als Luxushotel, in dem sogar die Aristokratie gern abstieg. Im Winter 1994 checkten hier die letzten Gäste aus.

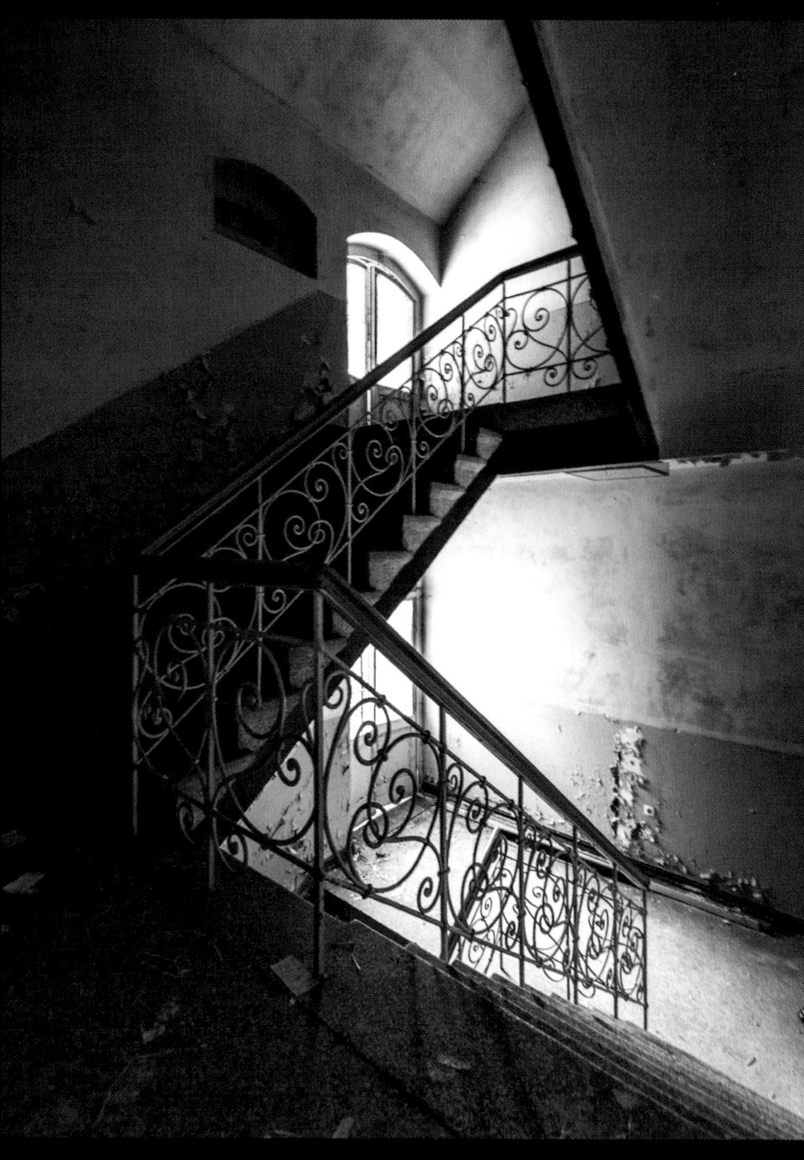

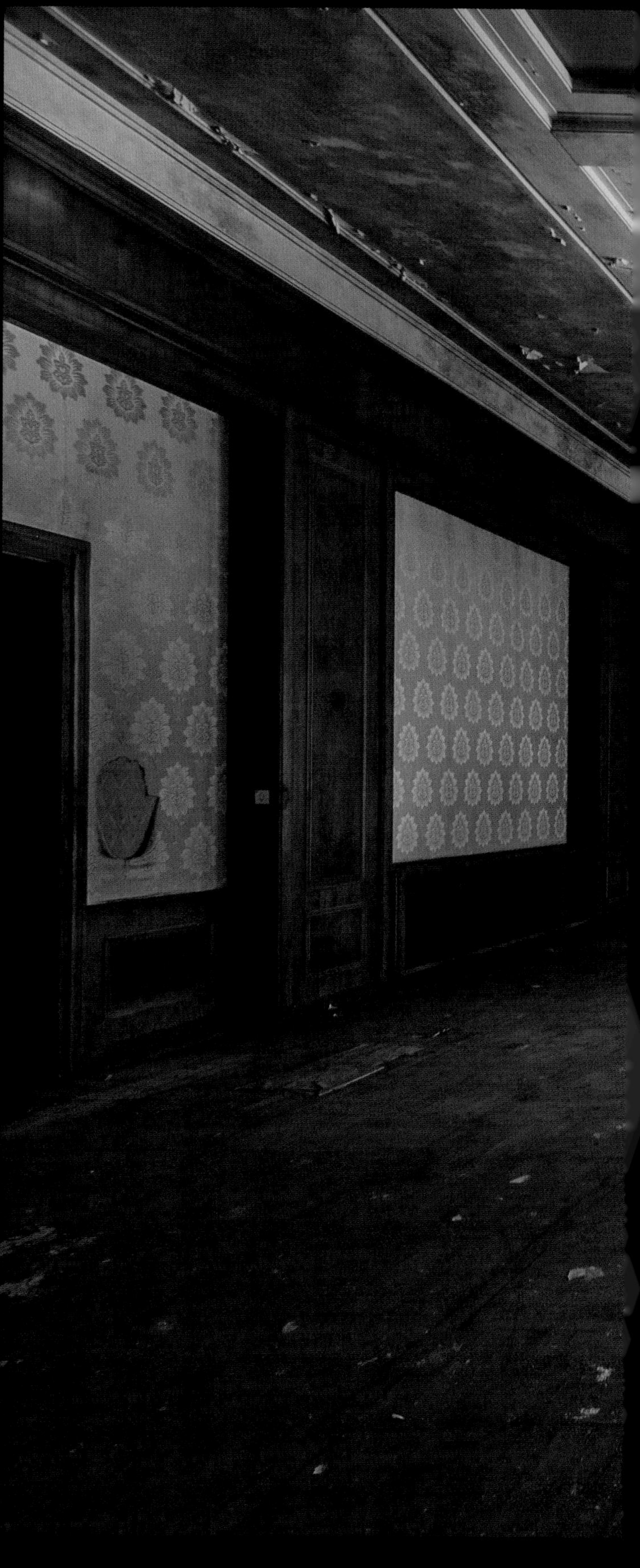

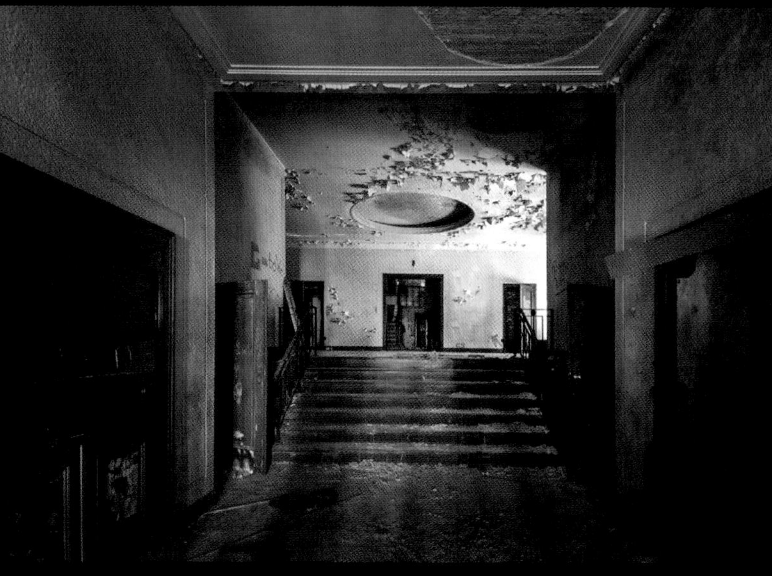

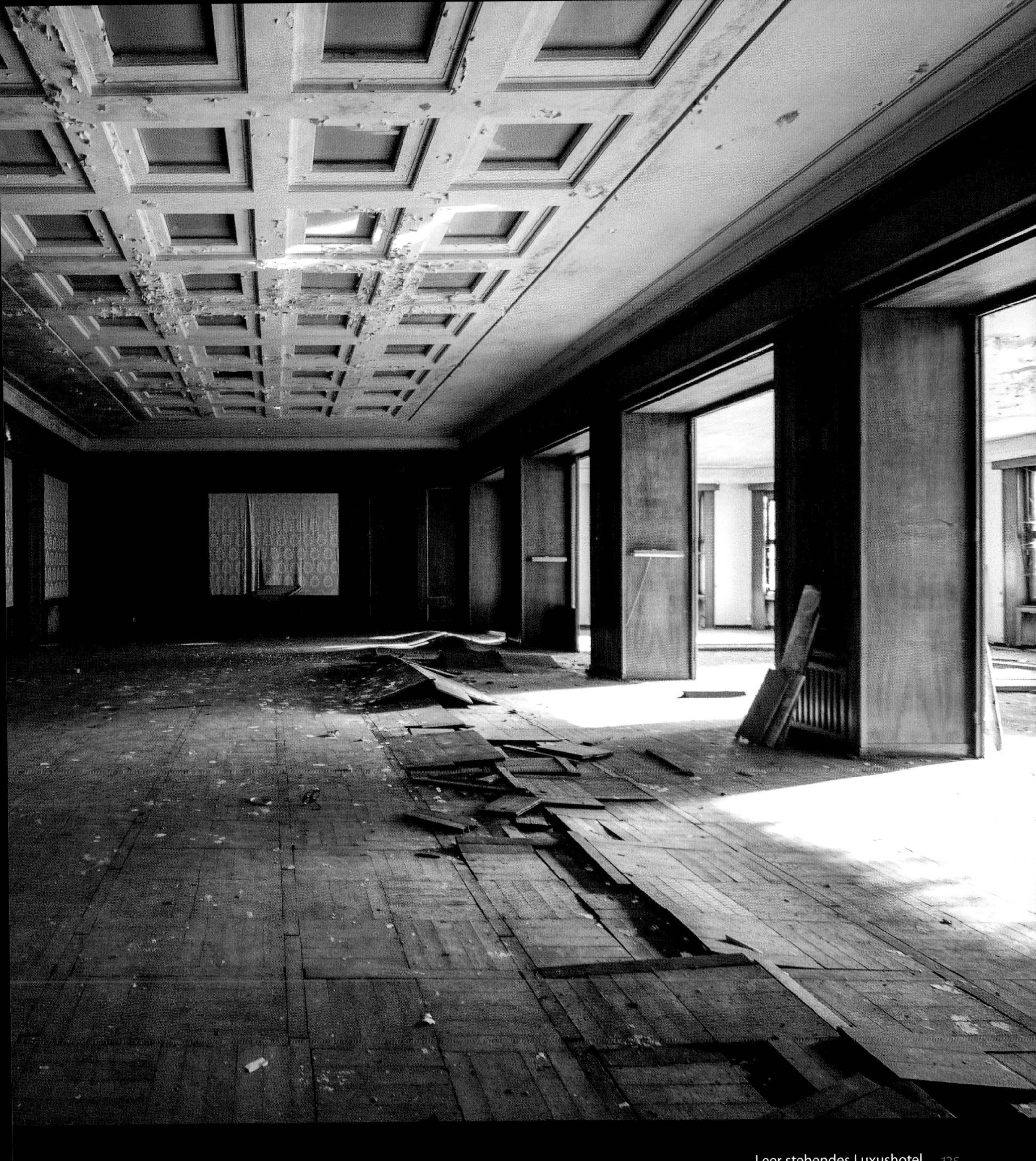

Badeanstalten

Vor allem im Winter sind die chlorgeschwängerten wohlig warmen Dunstglocken eines Hallenbades ein beliebter Zufluchtsort, wenn es draußen bitterkalt und ungemütlich ist. Man tauscht Mantel, Schal und Stiefel gegen leichte Badekleidung, verstaut seine Habe im Spind, bindet den Spindschlüssel ans Handgelenk und taucht ins wohltemperierte Nass. Zügig oder gemächlich zieht man seine Bahnen, mit Gleichgesinnten plaudernd oder schweigend und ganz für sich, immer wieder mal pausierend oder sportlich ausdauernd.

So weit so traditionell. Die öffentliche Badebeckenkultur veränderte sich jedoch gerade in der jüngeren Vergangenheit erheblich. Im starken gesellschaftlichen Wandel wandelten sich auch die Anforderungen an ein Hallenbad. Nach der kleinbürgerlichen Spießigkeit der Nachkriegsjahre hatten viele genug von der einengenden 50er-Jahre-Tristesse. Man wollte nicht mehr nur in einer einfachen rechteckigen Bodenvertiefung, die mit viel zu kaltem Wasser gefüllt war, stoisch seine Bahnen ziehen. Springen vom Beckenrand verboten! Man wollte auch hier endlich die Sau rauslassen.

Zügig oder gemächlich zieht man seine Bahnen, mit Gleichgesinnten plaudernd oder schweigend und ganz für sich.

In den damaligen Anforderungen an ein solches Bad kam der Fun-Faktor nicht vor bzw. wurde dieser ganz anders berechnet. Wenn es heute im Wellenbecken keine Brandung wie an Floridas Küsten gibt, keine Rutschen, auf denen man mit mindestens 30 Sachen und von Stroboskopblitzen beschossen auf seinem Allerwertesten in die Tiefe rast, und wenn die Whirlpools mit allen möglichen Massage- und Blubberdüsen nicht mindestens 100 Kilogramm Lebendgewicht heben, dann ist das heute nichts mehr. Water-Entertainment ist angesagt. Die an Kathedralen erinnernden Badetempel mit der architektonischen Anmut und Schönheit von Klassizismus bis Jugendstil sind heute nicht mehr en vogue. Aber nicht nur das führte in den vergangenen Jahren immer häufiger zur Schließung der historischen Badeanstalten. Ein Übriges tragen die chronisch knappen kommunalen Kassen dazu bei. Die Eintrittsgelder sind nur ein Tropfen auf dem heißen Stein. Durch so manch großen finanziellen Engpass manövriert man sich dann mit der Trockenlegung der alten Badehäuser.

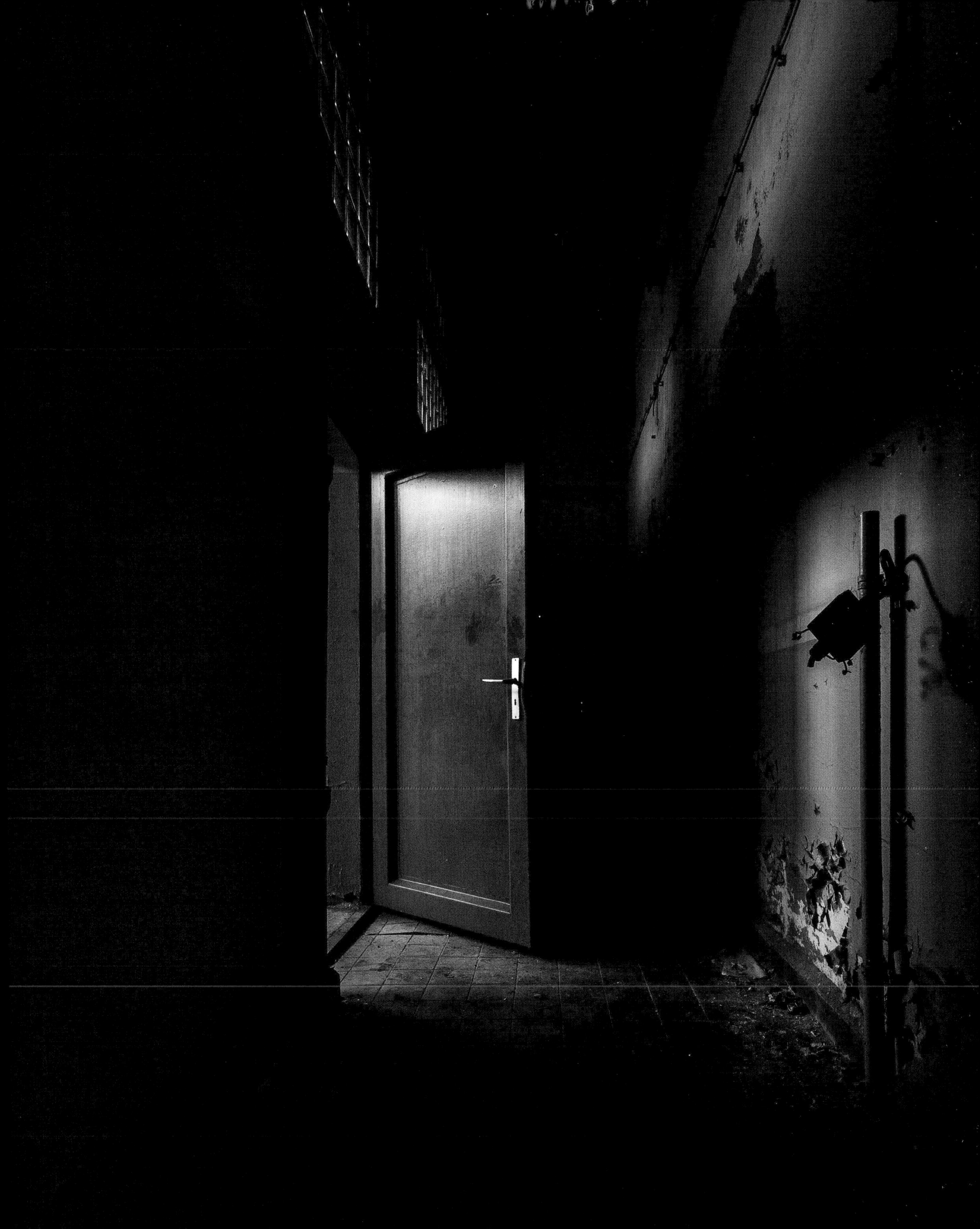

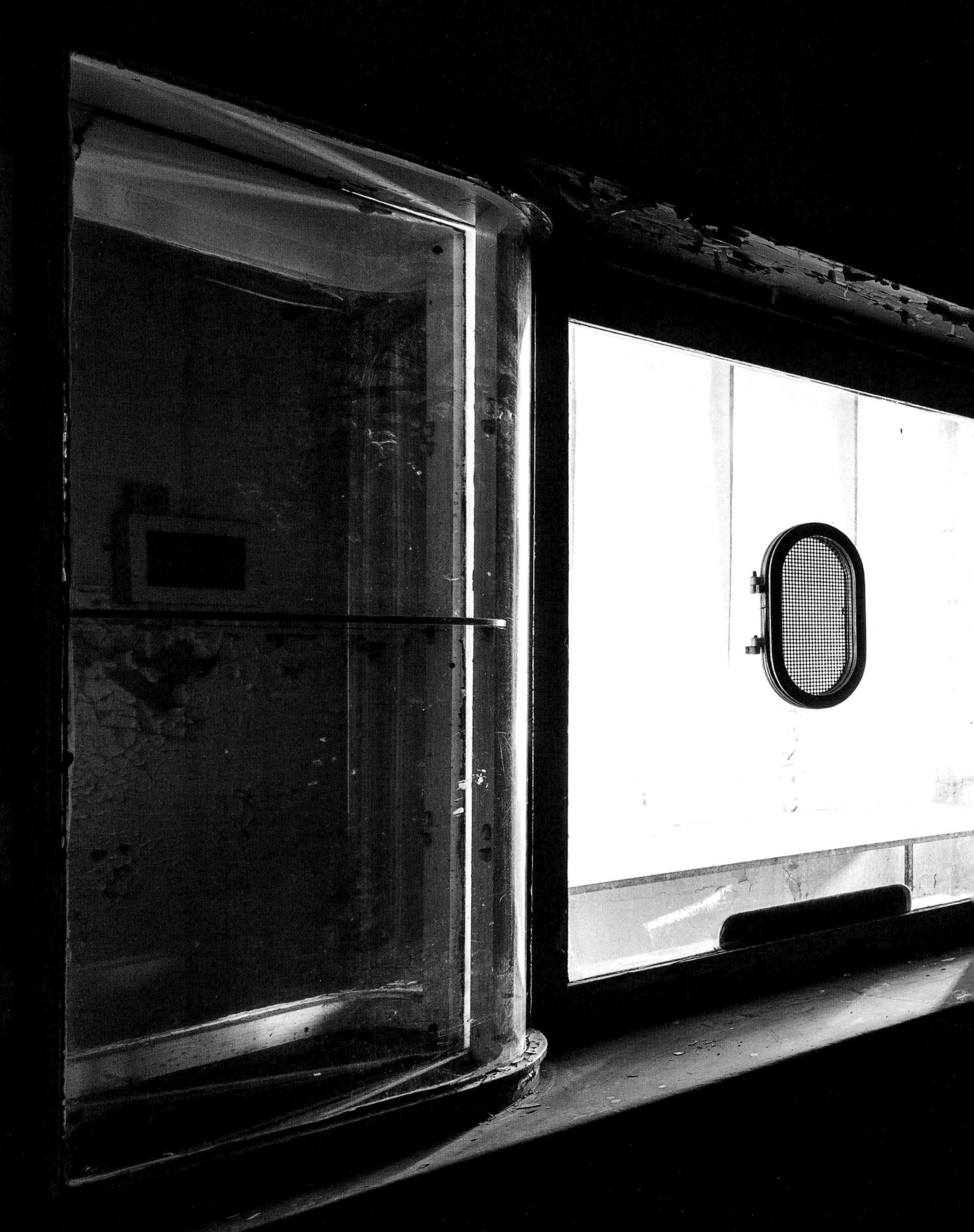

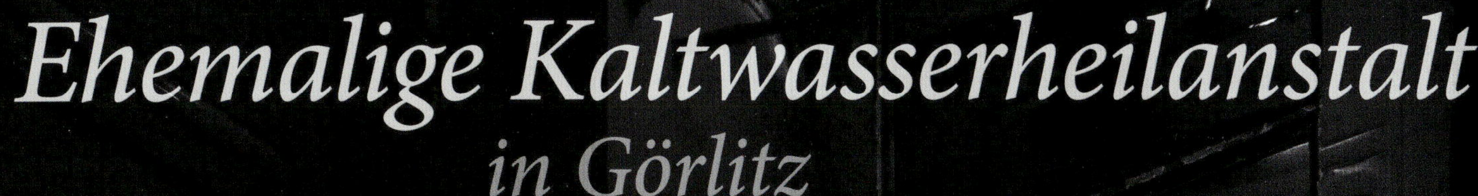

Ehemalige Kaltwasserheilanstalt in Görlitz

Die „Freisebad“ genannte Kaltwasserheilanstalt, benannt nach ihrem Gründer, dem Magdeburger Sanitätsrat Walter Freise, nahe der Görlitzer Innenstadt war ursprünglich auf medizinische Kaltwasseranwendungen spezialisiert. Der Badebetrieb wurde 1996 eingestellt. Seitdem steht das Badehaus leer.

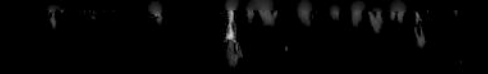

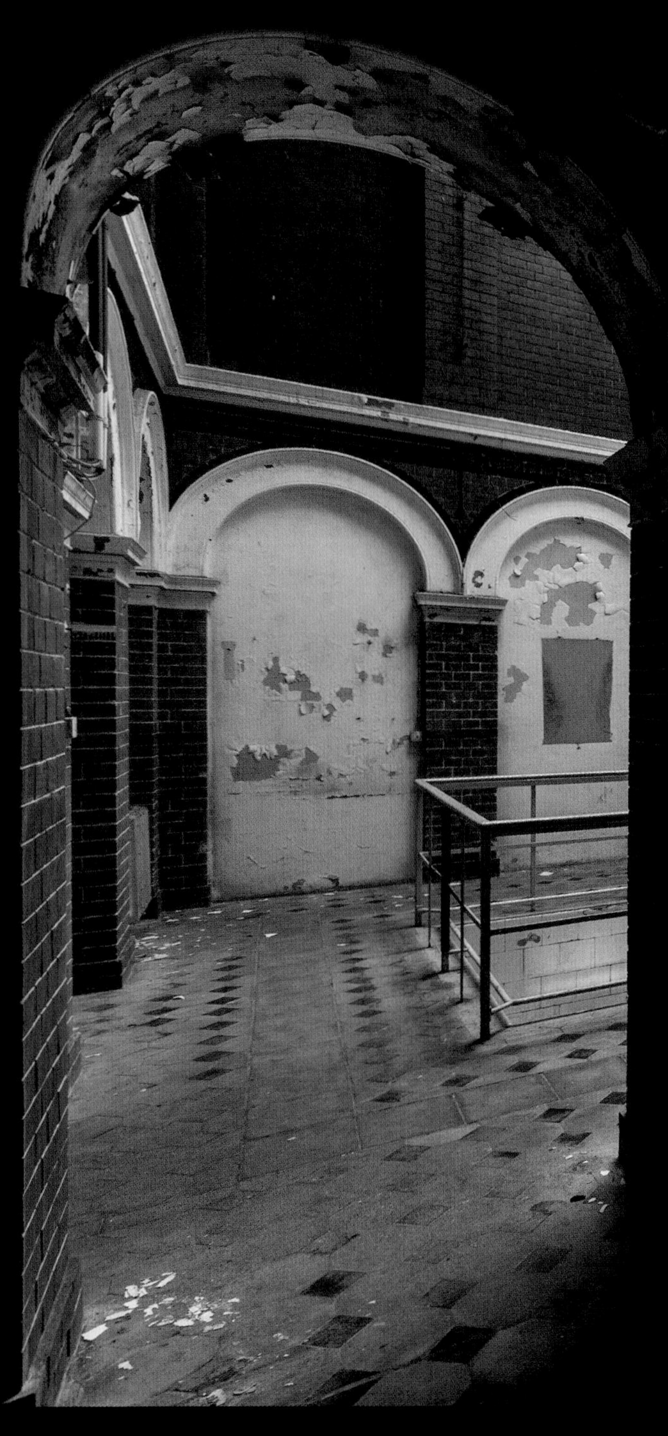

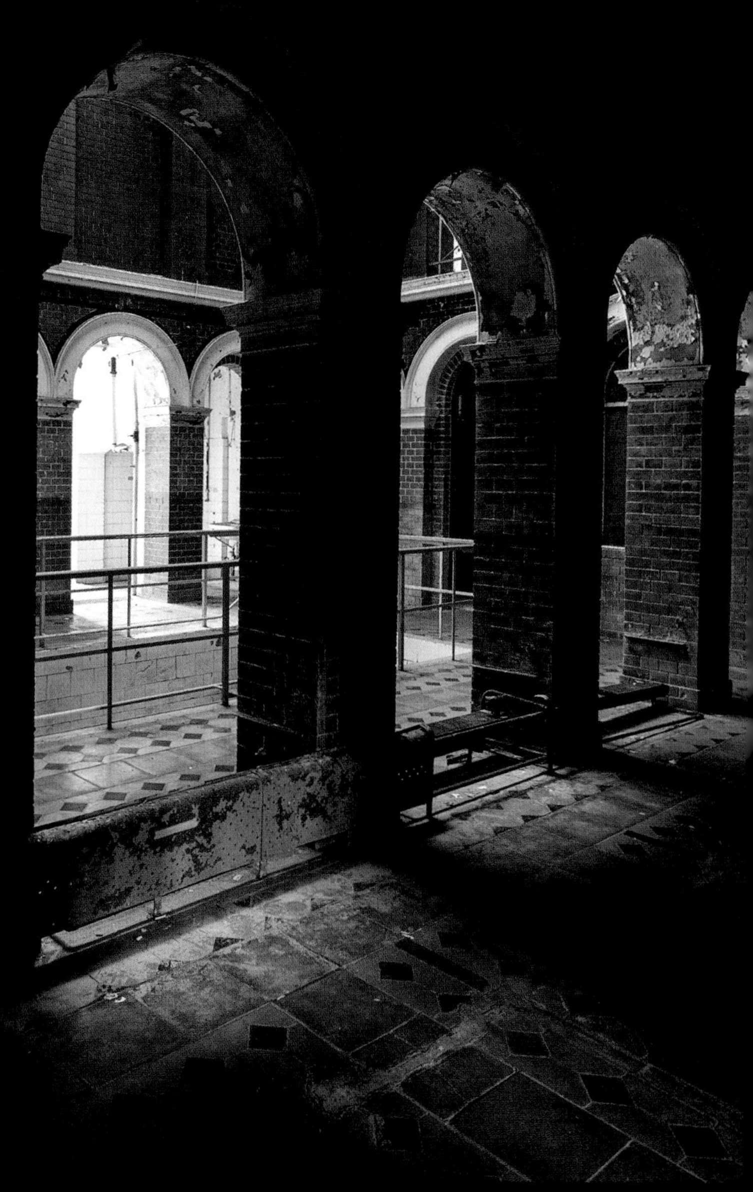

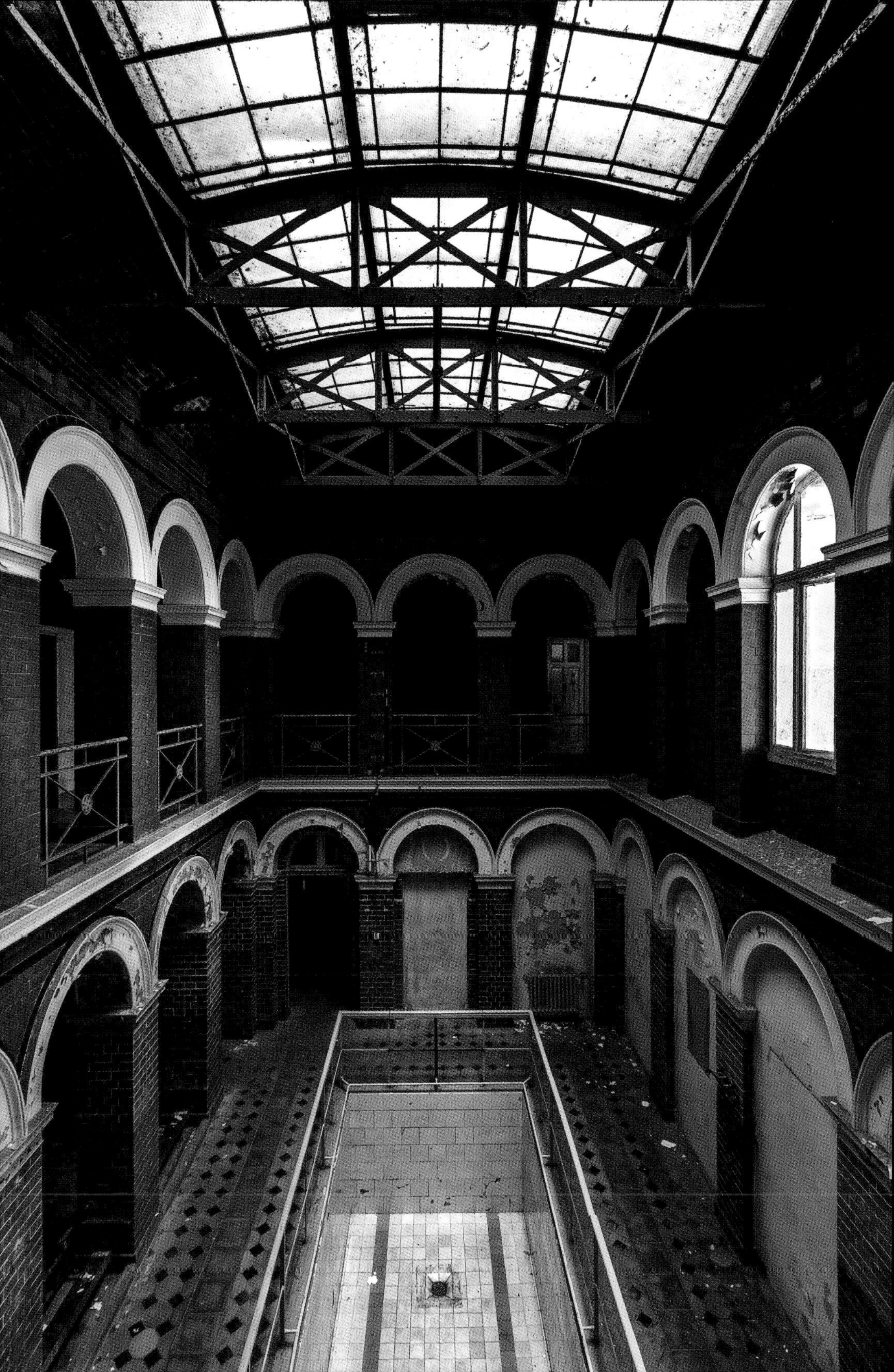

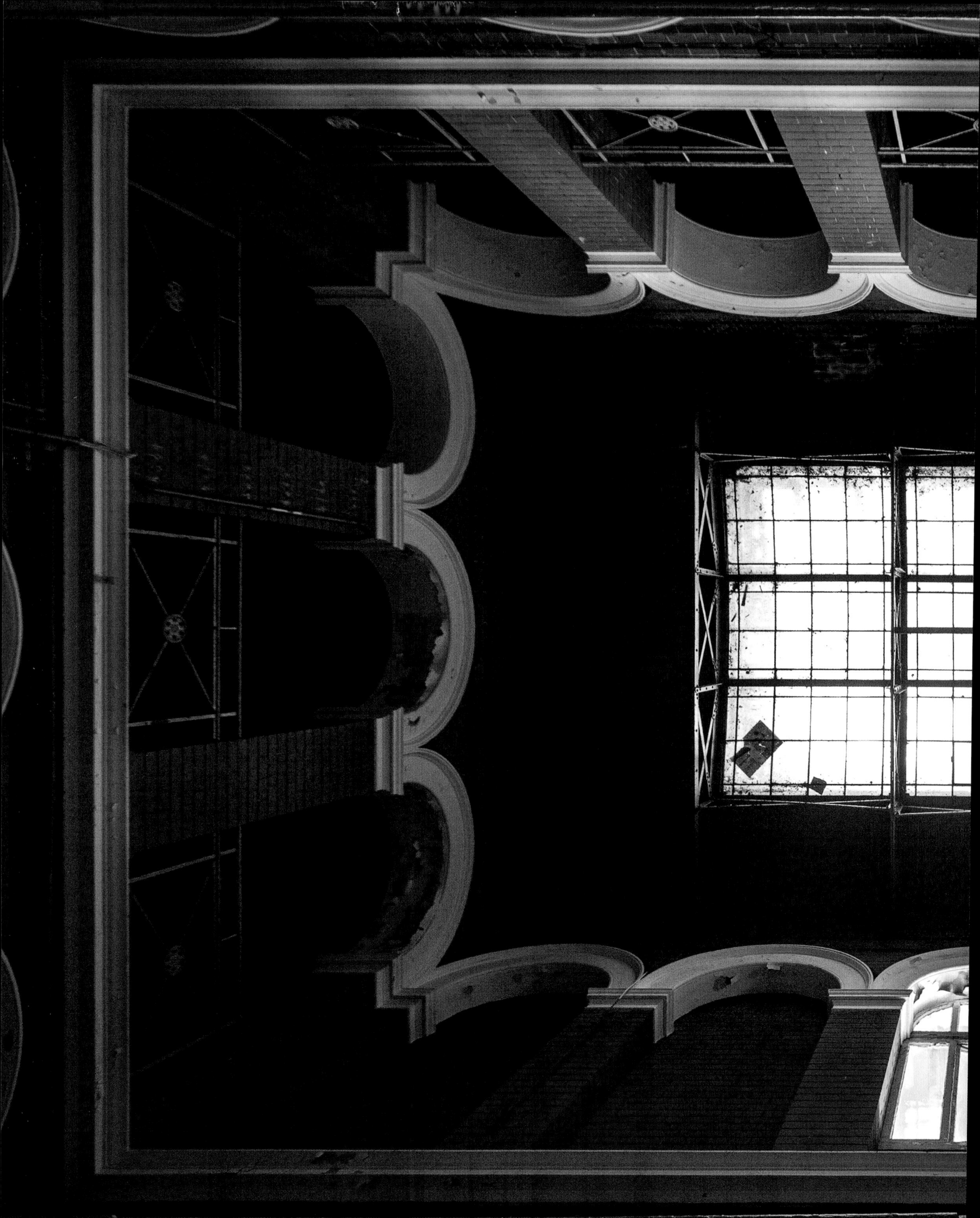

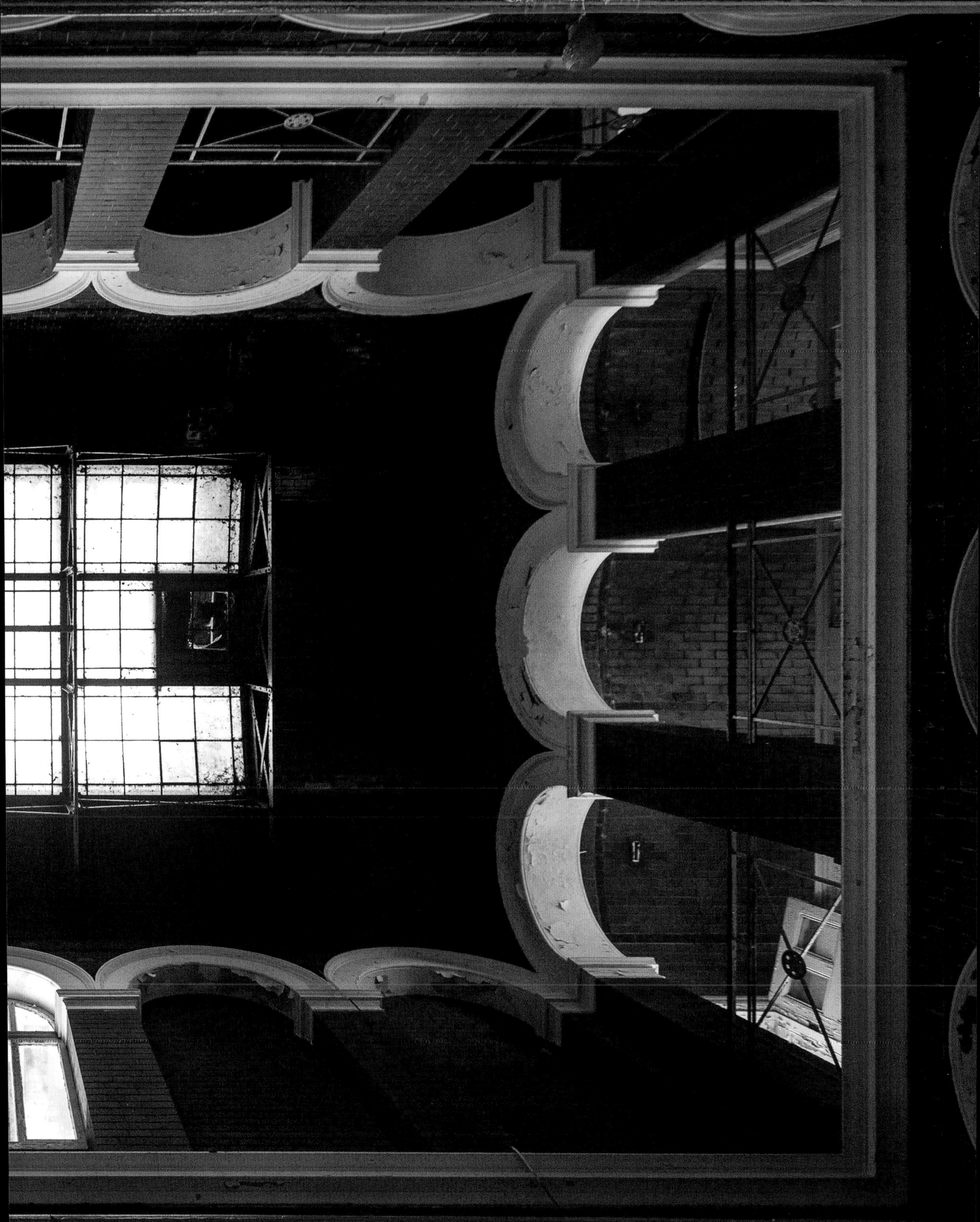

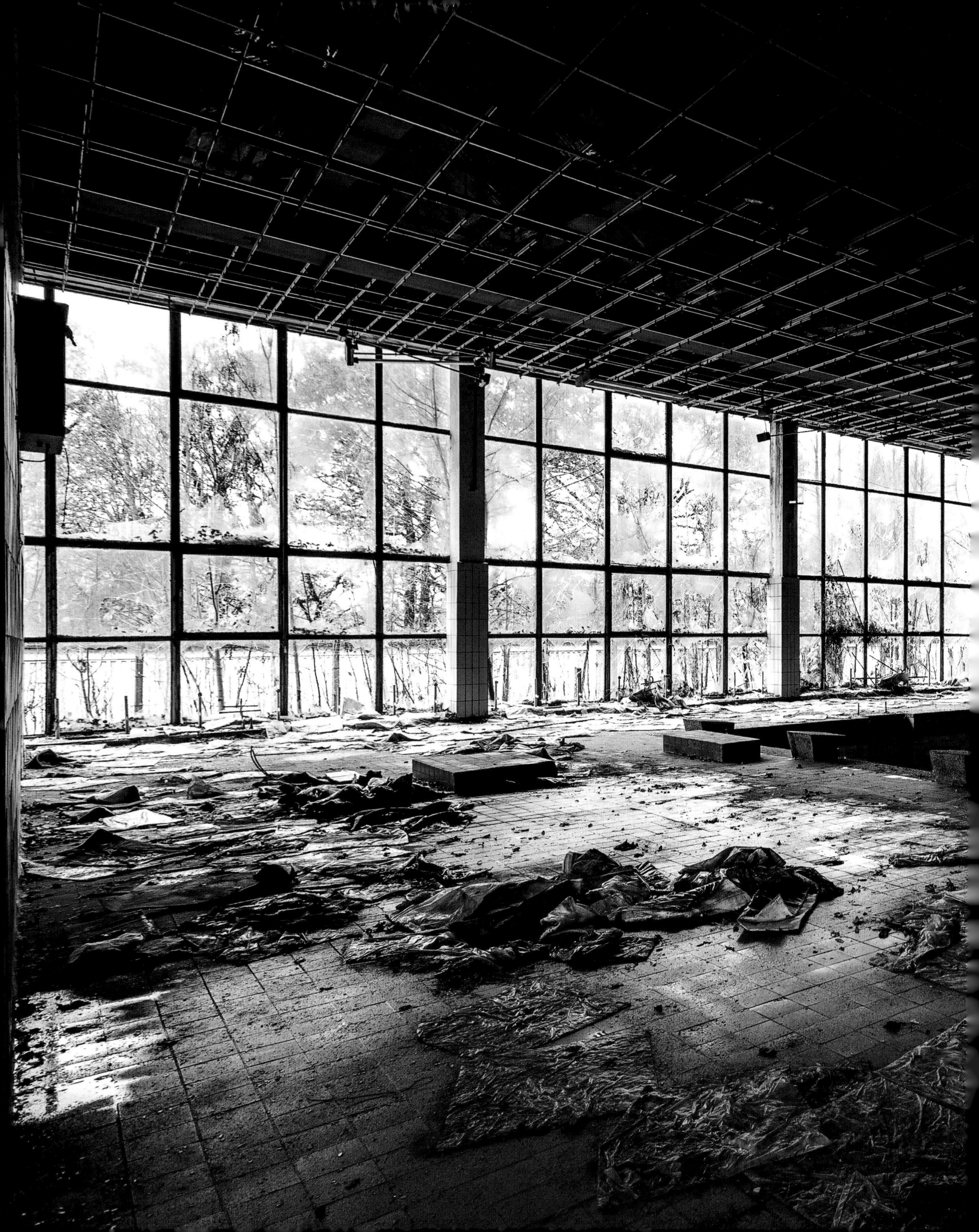

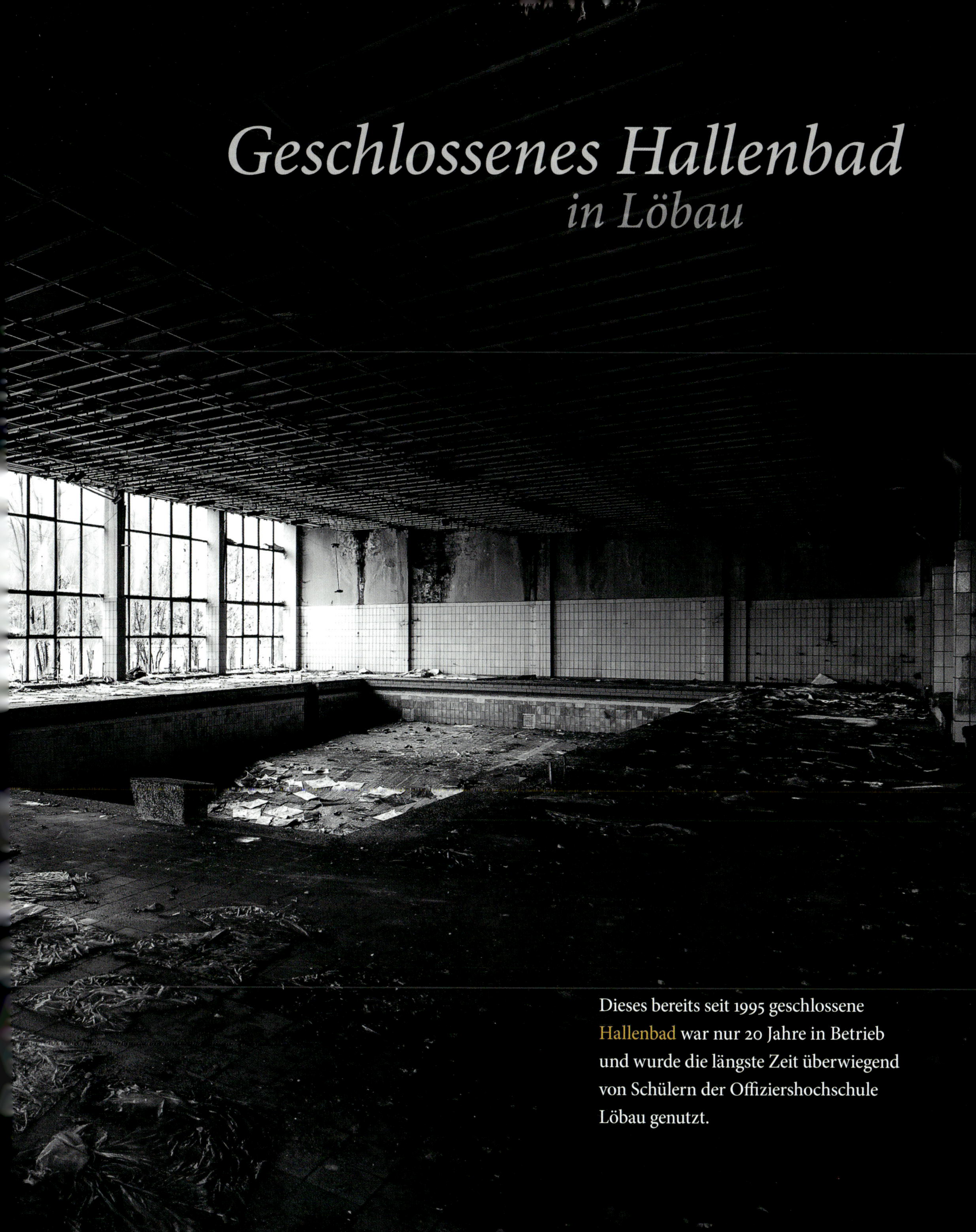

Geschlossenes Hallenbad *in Löbau*

Dieses bereits seit 1995 geschlossene Hallenbad war nur 20 Jahre in Betrieb und wurde die längste Zeit überwiegend von Schülern der Offiziershochschule Löbau genutzt.

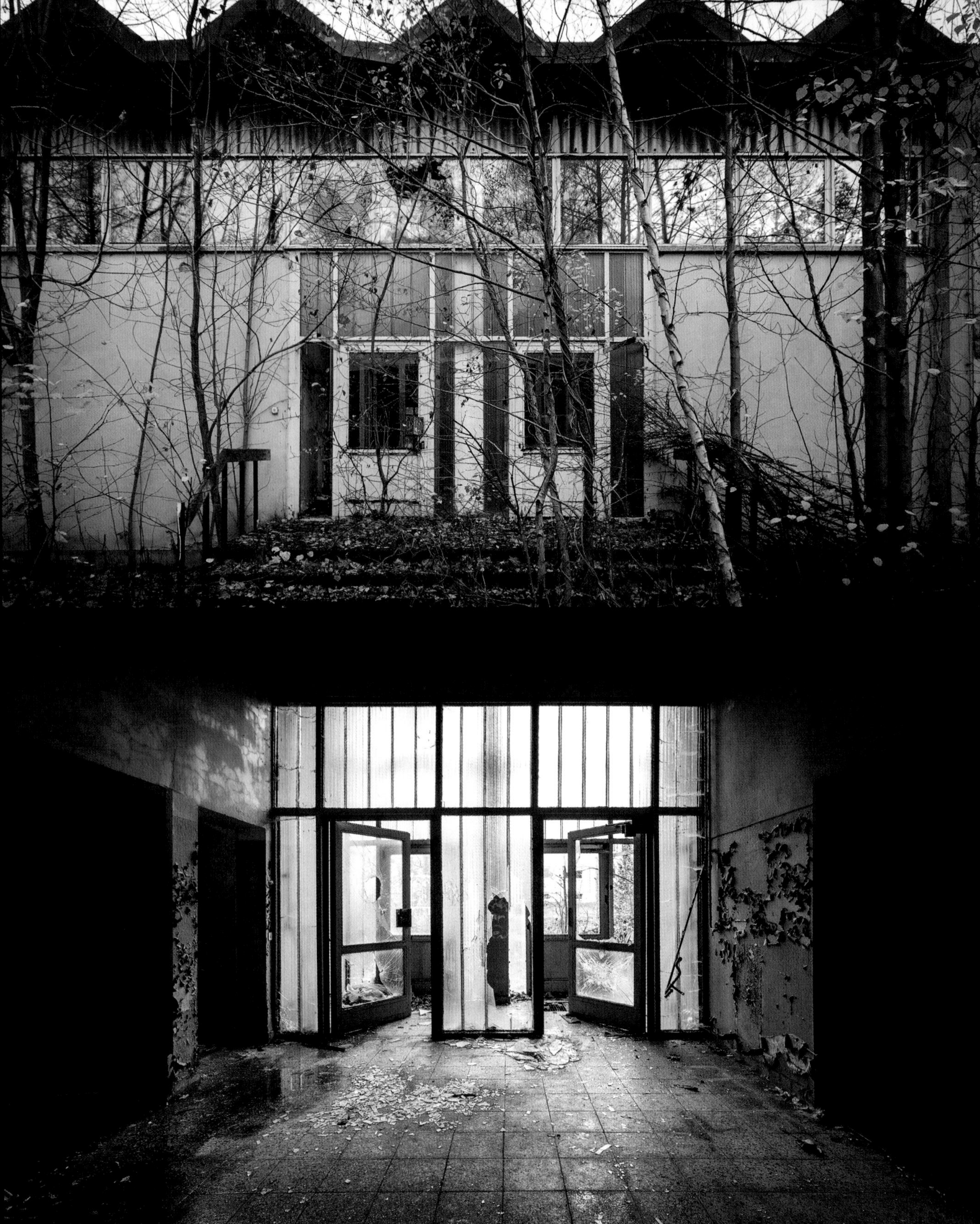

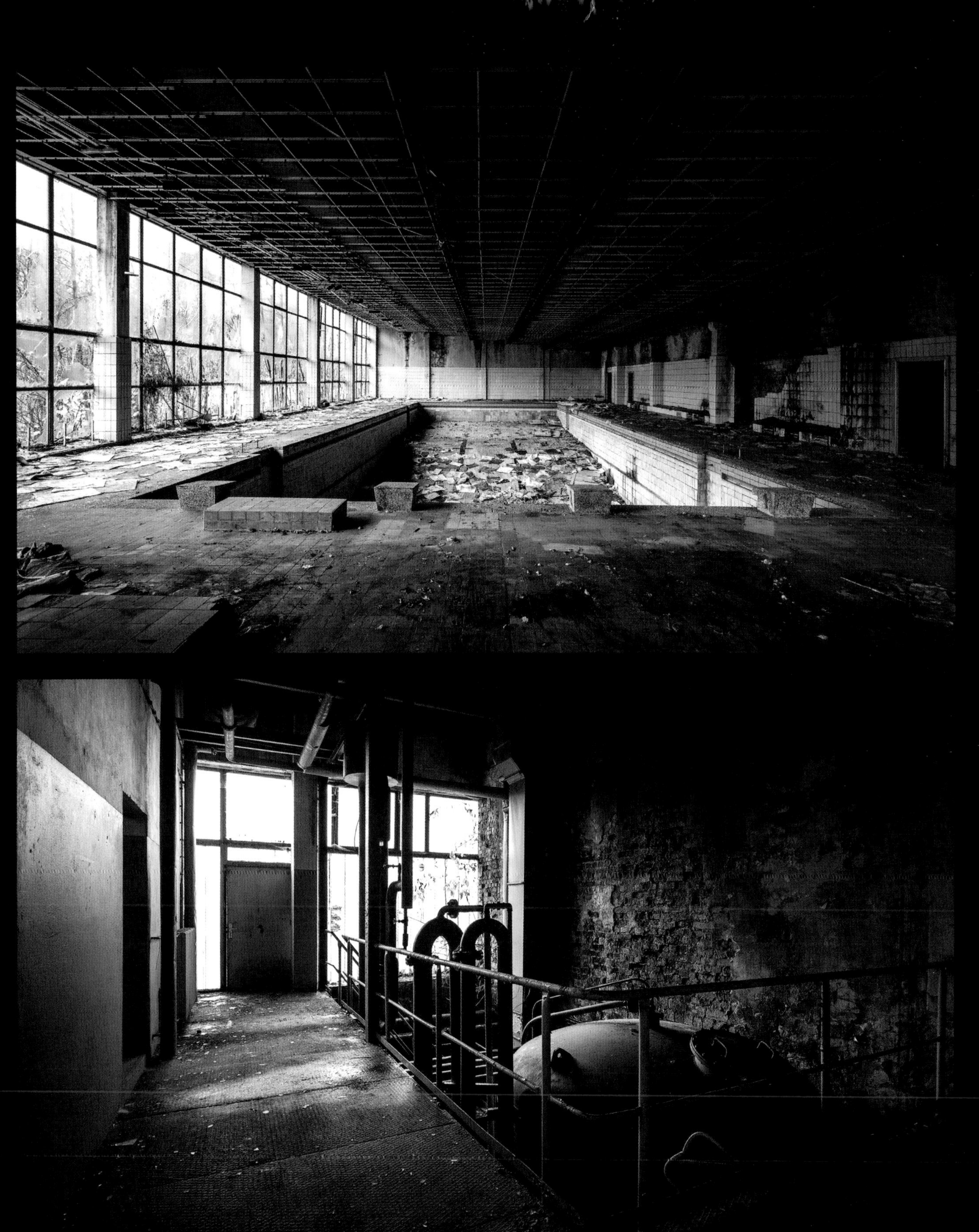

Leer stehende Schwimm- und Turnhalle in Chemnitz

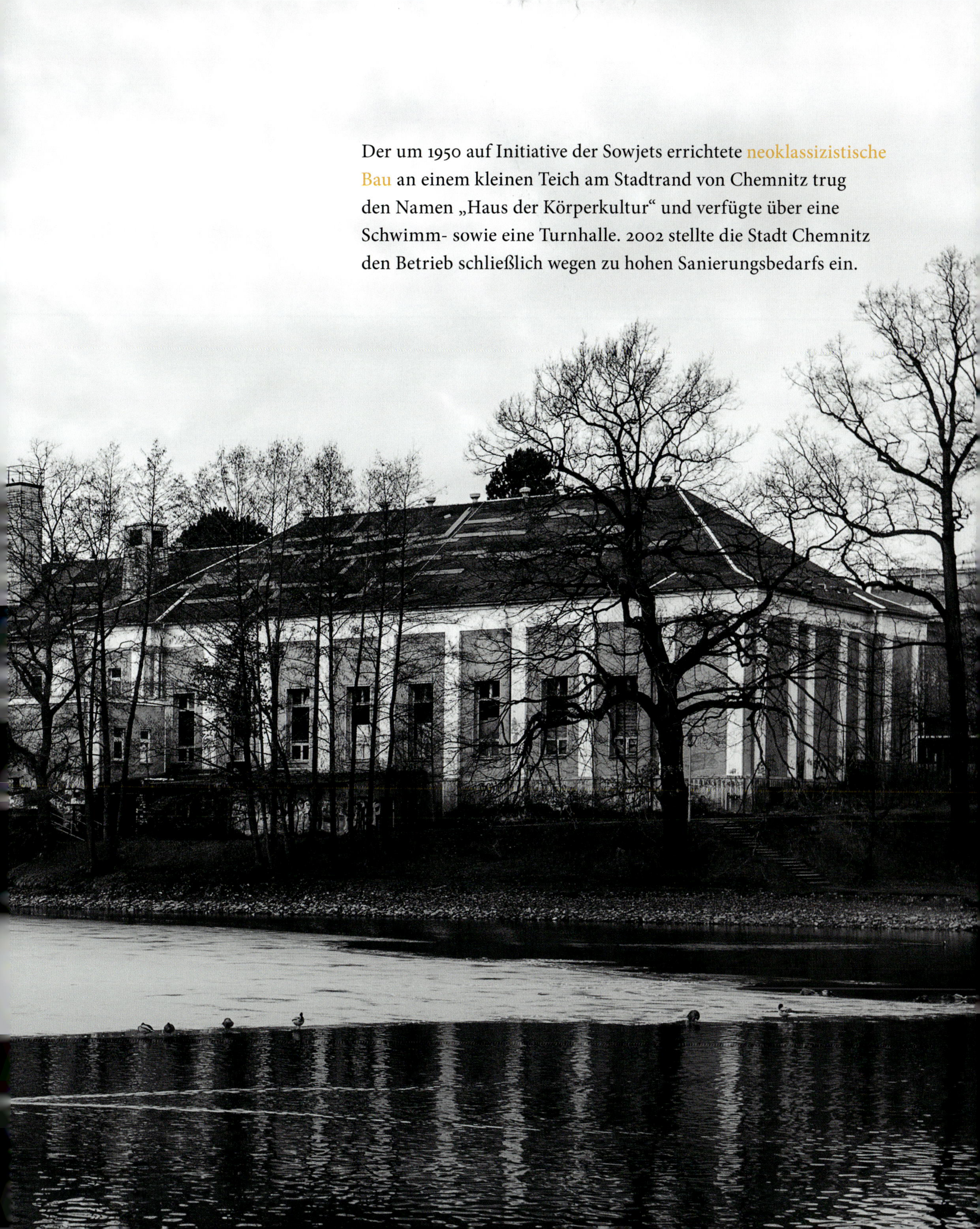

Der um 1950 auf Initiative der Sowjets errichtete neoklassizistische Bau an einem kleinen Teich am Stadtrand von Chemnitz trug den Namen „Haus der Körperkultur“ und verfügte über eine Schwimm- sowie eine Turnhalle. 2002 stellte die Stadt Chemnitz den Betrieb schließlich wegen zu hohen Sanierungsbedarfs ein.

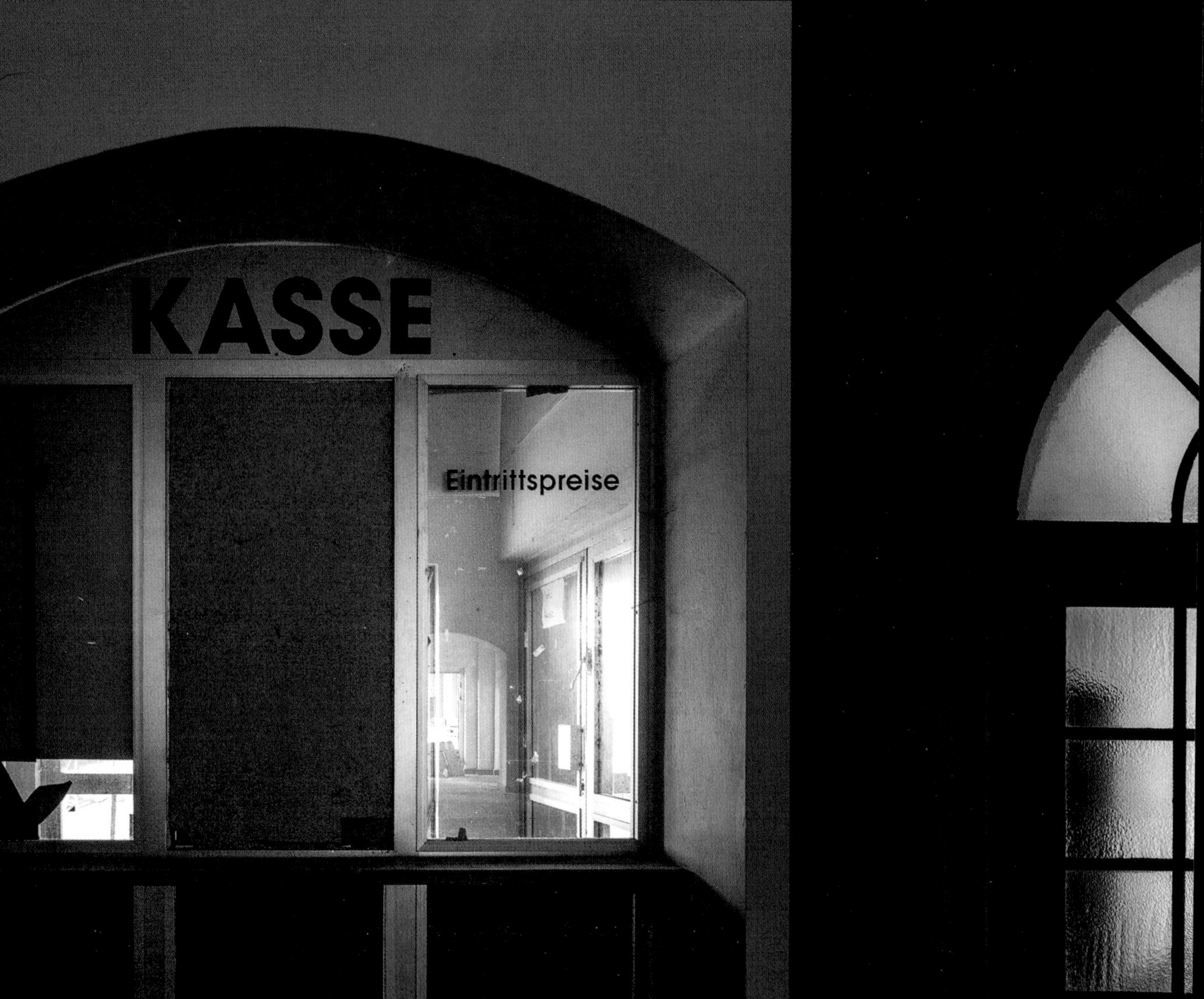

KASSE
Eintrittspreise

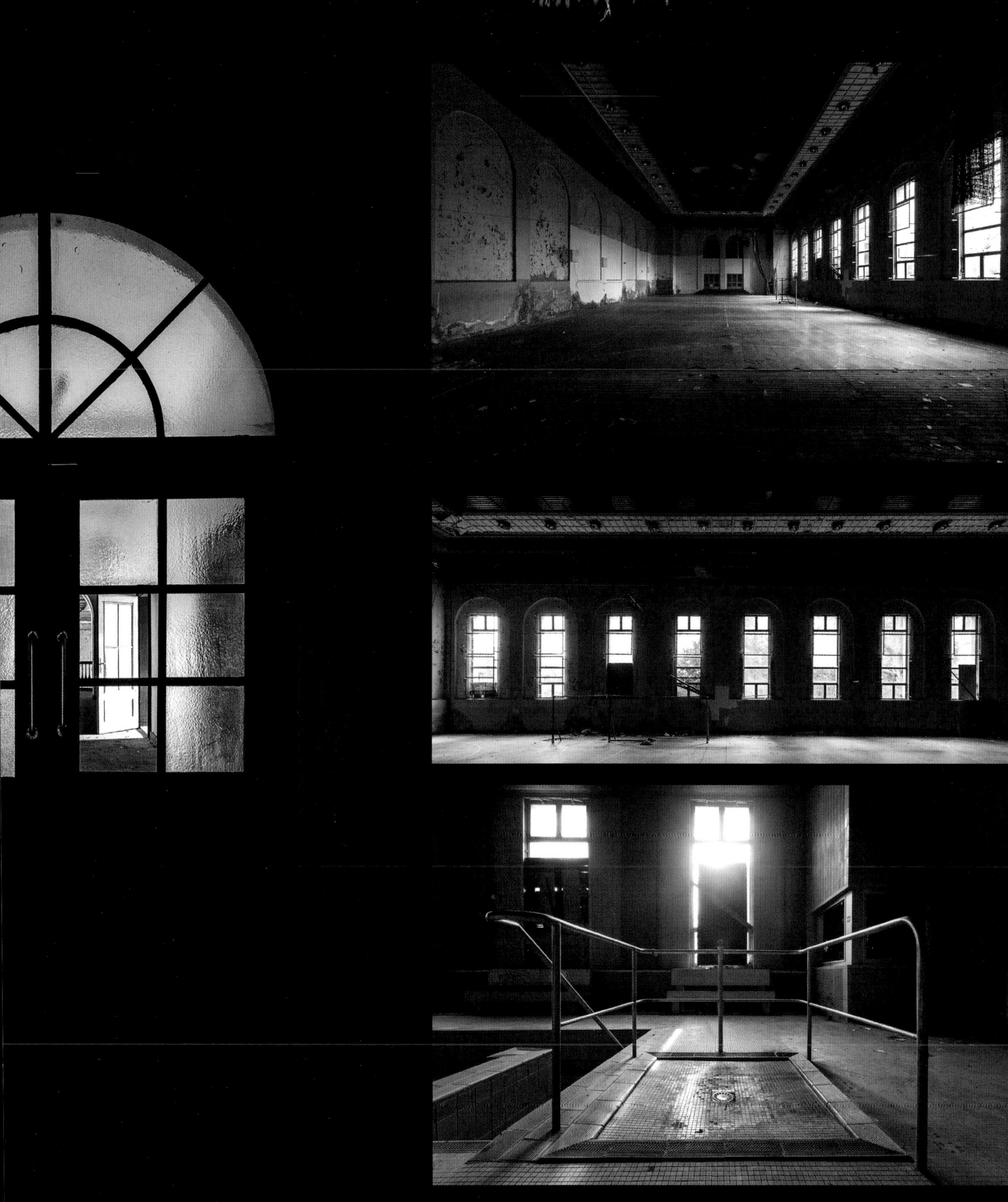

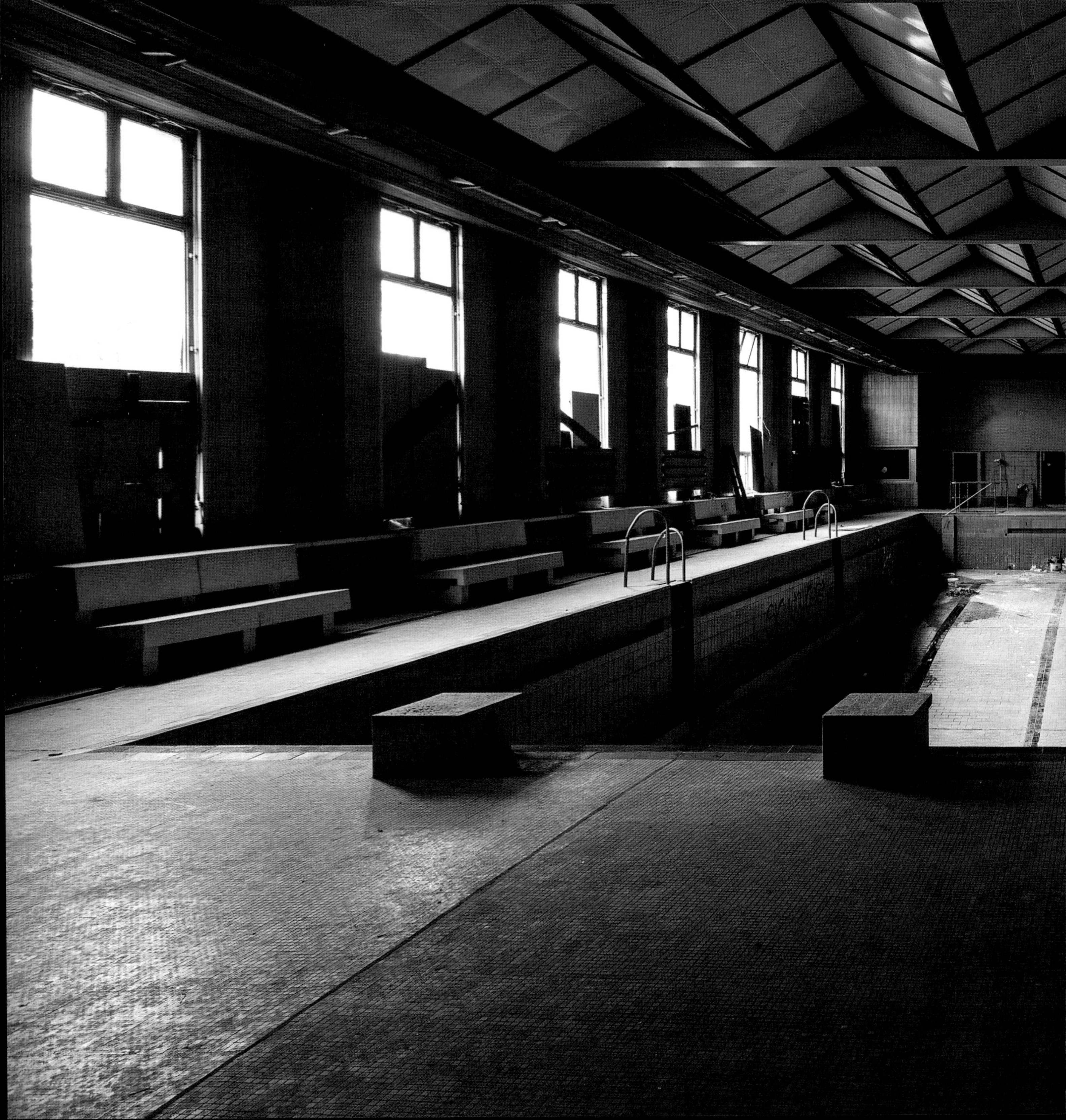

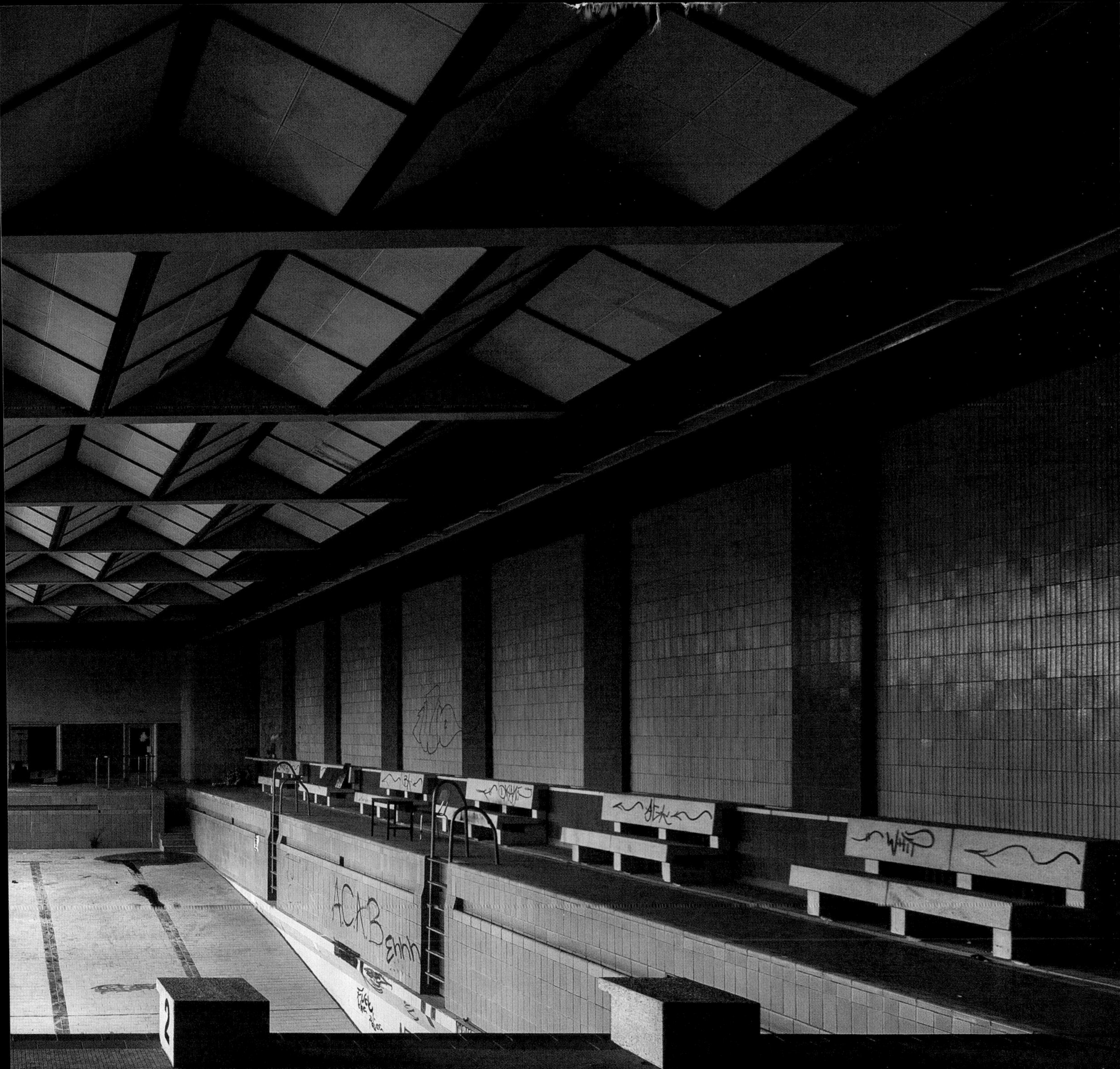

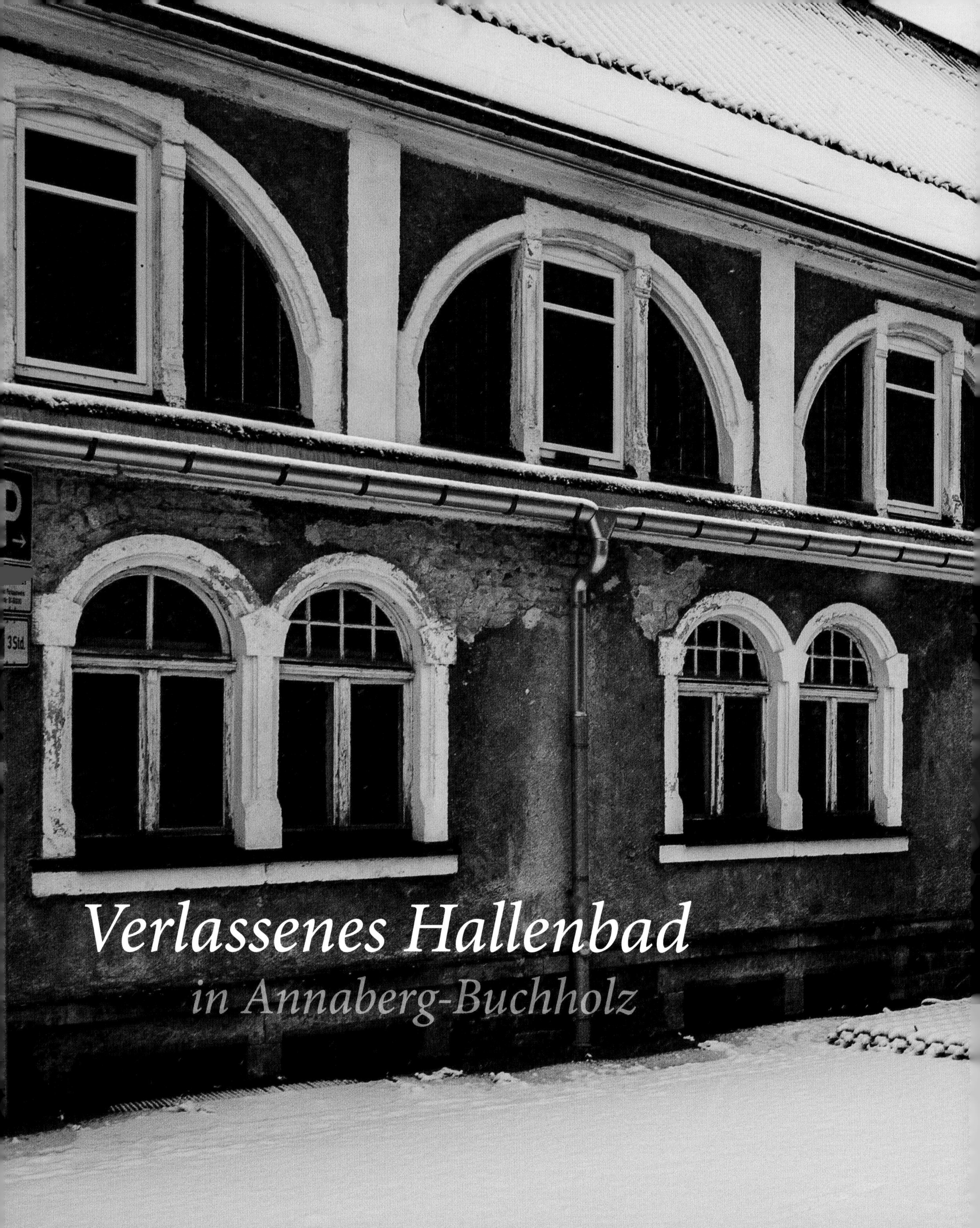

Verlassenes Hallenbad

in Annaberg-Buchholz

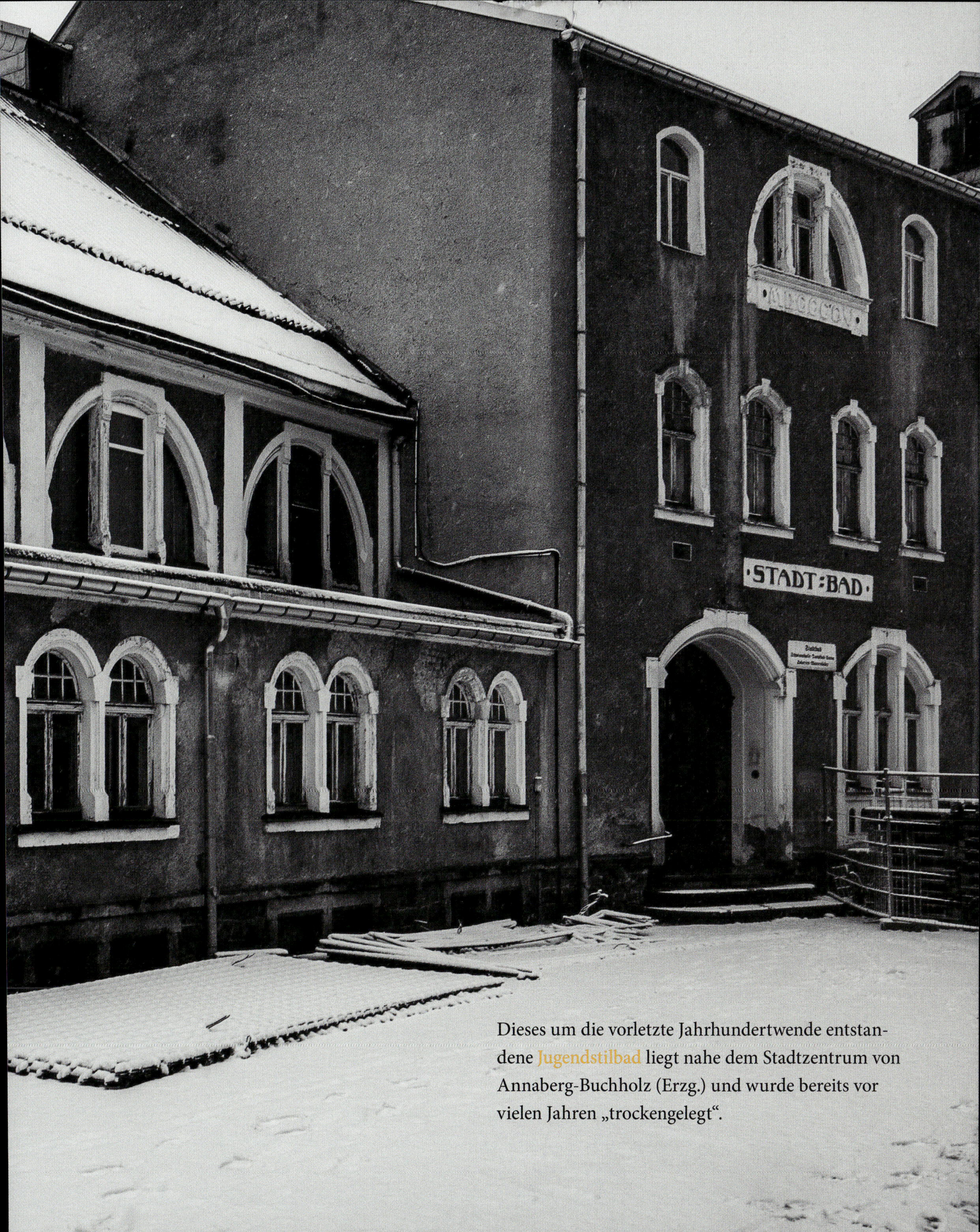

Dieses um die vorletzte Jahrhundertwende entstandene Jugendstilbad liegt nahe dem Stadtzentrum von Annaberg-Buchholz (Erzg.) und wurde bereits vor vielen Jahren „trockengelegt".

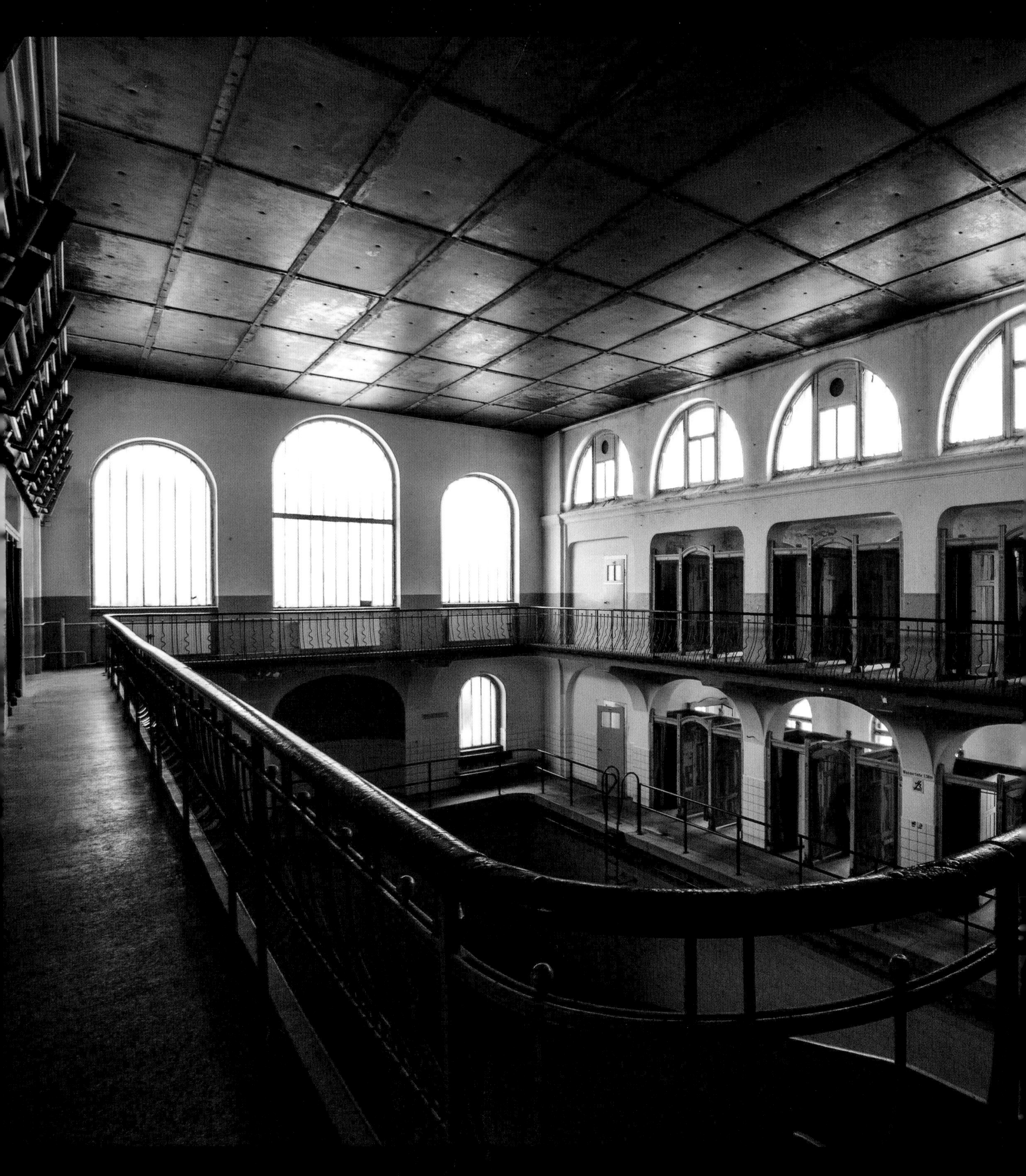

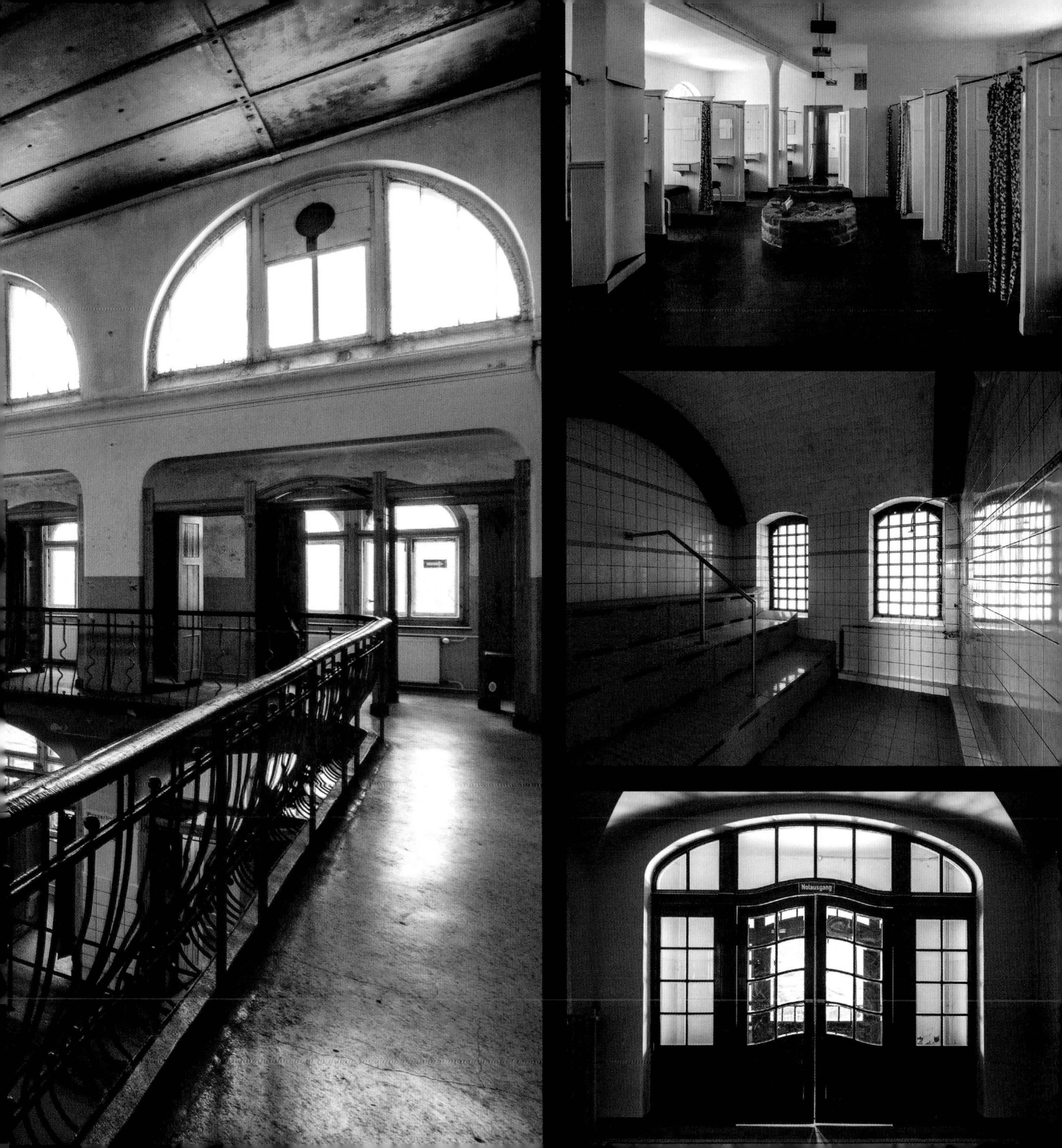
Notausgang

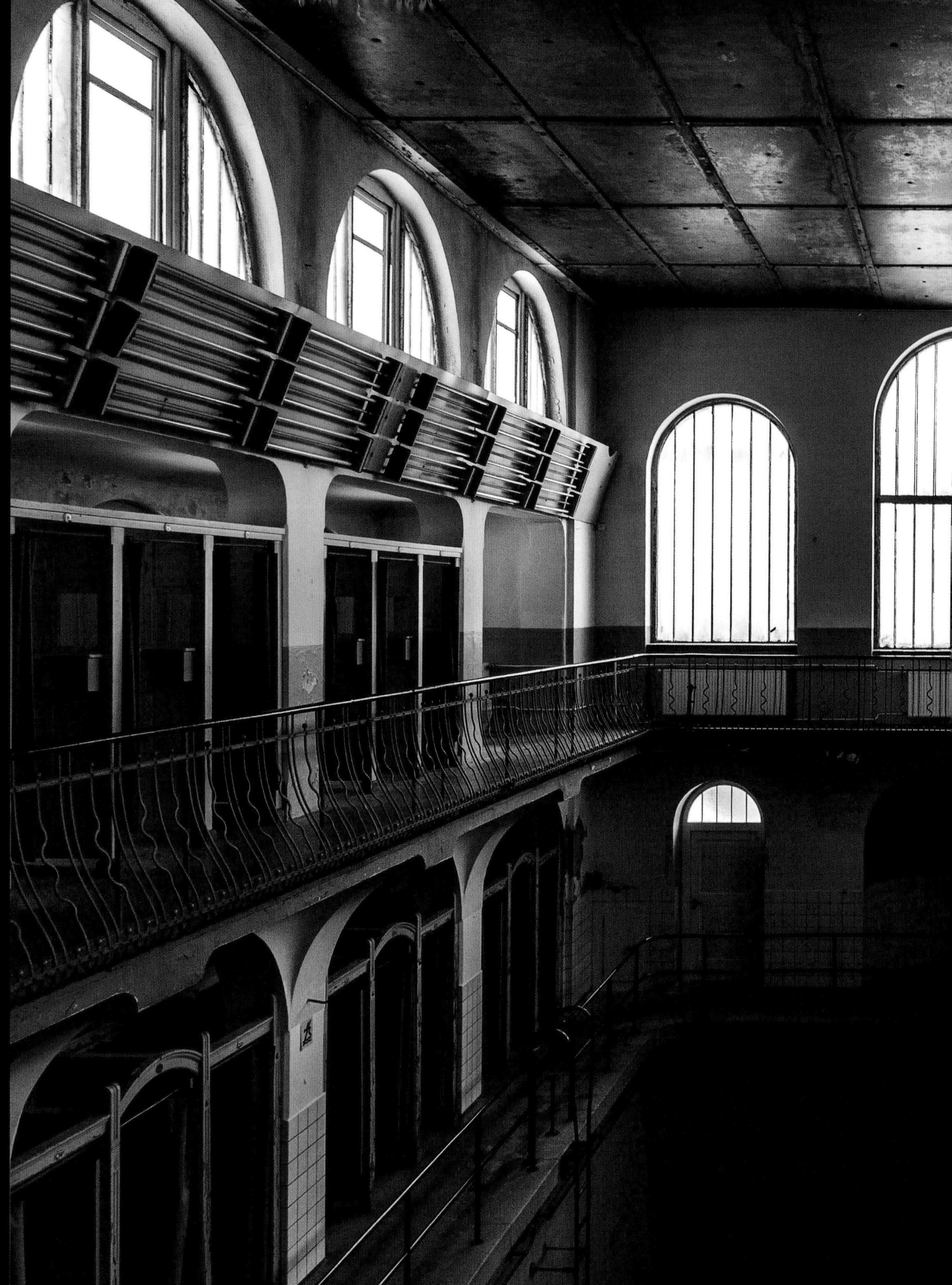

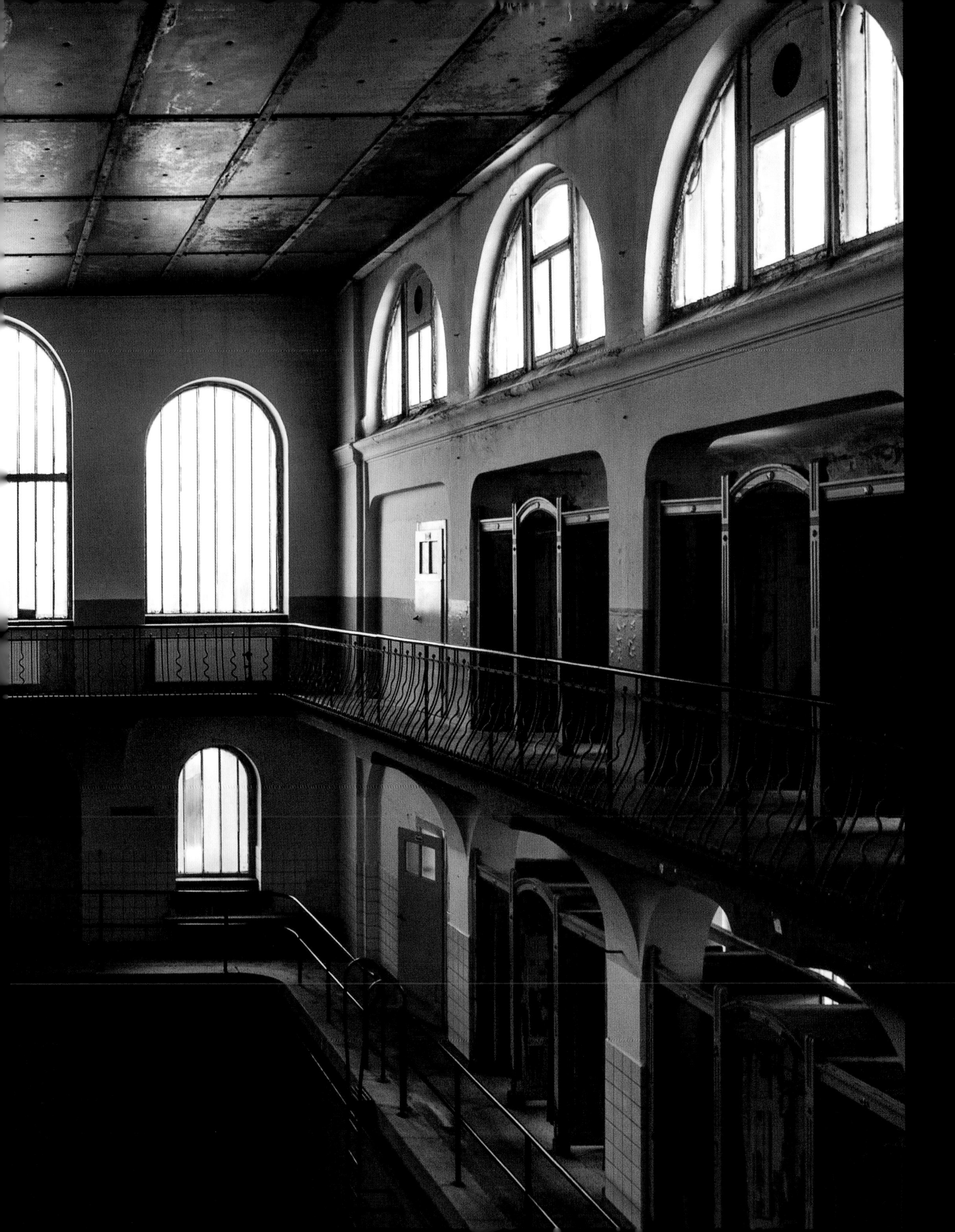

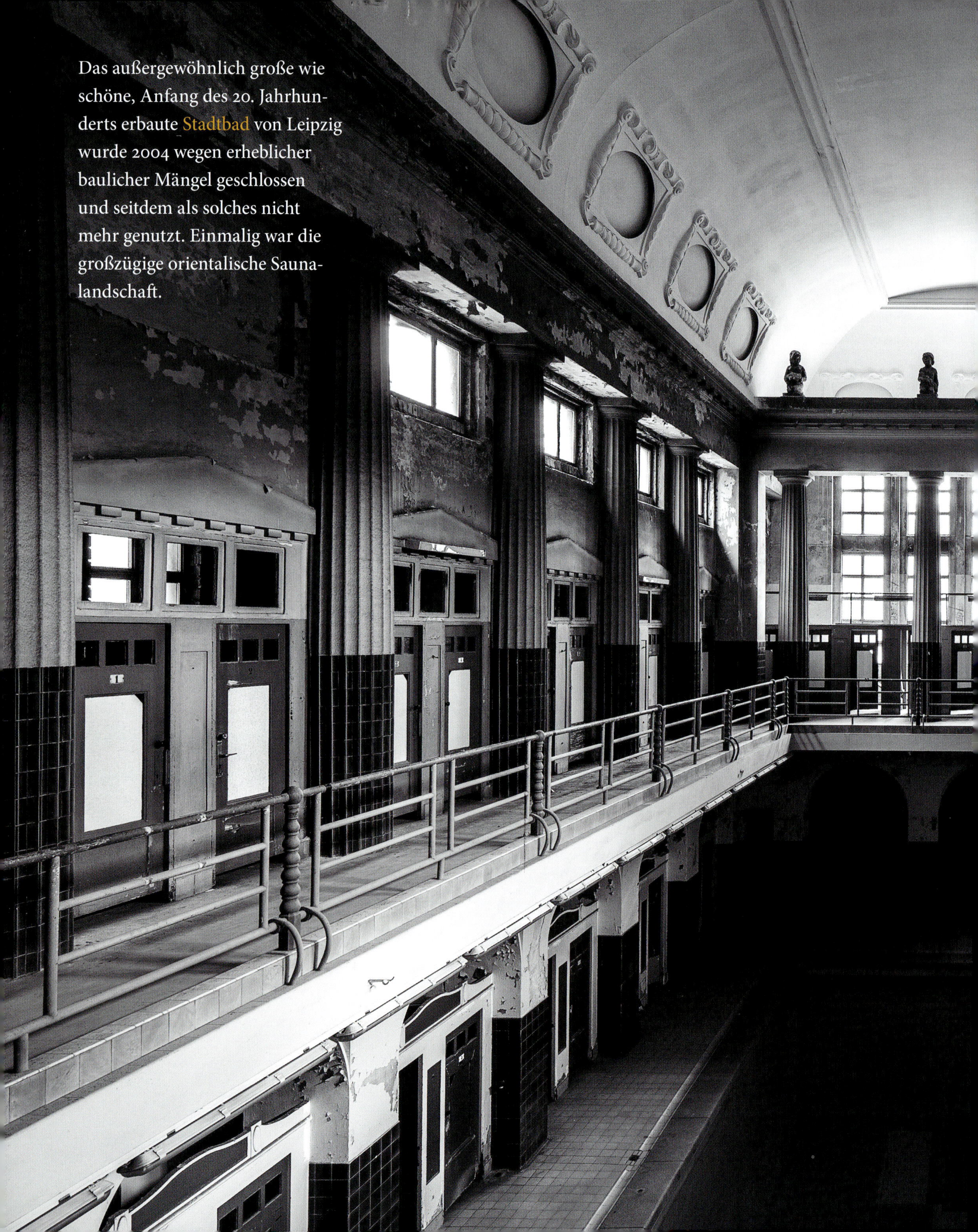

Das außergewöhnlich große wie schöne, Anfang des 20. Jahrhunderts erbaute Stadtbad von Leipzig wurde 2004 wegen erheblicher baulicher Mängel geschlossen und seitdem als solches nicht mehr genutzt. Einmalig war die großzügige orientalische Saunalandschaft.

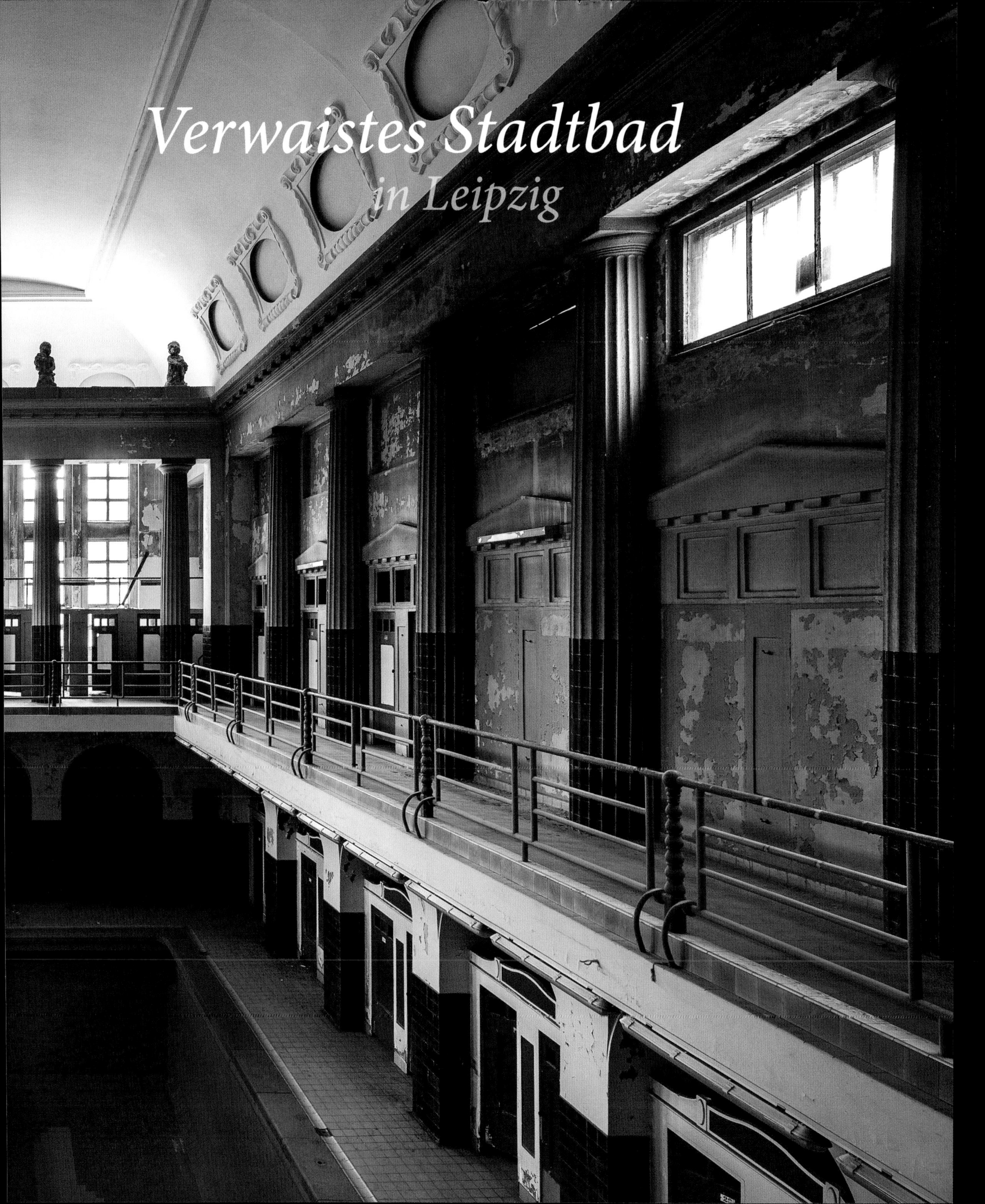
Verwaistes Stadtbad
in Leipzig

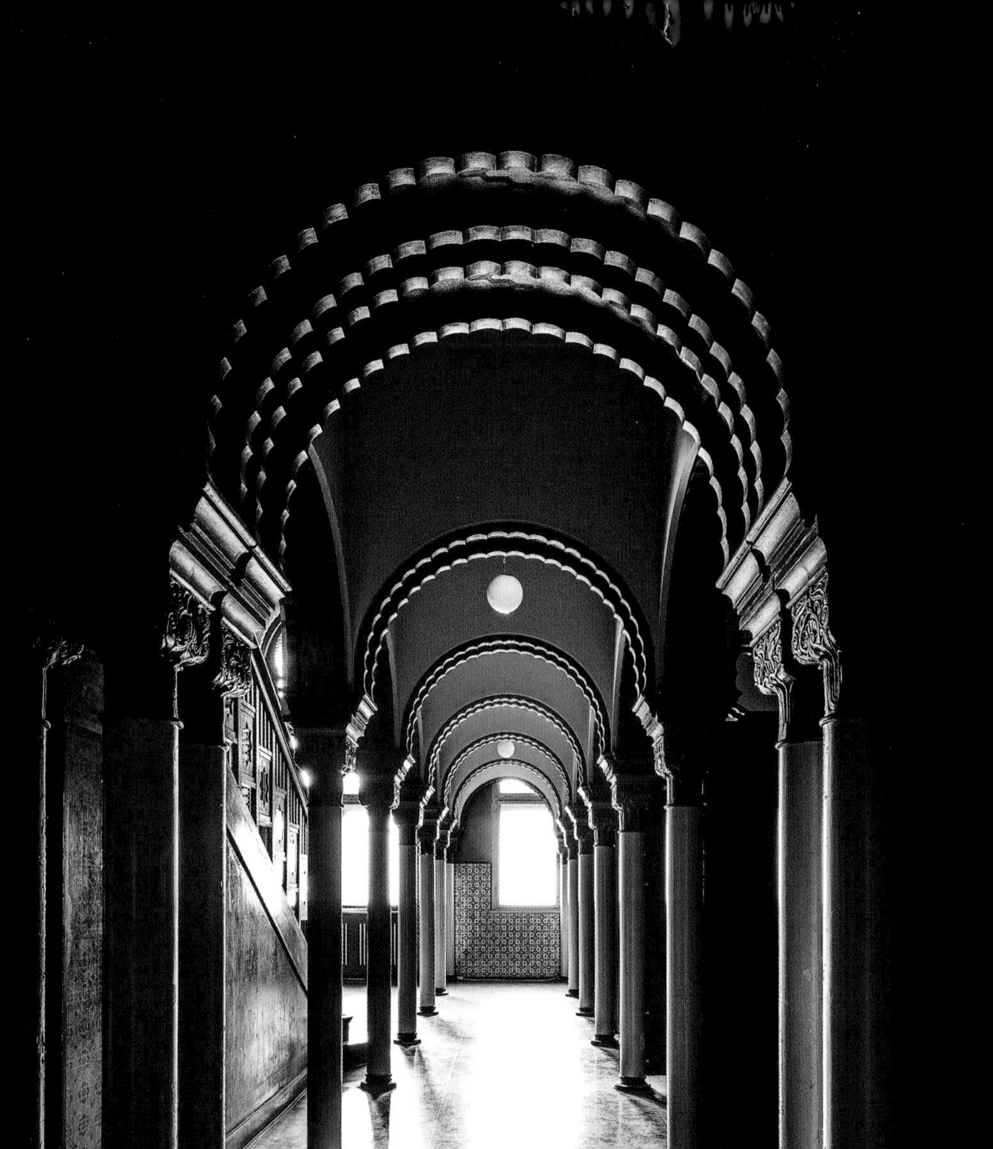

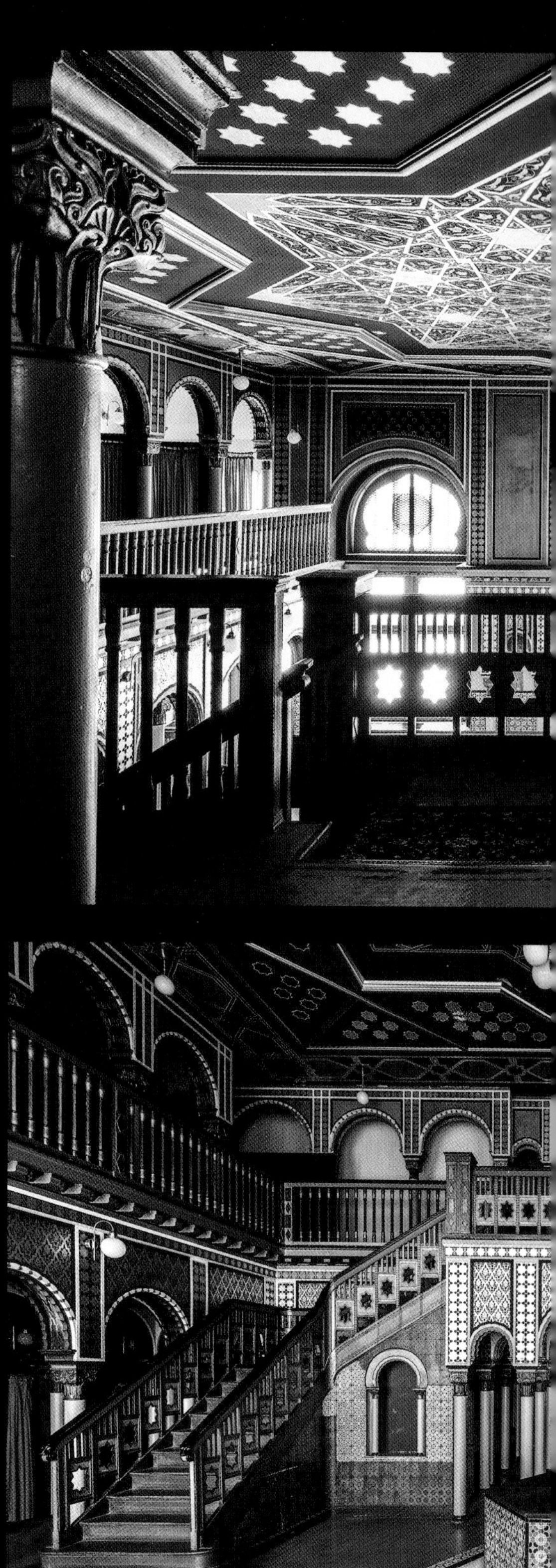

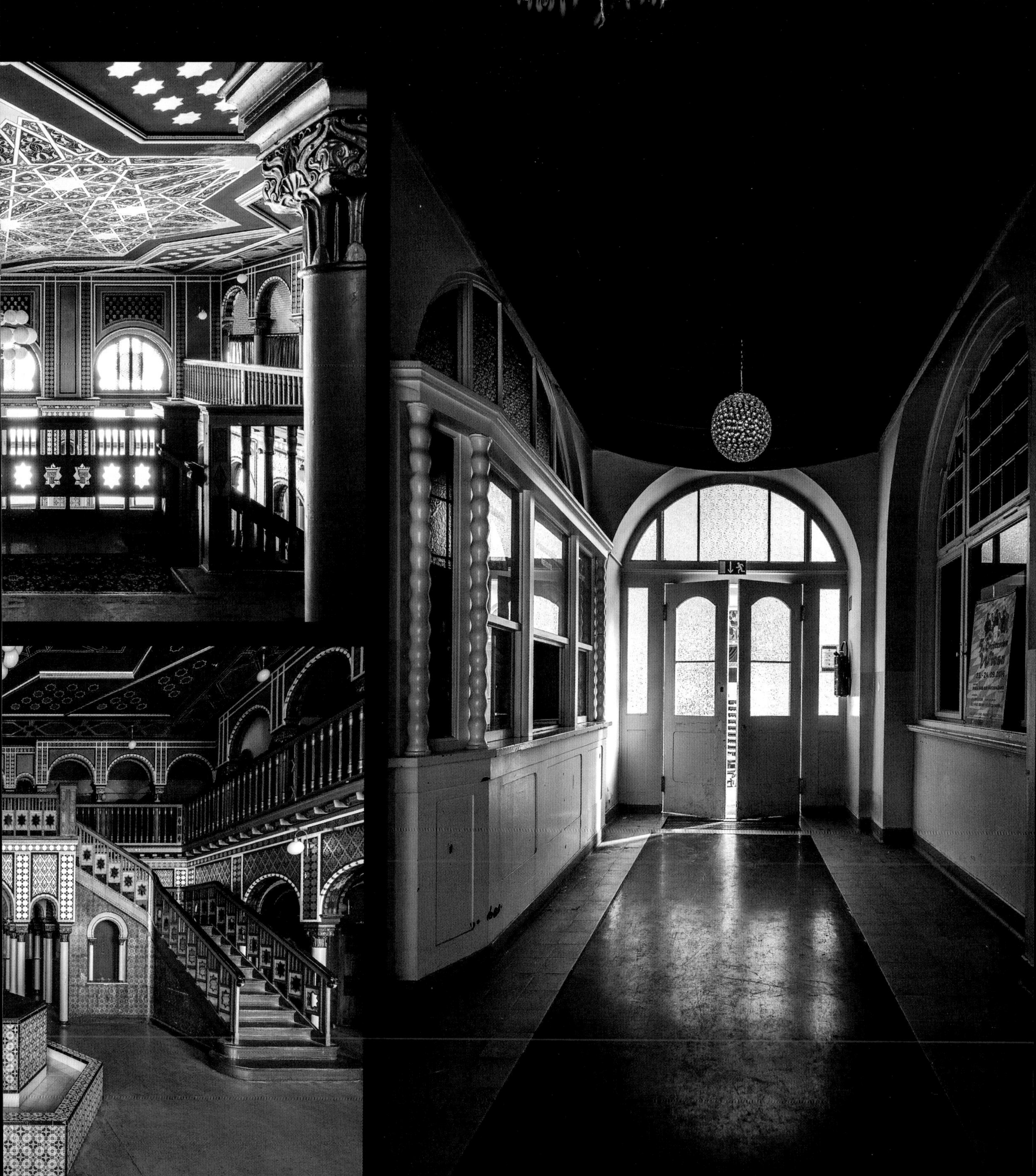

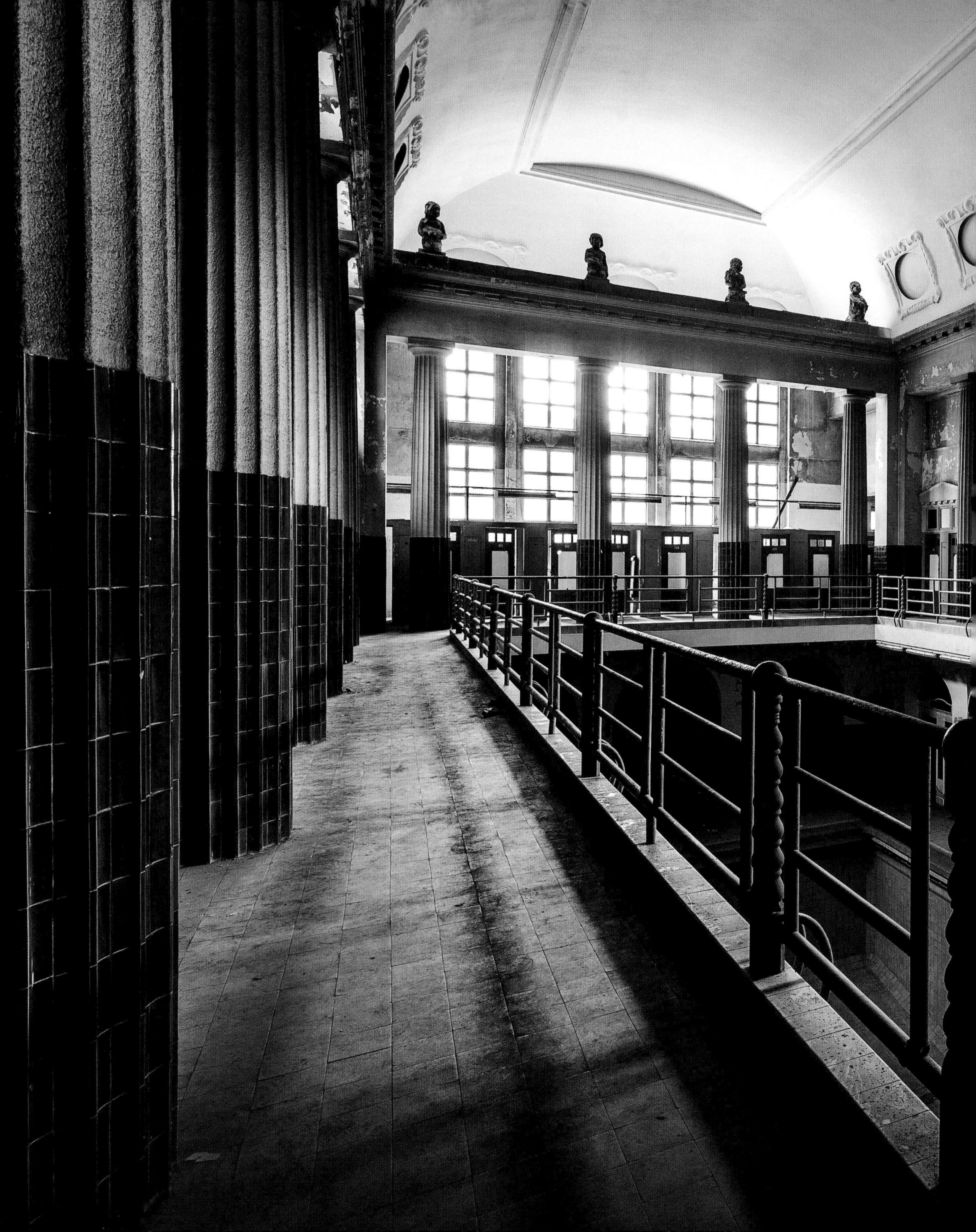

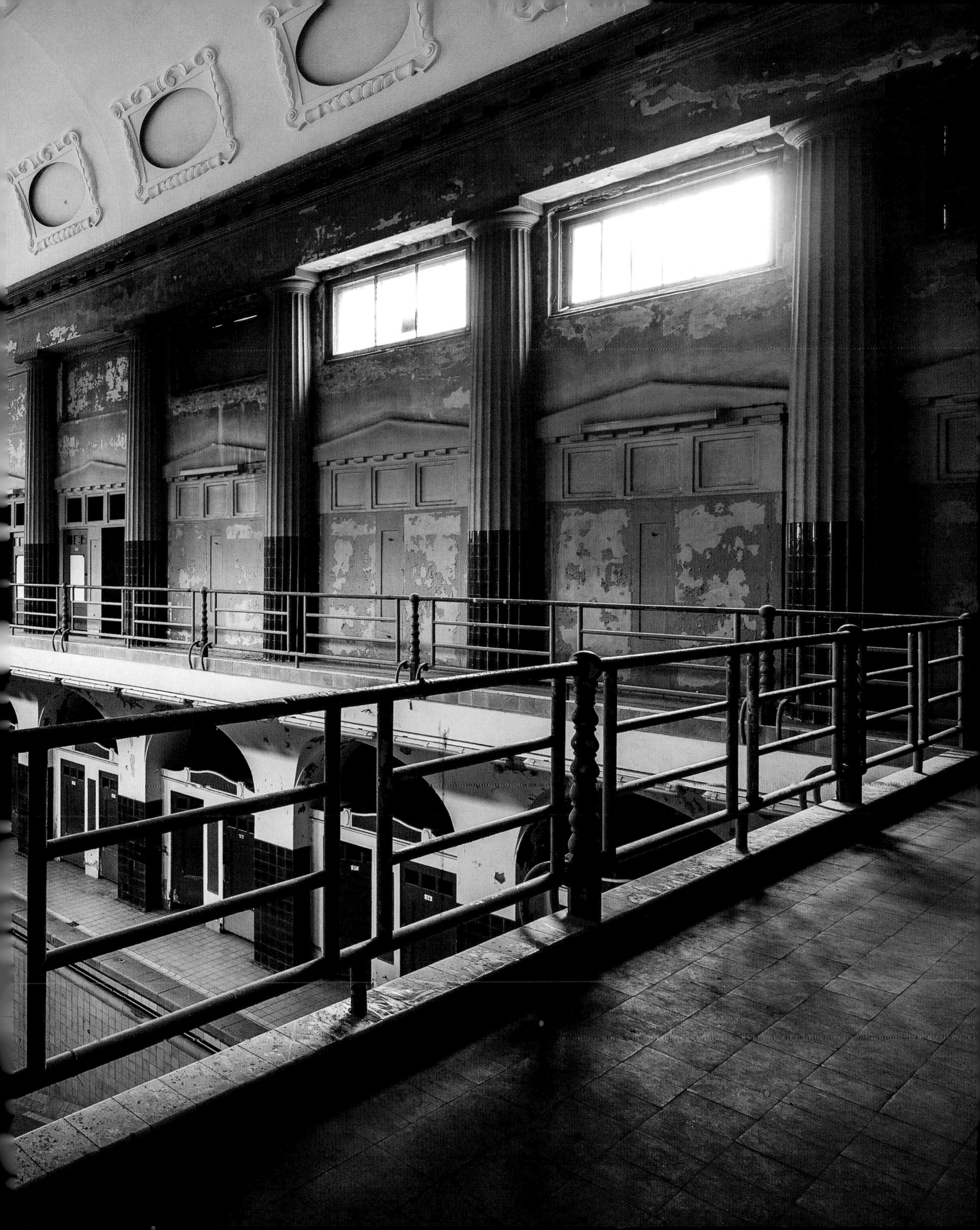

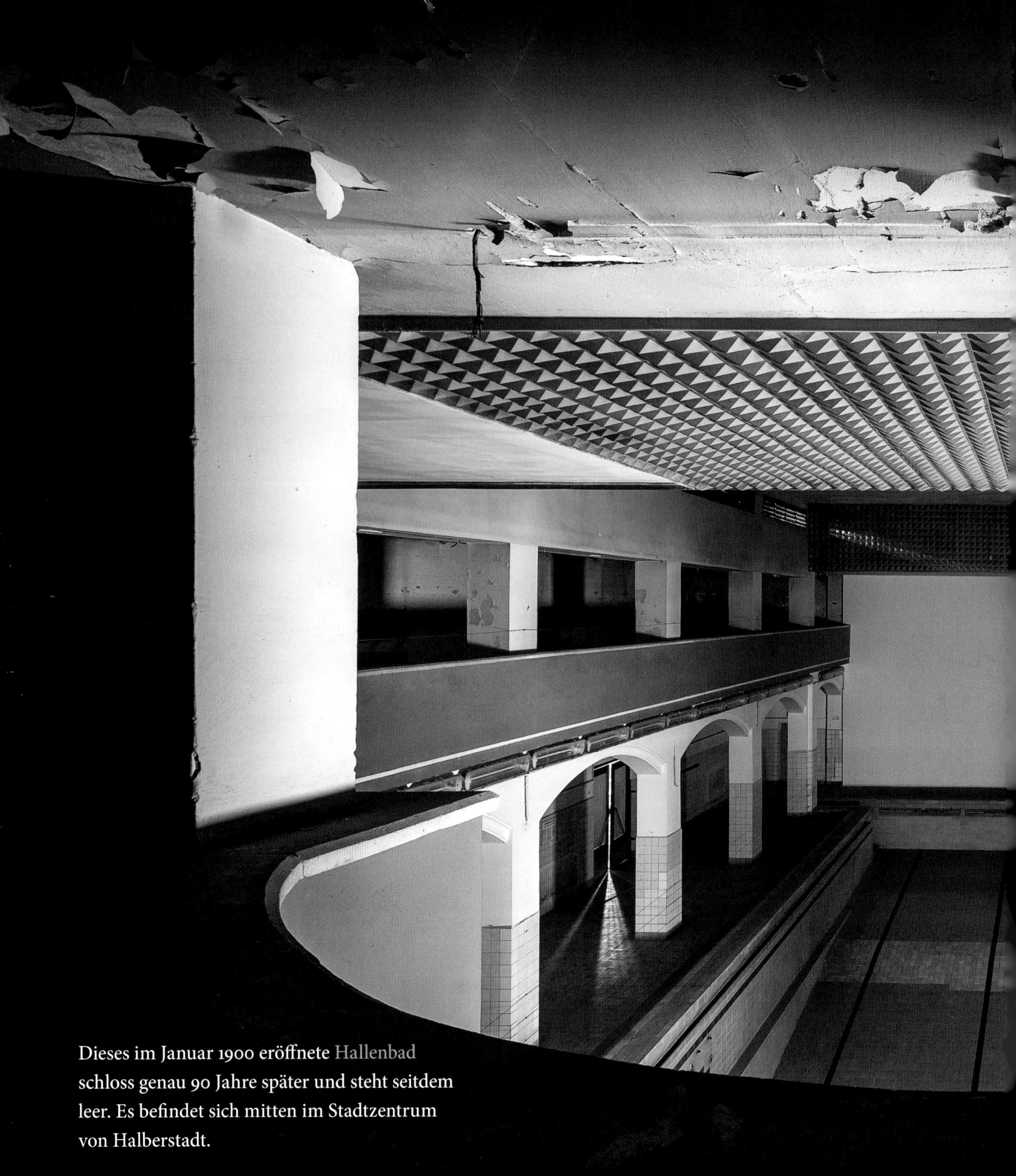

Dieses im Januar 1900 eröffnete Hallenbad schloss genau 90 Jahre später und steht seitdem leer. Es befindet sich mitten im Stadtzentrum von Halberstadt.

Ehemalige städtische Badeanstalt

in Halberstadt

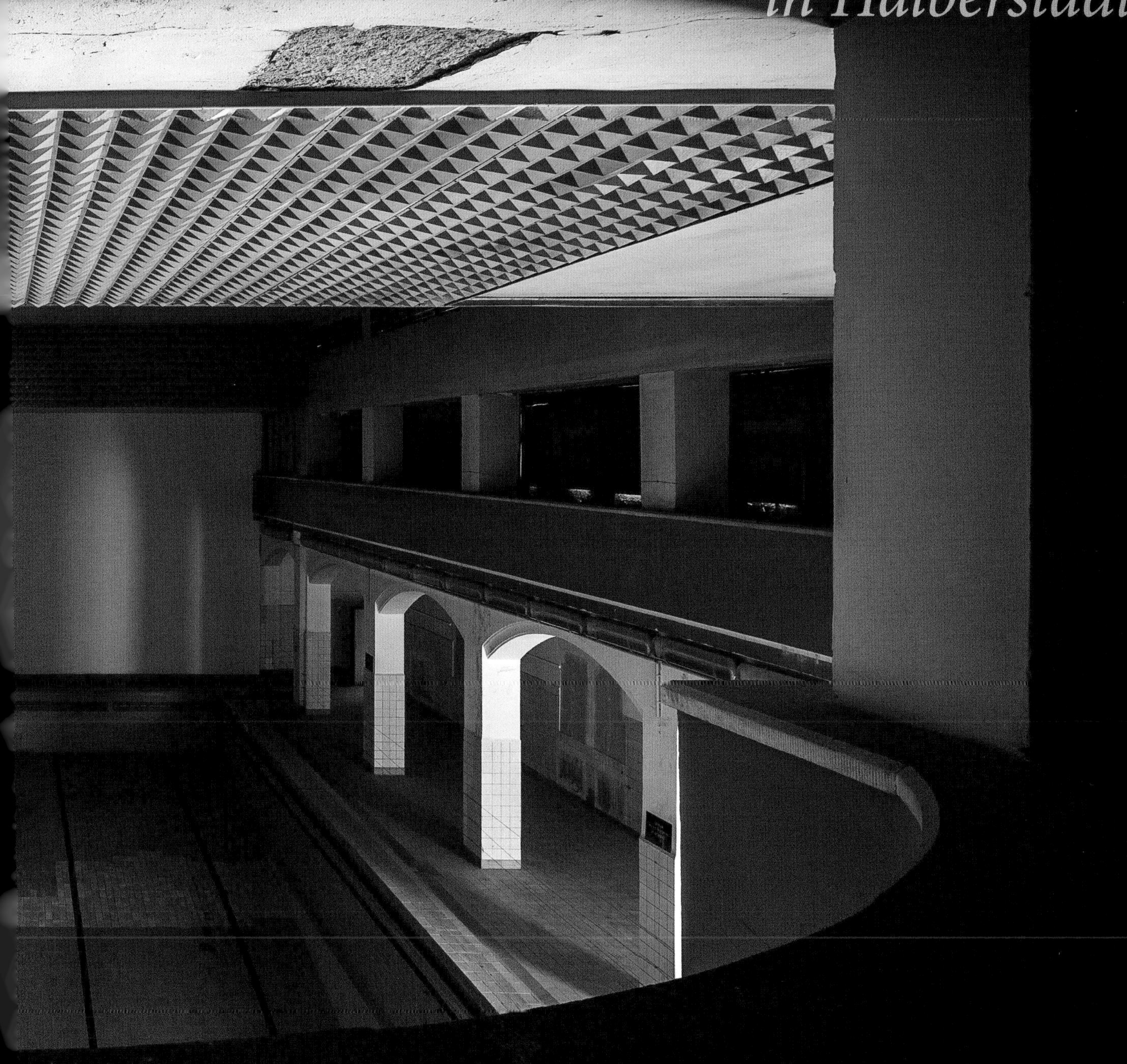

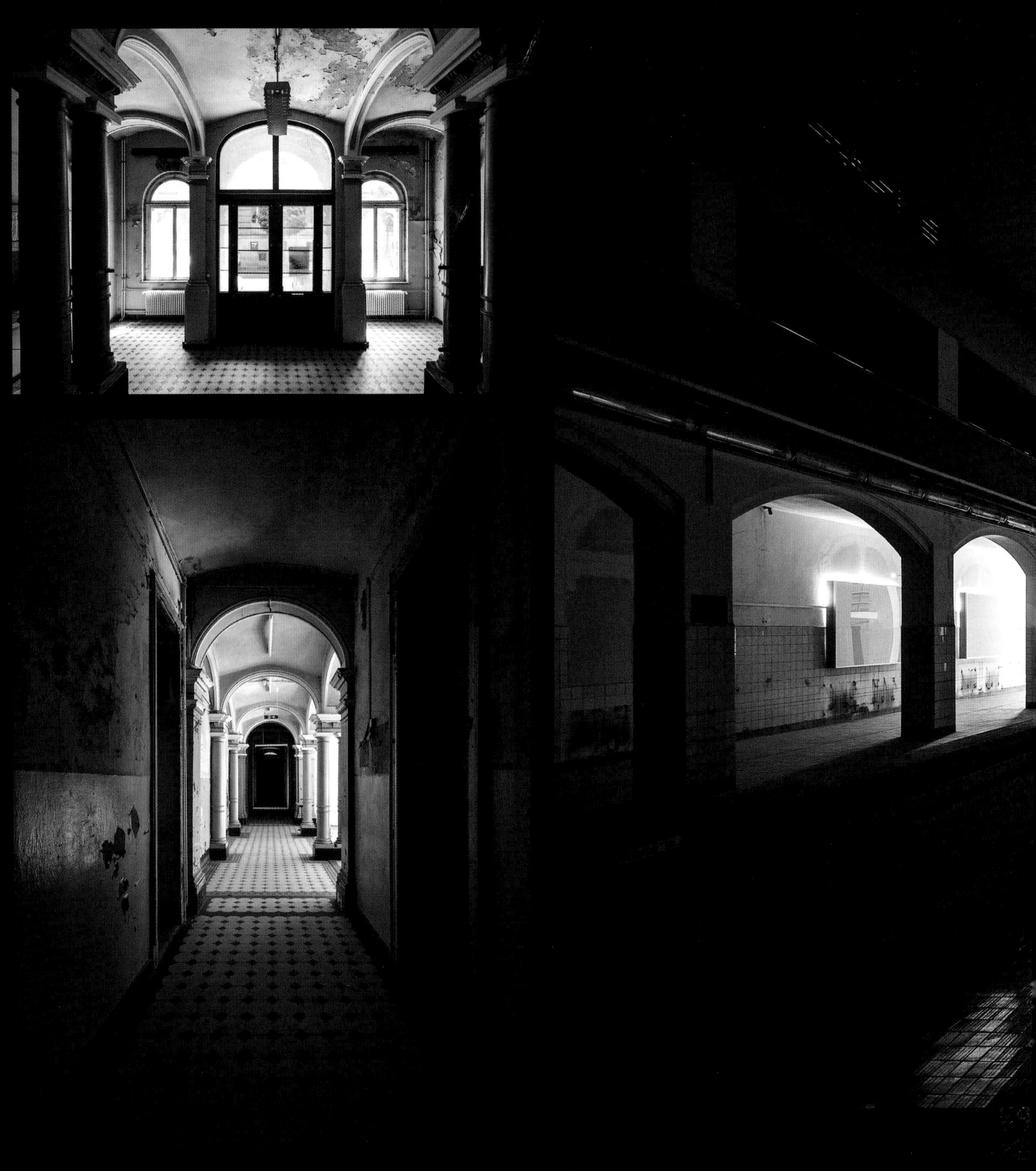

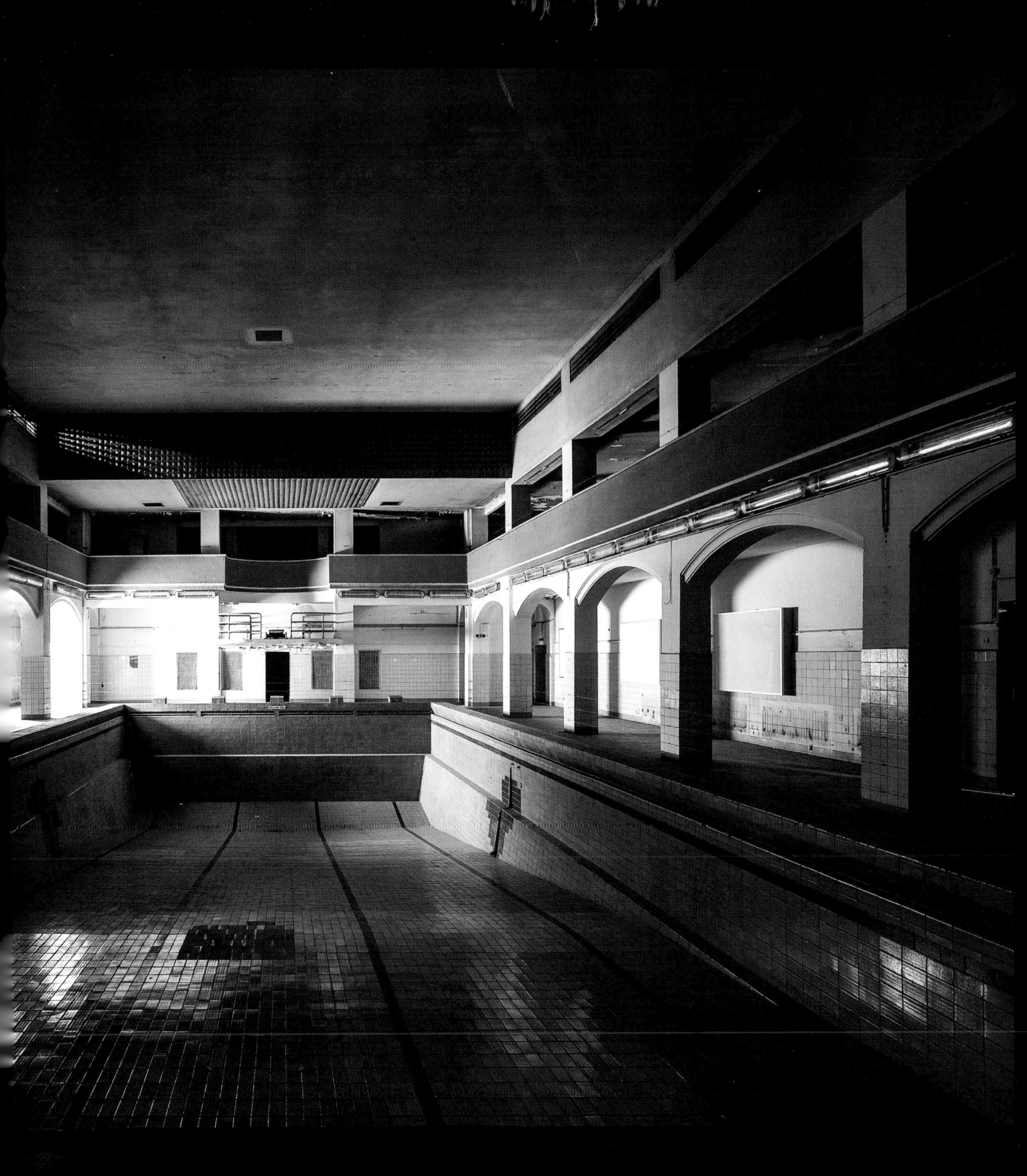

Wenn Sie eines der in diesem Bildband gezeigten Bauwerke besonders interessiert, beantwortet der Autor gern Ihre Fragen dazu. Hinterlassen Sie einfach auf seiner Website www.suenderwald.de eine kurze Nachricht.

Vorsatz: Ehemalige kinderpsychiatrische Anstalt bei Auerbach.
Nachsatz: Verlassenes Kurhotel in Bad Brambach.

Impressum

Sutton Verlag GmbH
Arnstädter Straße 8
99096 Erfurt
www.suttonverlag.de

Gestaltung und Herstellung: Sutton Verlag
ISBN: 978-3-96303-092-5
Druck: Printer Trento / Italien

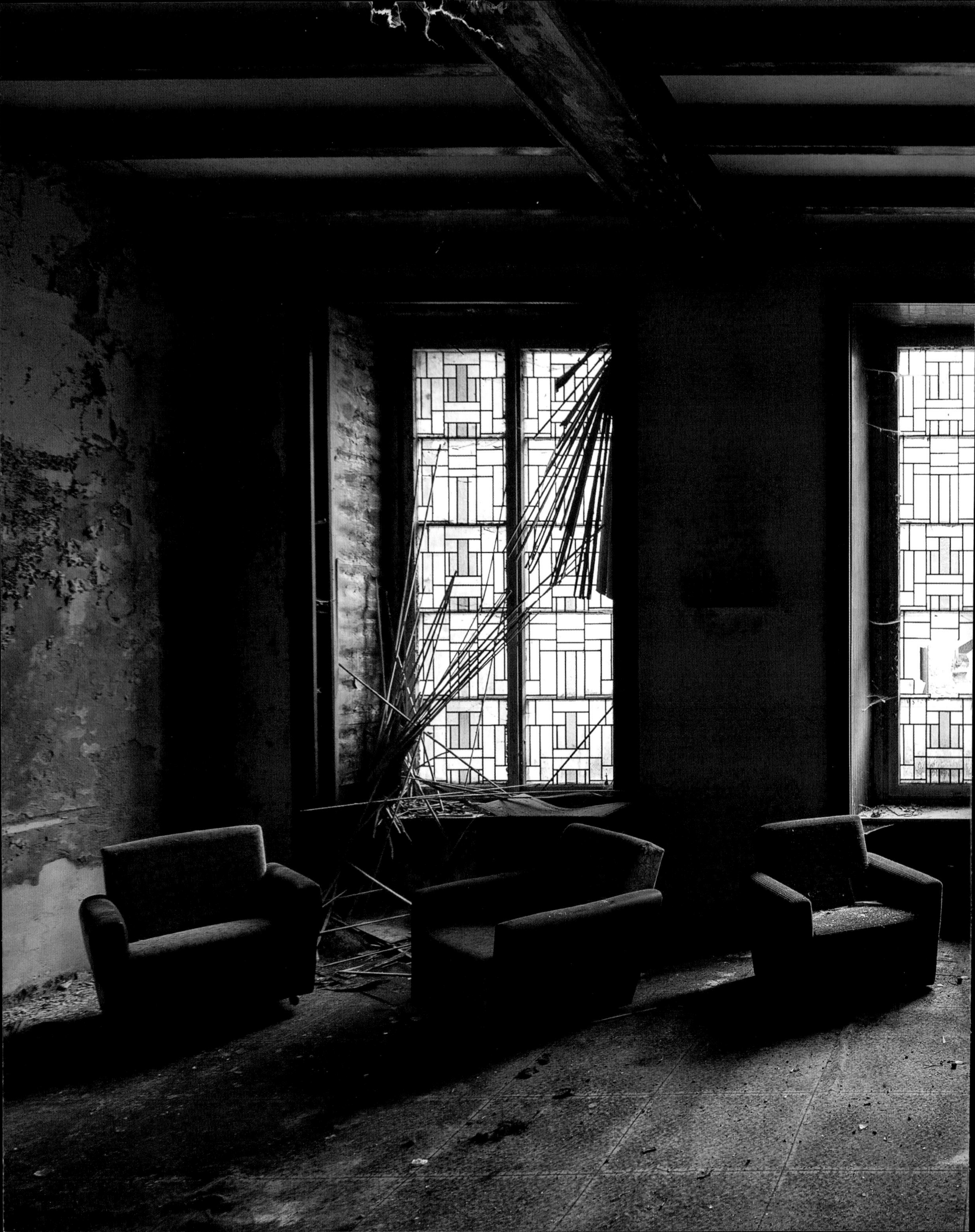